Julius von Eckardt

Bismarcks Kampf gegen Caprivi

Reihe *Deutsches Reich – Schriften und Diskurse*
Reichskanzler, Bd. II/II

Übertragung von Fraktur in Antiqua
und Nachdruck der Originalausgabe von 1920

Eckardt, Julius von: Bismarcks Kampf gegen Caprivi
Übertragung von Fraktur in Antiqua und Nachdruck der Originalausgabe
von 1920
Hamburg, SEVERUS Verlag 2011.

Reihe Deutsches Reich – Schriften und Diskurse
Reichskanzler, Bd. II/II
Herausgeber: Björn Bedey

ISBN: 978-3-86347-154-5
Druck: SEVERUS Verlag, Hamburg, 2011. Der SEVERUS Verlag ist
ein Imprint der Diplomica Verlag GmbH.

Bibliografische Information der Deutschen Nationalbibliothek:
Die Deutsche Nationalbibliothek verzeichnet diese Publikation in der
Deutschen Nationalbibliografie; detaillierte bibliografische Daten sind
im Internet über http://dnb.d-nb.de abrufbar.

SEVERUS Verlag

Vorwort

zur Reihe *Deutsches Reich – Schriften und Diskurse*

Verehrter Leser,

aus der politisch-historischen Perspektive betrachtet, bezeichnet das Deutsche Reich den deutschen Nationalstaat in den Jahren von 1871 bis 1945. In dieser Zeitspanne von 74 Jahren – dem Lebensalter eines Menschen entsprechend – entwickelte sich der erste einheitliche Nationalstaat aller Deutschen von einer Monarchie (dem Deutschen Kaiserreich von 1871 bis 1918) über eine pluralistische, gemischt präsidial-parlamentarische Demokratie (der Weimarer Republik von 1919 bis 1933) bis hin zu einer totalitären Diktatur (der nationalsozialistischen Herrschaft von 1933 bis 1945).

Das Deutsche Reich war in diesem Zeitraum in zwei Weltkriege involviert. Die in diesen beiden Weltkriegen durch die Deutschen verübten und zu verantwortenden Kriegsverbrechen prägen das Bild der Deutschen in der heutigen Welt immer noch nachhaltig. Erst 45 Jahre nach der Kapitulation der Deutschen Wehrmacht und der Verhaftung der Reichsregierung erlangte Deutschland als Berliner Republik 1990 wieder seine weitgehende Souveränität.

Die politischen sowie persönlichen Erfahrungen und Handlungen der Deutschen in der Zeit des Deutschen Reiches waren und sind die historische Bürde, aber auch das historische Fundament der von den Siegermächten des Zweiten Weltkriegs 1949 gegründeten Bundesrepublik Deutschland. Das Deutsche Reich wirkt immer noch nach und bestimmt auch die aktuellen politischen Handlungsoptionen nachhaltig. Für das Verständnis unserer politischen Gegenwart und die Abwägung der Handlungsoptionen für die Zukunft ist die Kenntnis dieser Grundlagen unerlässlich.

Zeitzeugen aus dem Deutschen Kaiserreich und auch aus der Weimarer Republik leben nicht mehr. In wenigen Jahren werden auch die persönlichen Berichte aus der Zeit der Diktatur der Nationalsozialisten nur noch als audiovisuelle Aufzeichnung verfügbar sein.

Wer waren jedoch die entscheidenden Köpfe in dieser Zeit? Was bewegte die Herrschenden und die Opposition? Wie kam es zu den Entwicklungen? Diesen Fragen widmet sich diese Buchreihe, in der Schriften aus der Zeit des Deutschen Reiches wieder verlegt und damit der Nachwelt für das authentische Quellenstudium zugänglich gemacht werden.

Gerade in unserem, dem sogenannten *digitalen* Zeitalter, ist die Gefahr der Vernichtung und vor allem der Verfälschung von Quellen so groß wie bisher in keiner anderen Phase der Neuzeit. Die Bibliotheken sind gezwungen, mit immer geringeren Budgets zu haushalten und können den Interessierten nur noch selten den Zugang zu den Schriftstücken im Original gewähren. Die Anzahl antiquarischer Bücher sinkt stetig aufgrund des altersbedingten Verfalls, der unvermeidbaren Zerstörung durch Unfälle und Naturkatastrophen sowie des Abhandenkommens durch Diebstahl. Viele Titel verschwinden zudem in den Regalen von Sammlern und sind für die Allgemeinheit nicht mehr zugänglich. Das Internet mit seinem vermeintlich unbegrenzten Zugriff auf Informationen stellt sich immer mehr als die große Bedrohung für Überlieferungen aus der Vergangenheit heraus. Die Bezugsquellen der digitalen Daten sind nicht nachhaltig, die Authentizität der Inhalte nicht gewährleistet und deren Überprüfbarkeit längst unmöglich. Die Digitalisierung von Bibliotheksbeständen erfolgt meist automatisiert und erfasst die Schriften häufig lückenhaft und in schlechter Qualität. Die digitalen Speichermedien wie Magnetplatten, Magnetbänder oder optische Speicher haben im Gegensatz zu Papier nur einen sehr kurzen Nutzungszeitraum.

In der vorliegenden Reihe *Deutsches Reich – Schriften und Diskurse* werden authentische Schriften und Reden der Reichskanzler, begleitende Texte Parlamentsabgeordneter und Ideologen der Parteien, sowie allgemeine politisch-historische Abhandlungen verlegt.

Reichskanzler
Leo von Caprivi

Georg Leo (seit 1891 Graf) von Caprivi de Caprera de Montecuccoli war von 1890 bis 1894 der zweite Reichskanzler des Deutschen Kaiserreichs.

Am 24. Februar 1831 wurde Caprivi als erster Sohn des preußischen Obertribunalrats, Kronsyndikus und Mitglied des Preußischen Herrenhauses Leopold von Caprivi (1797–1865) und Emilie, geb. Köpke (1803–1871), aus einer Familie des Bildungsbürgertums stammend, in Charlottenburg bei Berlin geboren.

Das Preußische Obertribunal in Berlin war ab 1850 das Obergericht für ganz Preußen und wurde 1879 durch die Errichtung des Reichsgerichtes aufgelöst.

Die Familie Caprivi stammte aus der Krain, einer Region in Slowenien, und siedelte im 17. Jahrhundert nach Schlesien über. Aufgrund der Verdienste in den Türkenkriegen wurde die Familie in den Ritterstand des Heiligen Römischen Reiches und der österreichischen Erblande erhoben.

Nach dem Besuch des Gymnasiums in Berlin schlug Caprivi die Laufbahn eines Berufsoffiziers ein und trat 1849 dem Kaiser-Franz-Garderegiment bei, indem er als Leutnant die Kriegsakademie besuchte. Im Jahr 1865 wurde er nach dem Deutsch-Dänischen Krieg Kompaniechef in einem Infanterieregiment und 1866 als Major Mitglied des großen Generalstabes. Während des deutsch-französischen Krieges 1870/71 war der noch junge Caprivi bereits Generalstabschef des X. Armeekorps im Range eines Oberstleutnants und galt als einer der begabtesten Schüler Moltkes.

Das Ende des Krieges führte Caprivi zu einer Beschäftigung im Kriegsministerium, wo er unterschiedliche Divisionen als Kommandeur befehligte. 1883 wurde Caprivi im Rang eines Vizeadmirals und Chef der Kaiserlichen Admiralität zur Marine versetzt. Otto von Bismarck soll sich gegen diese Ernennung ausgesprochen haben, um dem Heer nicht einen seiner besten Offiziere zu nehmen. Andere Quellen sprechen hingegen von einer bewussten Abschiebung Caprivis.

Als Caprivi sich mit der neuen Aufgabe abgefunden hatte, nahm er zunächst die Reform und den Ausbau der Marine in Angriff.

Mit Kaiser Wilhelm II. geriet Caprivi rasch in Meinungsverschiedenheiten hinsichtlich der Flottenpolitik. Caprivi stand für eine kontinental ausgerichtete defensive Flotte, während Wilhelm II. eine offensive Hochseeflotte in Konkurrenz zu England erschaffen wollte. Schließlich trat Caprivi 1888 zurück und wurde kommandierender General des X. Armeekorps.

Bismarcks Entlassung führte für Caprivi überraschend im Alter von 59 Jahren zur Berufung als Reichskanzler und preußischer Ministerpräsident. Wilhelm II. sah in Caprivi einen Kanzler, der, im Gegensatz zu Bismarcks Politik der Konfrontation und Spaltung, hinsichtlich des Sozialistengesetzes, Kulturkampfes und der Minderheitenfrage auf Versöhnung bedacht war. Der Staat sollte zur neutralen Instanz werden und über den gesellschaftlichen Konflikten stehen. Für diese Politik der Versöhnung prägte Wilhelm II. den Begriff der „Politik des Neuen Kurses". Auch Bismarck hatte Caprivi als möglichen Nachfolger vorgesehen und stand diesem anfangs wohlwollend gegenüber. Als bewährter General sollte Caprivi im Falle innenpolitischer Konflikte auch hart durchgreifen können.

Wie Bismarck war auch Caprivi auf die Unterstützung des Reichstages angewiesen. Der neue Kaiser hingegen versuchte stetig, politischen Einfluss zu nehmen und seine absolutistischen Ansprüche durchzusetzen, glaubte er doch, mit Caprivi einen geeigneten Ausführungsgehilfen ernannt zu haben, der als Berufssoldat an Befehl und Gehorsam gewöhnt war. Auch musste sich Caprivi zunehmend mit der Opposition seines Vorgängers arrangieren.

Außenpolitisch hatte Caprivi die Nichtverlängerung des Rückversicherungsvertrages mit Russland zu verantworten, deren Entwicklung allerdings bereits unter Bismarck begann. Aufgrund des Bündnisses Russlands mit Frankreich 1893/94 standen das Deutsche Kaiserreich und Österreich-Ungarn noch näher beisammen. Die Bildung konkurrierender Blöcke in Europa war vollzogen.

Neben dem Dreibund mit Österreich-Ungarn und Italien bemühte sich Caprivi um gute Beziehungen zu Großbritannien. Da Caprivi kein Anhänger der kolonialen Expansion war, fiel es ihm leicht, Zugeständnisse zu machen und die Stellung Großbritanniens als überragende Kolonialmacht nicht in Frage zu stellen. Die einzige deutsche Hochseeinsel Helgoland im Tausch gegen Sansibar und Teile des Betschuanalandes, die bis heute noch „Caprivizipfel" genannt werden, bleibt ein nachhaltiges Ergebnis dieser Politik.

Eine offensive Handelspolitik war ein weiteres Kennzeichen der Außenpolitik unter Caprivi. Die Bildung einer leistungsfähigen Industrie und dem Export galt die primäre Aufmerksamkeit. „Wir müssen exportieren", erklärte Caprivi am 10.12.1891 im Reichstag, „Entweder wir exportieren Waren, oder wir exportieren Menschen." Durch Handelsverträge mit zahlreichen Ländern wurde die Schutzzollpolitik Bismarcks beendet. Für Caprivi bedeutete dies den Widerstand der Agrarier, die sich vor günstigen russischen Getreideimporten fürchteten, schließlich dennoch auch seinen Grafentitel.

Innenpolitisch wurde Caprivis Politik des Ausgleichs vom Reichstag und der Öffentlichkeit grundsätzlich begrüßt. Bei der Umsetzung dieser Politik war Caprivi allerdings auf wechselnde Mehrheiten im Reichstag angewiesen. Gegenüber den Vertretern Polens und des ehemaligen Königreiches Hannover im Reichstag wurden Zugeständnisse gemacht. Zudem standen dem Zentrum eingefrorene Gelder wieder zur Verfügung, das Sozialistengesetz wurde nicht erneuert und eine Reform des preußischen Dreiklassenwahlrechts angekündigt. In der Sozialpolitik wurde die Sonntagsarbeit sowie die Arbeit von Kindern unter 14 Jahren in der Industrie verboten, sowie die Arbeitszeit für Jugendliche und Frauen eingeschränkt.

Die Politik des Ausgleichs führte zunehmend zu einem breiten Widerstand von allen Seiten. Den Widerstand der Rechten und Konservativen führte Bismarck persönlich an, der zunehmend wieder an Popularität gewann. Durch die Kolonialpolitik brachte er den Alldeutschen Verband und durch die Handelspolitik die Großgrundbesitzer gegen sich auf. Der Versuch einer Reform des Schulgesetzes auf einer konfessionellen Basis welche das Zentrum und die Konservativen gewinnen sollte, führte zur Opposition der Nationalliberalen, Freisinnigen und Freikonservativen. Dieser Schulgesetz-Konflikt 1892 mündete gar im Rücktritt vom Amt des Preußischen Ministerpräsidenten und damit dem Verlust einer zentralen Macht-basis und des Vertrauens Wilhelm II.

Nach dem Scheitern einer neuen Heeresvorlage 1893, die unter anderem eine Herabsetzung des Wehrdienstes von drei auf zwei Jahre, sowie eine weitere Erhöhung der Friedenspräsenzstärke enthielt, löste Caprivi den Reichstag auf. Mit dem neugewählten Reichstag konnte er die Gesetzes-vorlage schließlich durchsetzen.

Der Kaiser distanzierte sich nun von der Politik des Ausgleichs und for-derte ein Gesetz gegen die Umsturzparteien. Zusammen mit dem Preußi-schen Ministerpräsidenten Botho zu Eulenburg wurde ein Szenario mit der Auflösung und Neuwahl des Reichtages entworfen, welches einem Staats-streich gleichkam und von Caprivi entschieden abgelehnt wurde. Nach ei-ner Eskalation des Konfliktes entließ Wilhelm II. schließlich Eulenburg und Caprivi am 26. Oktober 1894.

Am Abend seines Rücktritts vernichtete Caprivi seine privaten Auf-zeichnungen und zog sich vollständig aus der Politik zurück. Nach monate-langem Aufenthalt in Montreux zog er schließlich zu seinem Neffen in die Nähe von Frankfurt an der Oder. Caprivi weigerte sich Zeit seines Lebens, über seine Amtszeit zu reden oder zu schreiben, da dies seiner Meinung nach nur Schaden anrichten könnte.

Leo von Caprivi starb am 6. Februar 1899 auf Gut Skyren im Landkreis Crossen in Brandenburg an einem Gehirnleiden.

Aufgrund der genannten Vernichtung von Aufzeichnungen durch Caprivi selbst und seine anschließende selbstauferlegte Schweigsamkeit liegen keine direkten Werke von Caprivi vor. Caprivi gehört zu den Reichskanz-lern, über die sehr wenig publiziert wurde und dessen Leben erst zuneh-mend in unserer Zeit aufgearbeitet wird.

Die vorliegende Schrift „Aus den Tagen von Bismarcks Kampf gegen Caprivi" wurde im Jahr 1920 veröffentlicht und ist den schon damals ver-griffenen „Lebenserinnerungen" Julius' von Eckardt entnommen. Im Vor-dergrund der Schrift stehen der „Niedergang" Deutschlands und die ver-meidlichen Gründe hierfür. Da das Manuskript bereits in den neunziger Jahren des 19. Jahrhunderts verfasst wurde, ist dies eine der wenigen au-thentischen Quellen aus seiner Zeit.

Julius von Eckardt

Der Autor Julius Albert von Eckardt war
Journalist und Diplomat. Am 01. August
1836 wurde Eckardt in der livländischen
Kreisstadt Wolmar im Baltikum geboren.
Sein Vater war Syndicus und Hofgerichts-
advokat.

   In St. Petersburg, Dorpat und Berlin
studierte er von 1855 bis 1859 Rechtswis-
senschaften und schloss diese mit dem
Grad eines cand. jur. ab. Nach einer
Tätigkeit bei der Rigaschen Zeitung 1861
bis 1867 und als Sekretär des Livlän-
dischen Evanglisch-Lutherischen Konsistorums wechselte Eckardt zur
Zeitschrift „Die Grenzboten" in Leipzig. In der Leipziger Zeit promo-
vierte er 1868 zum Dr. phil. Aufgrund seiner journalistischen Erfolge
wurde er 1870 Chefredakteur des Hamburgischen Correspondenten und
schrieb auch für die Hamburger Börsenhalle. Im Jahr 1873 wurde
Eckardt Mitbegründer des Vereins für Sozialpolitik, der die innovations-
lose und stagnierende Politik in der Sozialpolitik bekämpfte. 1874 berief
der Hamburger Senat Eckardt aufgrund seiner wirtschaftlichen und handelspolitischen Kenntnisse zum Senatssekretär und präsidierenden Mitglied der Schulbehörde. In dieser Zeit veröffentliche er zahlreiche, teil-
weise auch anonyme, Schriften und Artikel, in denen er über die inner-
russischen Verhältnisse aufklärte und sich für die Abwehr des russischen
Vordringens in seine baltische Heimat auf europäischer Ebene einsetzte.
Die Veröffentlichungen erregten schließlich das Missfallen des Hamburger Senats und so verließ er 1882 den Staatsdienst. Der Rußlandkenner
Otto Fürst von Bismarck holte Eckardt daraufhin als Geheimen Regie-
rungsrat in den Preußischen Staatsdienst nach Berlin. Bismarck berief
Eckardt folgend 1884 als Hilfsarbeiter in das Auswärtige Amt, wo er
1885 in Tunis und dann 1889 in Marseille als Konsul eingesetzt wurde.
Im Jahr 1892 wurde Eckardt Generalkonsul in Stockholm, 1897 in Basel
und schließlich 1900 in Zürich. Seinen Ruhestand verbrachte er ab 1907

in Weimar, wo er dann auch am 20. Januar 1908 verstarb und in Travemünde begraben wurde.

Verheiratet war Eckardt seit 1860 mit Isabella David (1837–1903), mit der er neun Kinder hatte. Sein Sohn Felix von Eckardt (1866–1931) war 30 Jahre Chefredakteur des „Hamburger Fremdenblatts". Dessen gleichnamiger Sohn (1903–1979) war Chefredakteur des „Weser-Kurier" und später als CDU Politiker Bundespressechef bei Konrad Adenauer, Staatssekretär im Bundeskanzleramt, Botschafter der Bundesrepublik Deutschland bei den Vereinten Nationen in New York und schließlich Bundestagsabgeordneter.

Björn Bedey
Herausgeber der Reihe *Deutsches Reich: Schriften und Diskurse*

Inhalt

Vorwort

Die vorliegende Schrift bildete ursprünglich den Schlußteil der 1910 erschienenen, im Buchhandel gegenwärtig vergriffenen Lebenserinnerungen des 1908 verstorbenen ehemaligen Generalkonsuls Julius v. Eckardt. Von ihrer Veröffentlichung wurde damals aus politischen und persönlichen Gründen abgesehen, die heute keine Geltung mehr haben. Um die Mitte der neunziger Jahre abgeschlossen, enthalten diese Aufzeichnungen neben ihrem bedeutsamen tatsächlichen Inhalt eine Fülle von Beobachtungen und Betrachtungen, die fast alle durch den späteren Gang der Ereignisse bestätigt worden sind. Sie verdienen daher ganz besonders ernste Beachtung gerade in der jetzigen Zeit, die alle politisch interessierten Kreise mit der Frage beschäftigt sieht, wie sich der Niedergang Deutschlands von seiner stolzen Höhe vollziehen konnte, und werden dazu beitragen können, daß sich das deutsche Volk auf die Wurzeln seiner Kraft besinnt und auf die Fehler, die vermieden werden müssen, wenn es mit dem Vaterlande wieder aufwärts gehen soll.

Erste Beziehungen zu Caprivi

Caprivi und das Auswärtige Amt

In die Jahre meiner Marseiller Einsamkeit waren der Kanzlerwechsel von 1890 und die durch diesen veranlaßten Veränderungen in der Zusammensetzung des Auswärtigen Amtes gefallen. An dieser alten Stätte fand ich neue Verhältnisse und neue Menschen vor. Die Summe dessen, was sich begeben, hatte der gescheite Kanzler des Marseiller Konsulats Lehnhardt zutreffend gezogen, als er mir bei seiner Rückkehr aus Berlin im Juli 1890 das Folgende sagte:

„Den neuen Reichskanzler habe ich nicht gesehen. Von den übrigen Herren des Auswärtigen Amtes kann ich nur sagen, daß sie allesamt um die Hälfte größer geworden sind, als sie unter

Bismarck waren: ob auf Unkosten des Kanzlers weiß ich natürlich nicht."

Das war alles was ich wußte, als ich den gewohnten Gang in die Wilhelmstraße antrat, um mich dem Kanzler und den übrigen Gebietigern des Amtes vorzustellen. Wenige Stunden später war ich so weit orientiert, daß ich die Widerstände kannte, als der Amtsdiener mich dem ältesten der Räte von „Ia", dem Baron Holstein, meldete.

Holstein, den ich schon zur Zeit seiner Hilfsarbeiterschaft kennengelernt hatte, wurde seit dem März 1890 für den leitenden Genius der politischen Abteilung und den Wettermacher des gesamten Amtes angesehen. Bereits zu früherer Zeit von einiger Bedeutung, galt er seit dem Ausscheiden Lothar Buchers und des Unterstaatssekretärs Busch für den Hauptträger der großen Tradition. Beide vorgenannte Männer hatten ihre Stellungen aufgegeben, als Herbert Bismarck Staatssekretär geworden war (1886). Holstein, der den Sohn des großen Vaters von Kindesbeinen kannte, war geblieben und dessen wichtigster Ratgeber geworden. Aus einer Veranlassung, die in der Folge näher erörtert werden soll, hatte dieses Verhältnis während der Tage der großen Krisis einen unheilbaren Bruch erfahren, der Herrn von Holstein innerhalb des neuen Regimes zur maßgebenden Person machte. Der ursprüngliche Plan, den Botschafter von Radowitz oder den Gesandten Busch mit dem Staatssekretariat zu betrauen, war an Holsteins Erklärung gescheitert, daß ihm ein Zusammenwirken mit diesen Herren unmöglich sein würde; von ihm selbst aber konnte nicht die Rede sein, da er die Übernahme verantwortlicher Stellungen ein für allemal ausgeschlagen hatte. So war man nach längerem Hin- und Herschwanken bei dem vom Großherzog von Baden empfohlenen Freiherrn von Marschall angekommen, der sich als Parlamentsredner und kenntnisreicher Volkswirt hervorgetan hatte, den Fragen der großen Politik dagegen als Neuling gegenüberstand und demgemäß auf fremden Rat angewiesen war. Das Unterstaatssekretariat verblieb dem Grafen Berchem, einem fähigen, liebenswürdigen, außergewöhnlich arbeitstüchtigen Mann, der sich von allem Cliquen- und Intrigenwesen fernhielt, begreiflicherweise aber den Anspruch erhob, den ersten und nicht den zweiten Ratgeber des Staatssekretärs abzugeben. Dadurch mit Holstein in Konflikt geraten, legte Berchem sein Amt nieder. An seine Stelle war der Gesandte in Buenos Aires Freiherr von Rotenhan getreten, den man zur Zeit seiner Zugehörigkeit zur Pariser Botschaft als vorzüglichen Arbeiter kennengelernt hatte, und von dem man annahm, daß er die Wege des ersten Rates nicht kreuzen würde. Seitdem lag das Hauptgewicht bei Herrn von Holstein und bei dem diesem verbündeten Herrn v. Kiderlen-Wächter, einem fähigen und energischen jungen Manne, der damals den Vorzug besaß, dem vertrauten Kreise des Kaisers anzugehören und des besonderen Wohlwollens Sr. Majestät gewürdigt zu werden. Ihren persönlichen Eigenschaften nach stellten beide Leader ausgesprochene Gegensätze dar. Von bureaukratischer Schwerfälligkeit und geheimrätlicher Pedanterie waren beide gleich weit entfernt. Kiderlen-Wächter stellte den Typus eines in den Diplomaten verwandelten schwäbischen Roturiers dar. Rücksichtslos, derb zufahrend, von vollendeter Degagiertheit der Manieren und mit einer reichlichen Dosis von Zynismus ausgestattet, verband er mit der seinem Stamme eigentümlichen Schlauheit unverwüstliche Arbeitskraft und ebenso unverwüstliche Genußsucht. Einerlei, ob er die Nacht am Schreibtisch, beim Becher und in unzweideutiger Damengesellschaft verbracht hatte, anderen Morgens saß Herr von Kiderlen frisch und wohlgemut hinter den Akten – immerdar von einer englischen Dogge und einer schweren Zigarre begleitet. Wo es nichts kostete, ein guter und gefälliger Kamerad, kannte der gemütliche Schwabe keine Rücksicht und keine Schranke, wenn es Wahrnehmung des eigenen Vorteils oder Beseitigung eines Nebenbuhlers galt.

Ganz anders Holstein, der eine feiner besaitete, nervöse und aristokratische Natur von ausgesprochen norddeutschem Gepräge war. Hinter kühlen und zurückhaltenden Formen verbarg sich eine verhaltene Leidenschaftlichkeit. Der Schleier von Melancholie, der über den merkwürdigen Mann gebreitet war, gab ihm einen besonderen Reiz. Lebensgefühl und Lebenskraft waren bei ihm von nur mäßiger Stärke und, wie man erzählte, durch eine schwere Jugenderfahrung frühe angefressen. Das Selbstgefühl, das Herr v. Holstein zeigte, machte den Eindruck erzwungen zu sein. In seinem Auftreten sicher, aller Wichtigtuerei und Scheinvornehmheit abgeneigt – wenn er wollte, ausgiebig und gesprächig, war Holstein ein ungeselliger, einsamer Mann. Nie sah man ihn bei Hofe, selten in größerer Gesellschaft, in kleinerem Kreise nur, wenn er sich vor unliebsamen Elementen gesichert wußte. Ich habe nicht allzu viele Menschen gekannt, mit denen sich gleich angenehm reden und diskutieren ließ. Aus einem gewissen Zwange kam man aber auch dann ihm gegenüber nicht heraus, wenn man nichts von ihm haben wollte. Wegen seiner Feinfühligkeit unberechenbar, und als viel umgetriebener, viel befehdeter und noch mehr beneideter Beamter krankhaft mißtrauisch, galt Holstein für gefährlich, weil er unversöhnlich sein sollte, aber nur ein Stück davon habe ich gelegentlich zu sehen bekommen. In Veranlassung einer törichten Verleumdung, die man über mich ausgesprengt, hatte er einmal vierzehn Monate lang kein Wort mit mir gewechselt, meinen Gruß kaum erwidert, und erst als ich bei Gelegenheit einer unvermeidlich gewordenen Besprechung den wahren Sachverhalt angedeutet, freundlichere Saiten aufgezogen.

Von Kollegen und Untergebenen wurden die beiden anscheinend eng verbundenen Männer mit scheuer Ehrfurcht angesehen. Wie sie in Wahrheit zueinander standen, wußte niemand genau anzugeben, vielleicht wußten sie selbst es nicht. Auguren, die besonderen Scharfblick in Anspruch nahmen, glaubten einen Zusammenstoß deutlich herannahen zu sehen: Kiderlen-Wächter sollte Herrn von Marschall nach dem Leben trachten, um selbst Staatssekretär oder mindestens Unterstaatssekretär zu werden, indessen Holstein an der Erhaltung des Status quo genugsam interessiert sein sollte, um Herrn von Marschall seine volle Unterstützung zu leihen. Wie dem in Wirklichkeit gewesen, weiß ich nicht, um so genauer aber weiß ich, daß Caprivi beide Männer fürchtete, daß er sie nicht entbehren zu können glaubte, und daß er sich aus diesem Grunde gefallen ließ, wenn sie gelegentlich ihre eigenen Wege gingen. Von Kiderlen ist bekannt, daß er mit dem vertrauten Rate und Jugendfreunde Caprivis, dem Vorstande der Reichskanzlei Göring, auf Kriegsfuß stand und daß er dem Reichskanzler nicht allzu freundlich gesinnt war.

Holstein nahm, wenigstens zu damaliger Zeit, eine vermittelnde Stellung ein. Scheu vor allem, wodurch er eine Verantwortlichkeit hätte auf sich nehmen können, und Mangel an „Courage" hatte ihn in den Ruf eines Schleichers gebracht, dessen Meisterschaft in der Intrige größer sein sollte, als sein geschäftliches Talent. Meines Erachtens mit Unrecht. Ich glaube, daß seine (Holsteins) Absichten im Grunde loyal waren, daß Schwäche und Mißtrauen ihn indessen vom rechten Wege abbrachten, wenn er für sein Amt und seine Stellung fürchten zu müssen glaubte. Der starke, selbständige Charakter, für den man ihn nahm, war er nicht. Durch sein Wesen ging ein weiblicher Zug, der ihn alles vermeiden ließ, was zu Konflikten, zu Lärm und Aufsehen führen konnte. Um das zu verbergen, umgab er sich mit dem Schein einer Unnahbarkeit und Rätselhaftigkeit, die seiner wahren Natur nicht entsprachen, und für welche seine nächsten Bekannten eine außerordentlich einfache Lösung zu besitzen glaubten. „Holstein", so haben zwei seiner ältesten Kollegen mir gesagt, „Holstein ist nicht zu finden, oder er meldet sich krank, so oft es Entscheidungen gilt, die peinliche Konsequenzen nach sich ziehen könnten." Der tief- und scharfblickende Staatsmann, über dessen letzte Absichten die Leute sich den Kopf zerbrachen, sollte einfach ein Mann sein, dem der Mut seiner Meinung abhanden kam, so oft Gedanken und Pläne in Taten umgesetzt werden sollten.

Eine fernere Personalveränderung hatte sich erst kurz vor meinem Eintreffen in Berlin vollzogen. Der wegen seiner Liebenswürdigkeit und Zuverlässigkeit allseitig geschätzte Referent in Presseangelegenheiten, Rudolf Lindau, hatte seine bisherige Stellung niedergelegt, um als Vertreter Deutschlands in die Direktion der Türkischen Dette Publique nach Konstantinopel zu gehen. Bei der Wiederbesetzung seines Amtes hatte die Wahl zwischen mir und dem einundsiebzigjährigen Geheimrat Constantin Rößler geschwankt, Holsteins Votum indessen zugunsten des ältesten Propheten der Bismarckschen Politik den Ausschlag gegeben. Mir war damit ein wesentlicher Dienst erwiesen worden, weil ich mich in der dem Freunde Rößler zugefallenen Stellung nicht vier Wochen lang hätte behaupten können. Rößler besorgte die laufenden Geschäfte und den kleinen Kram des offiziösen Pressewesens, während Kiderlen-Wächter die höhere Leitung und insbesondere den Verkehr mit den Korrespondenten der großen englischen und französischen Zeitungen an sich gezogen hatte. Einer Arbeitsteilung so ungleicher Art hätte ich mich nicht fügen können. Aus den Erfahrungen, die ich im Ministerium des Innern gesammelt, wußte ich sattsam, daß ein „Presseleiter", der nicht zugleich Berater des Ministers ist, die denkbar traurigste Figur spielt. Rühren die Unfruchtbarkeit und Marklosigkeit unserer amtlichen Publizistik doch zu drei Vierteilen davon her, daß man die ausführende Arbeit durch bezahlte Federn absolvieren läßt, deren Inhaber von jeder Teilnahme an den sachlichen Entscheidungen ausgeschlossen sind. Nur vollendet bureaukratischer Unverstand kann in die Klage einstimmen, daß wir keinen Gentz oder Bucher und überhaupt keine wirklichen Talente in den Pressebureaus besitzen; als ob Gentz und Bucher ihre Erfolge jemals hätten erringen können, wenn die Entscheidungen, die sie zu verfechten hatten, völlig ohne ihre Mitwirkung zustande gekommen wären. Selbst der als Stilist gepriesene, im Grunde mittelmäßige Geheimrat Ludwig Hahn hätte seine „Provinzialkorrespondenz" niemals zu einiger Bedeutung erhoben, wenn er bloßer valet de plume seiner Minister geblieben wäre. Außerhalb des Rahmens des Auswärtigen Amtes, aber in nächster Beziehung zu demselben stand die Reichskanzlei, als Vermittlerin zwischen dem Reichskanzler und den ihm unterstellten Ressorts. Es ist daran zu erinnern, daß die Leitung dieser wichtigen Justanz zu Bismarckscher Zeit in ebenso geschickte wie zuverlässige Hände gelegt gewesen war, und daß die Geheimräte v. Tiedemann und v. Rottenburg sich des allgemeinsten Vertrauens erfreuten. Rottenburg hatte sich bestimmen lassen, die nach dem Rücktritt Bismarcks unbehaglich gewordene Vertrauensstellung während des ersten Jahres der Caprivischen Verwaltung beizubehalten und später das Unterstaatssekretariat im Reichsamt des Innern übernommen. An seine Stelle war einer der ältesten Beamten des Auswärtigen Amtes, der Geheime Legationsrat Göring, getreten, ein Jugendfreund und Duzbruder des neuen Kanzlers, den dieser selbst ausgewählt hatte. Göring war mir vom Auswärtigen Amt her bekannt. Er galt für schroff und kurz angebunden, aber für offen und zuverlässig. Was ich von ihm wußte, verdanke ich zumeist meinem Schwiegersohn, dem Konsul Knappe, der während der schweren Tage der über ihn verhängten Disziplinaruntersuchung und schrecklichster Parteilichkeit der Mehrzahl seiner sogenannten Richter an Göring eine Stütze gefunden und der festen Haltung dieses unerschütterlich geraden Charakters die Feststellung seiner Schuldlosigkeit zu danken gehabt hatte. Daß Menschenfurcht zu den Fehlern Görings nicht gehöre, war freilich schon früher weltkundig geworden. Der der liberalen Delbrückschen Schule angehörige Freihändler hatte die Farbe nicht gewechselt, als Fürst Bismarck auf die protektionistische Seite getreten war, sondern das ihm übertragene handelspolitische Referat gegen ein anderes minderwertiges vertauscht, aus seiner Meinung über das schutzzöllnerische System aber niemals ein Hehl gemacht. Seiner ganzen Art nach war Göring der Mann nicht, seinen Willen und seine Überzeugungen dem Dafürhalten der Gebietiger der politischen Abteilungen unterzuordnen. In Fragen der höheren Politik hat er schwerlich hineingeredet, weil sie außerhalb seines Berufs- und Interessenkreises lagen, wo es handelspolitische Dinge und Personalien gab, nahm er dagegen keinen Anstand, sein Gewicht in die Wagschale zu werfen. Der traditionelle Antagonismus zwischen „Ia und II" (der politischen und der handelspolitischen Abteilung des Ministeriums) spielte sich in Görings Beziehungen zu Kiderlen-Wächter wider, die, wie erwähnt, feindlich waren. Wie er zu Holstein gestanden, weiß ich nicht. Daß die Naturen der beiden Männer so verschieden wie möglich waren, ist bereits gesagt worden. Anfänglich von Görings barscher Art abgestoßen, habe ich den Charakter des im Kern seines Wesens wohlwollenden und humanen Mannes bei näherer Bekanntschaft aufrichtig hochschätzen gelernt. Graf Caprivi hatte allen Grund, in ihm den zuverlässigsten und selbstlosesten seiner Freunde zu sehen. Nach Caprivis Sturz ist Göring in das Privatleben getreten. Die unfreiwillige Muße mag dem rüstigen, im Vollbesitz seiner Kräfte gebliebenen Arbeiter hart genug angekommen sein.

16

Diese Männer und die Chefs der Abteilungen II und III aufzusuchen, geboten Herkommen und Klugheit. Mein gutes Glück wollte, daß die wattierte Tür, hinter der Holstein hauste, dieses Mal nicht belagert war. Er empfing mich mit dem unter vieljährigen Bekannten herkömmlichen Maße von Freundlichkeit, ging über die Vorgänge der letzten achtzehn Monate mit einigen kurzen Bemerkungen hinweg und ließ sich, seiner Gewohnheit gemäß, über das Land berichten, in welchem sein Besucher residierte. Allzuviel ließ sich von der Hauptstadt des französischen Südens einem Manne nicht erzählen, für welchen handels- und wirtschaftspolitische Materien nur beiläufig in Betracht kamen. Ich ging daher auf den Punkt ein, der mir zumeist am Herzen lag: aus das noch zu Bismarckscher Zeit erlassene Paßreglement für französische Besucher der Reichslande Elsaß und Lothringen. Pässe solcher Art durfte allein die Botschaft in Paris ausstellen, und diese sendete die bezüglichen Gesuche an die reichsländischen Behörden, welche über den Gesuchsteller, die von diesem auszusuchenden Personen usw. polizeiliche Erhebungen anstellten, deren Ausfall sodann für die, natürlich nun Wochen und Monate verzögerten, Bescheidungen maßgebend war. Meine private Intervention war von tunesischen und Marseiller Bekannten so häufig in Anspruch genommen worden, daß ich über Handhabung und Effekt dieser Maßregel genauer als andere unterrichtet sein mußte. Wo immer möglich, wurde von den elsässisch- lothringischen Beamten „nein" gesagt, weil diese die Verantwortung für unliebsames Verhalten der Besucher nicht übernehmen und im Sinne des Urhebers dieser Absperrungs-Veranstaltung handeln wollten. Frauen und Kinder, die ihre kranken alten Eltern wiedersehen wollten, Vormünder, die Angelegenheiten ihrer Mündel zu ordnen hatten, Geschäftsleute, deren Interessen schwer gefährdet schienen, wurden auf solche Weise an der Erfüllung ihrer nächsten Pflichten verhindert, ohne daß man ihnen auch nur die Gründe ihrer Aussperrung mitzuteilen für nötig gehalten hätte. Der Natur der Sache nach war diese Verletzung der elementarsten Menschenrechte zur Zutreiberei in das chauvinistische Lager geworden. An der Hand einer ganzen Reihe persönlich gemachter Erfahrungen hatte ich beobachtet, daß der zahmste und harmloseste französische Spießbürger zum Revancheapostel wurde, wenn ihm sans rime et sans raison der Weg zu seinen nächsten Blutsfreunden verlegt worden war, und daß die absurdesten über uns ausgesprengten Fabeln Gläubige fanden, solange Schikanen so abgeschmackter Art von uns verübt wurden.

Holstein lehnte die Einlassung auf diesen Gegenstand mit einer Bestimmtheit ab, die seiner sonstigen Art nicht entsprach und die weitere Erörterung zwecklos machte. An ein Zurücknehmen des Paßreglements sei nicht zu denken, die Sache stehe mit anderen, nicht zu erörternden Dingen im Zusammenhang, ich möge mir nicht unnützer Weise die Finger verbrennen usw. usw. Wir brachen ab, gingen auf Rußland – den herkömmlichen Hauptgegenstand unserer Gespräche –, meine bevorstehende Reise nach Riga usw. über und nahmen sodann Abschied.

Etwa eine Stunde später betrat ich den großen Wartesaal im Erdgeschoß des Reichskanzlerpalais. Bei meiner letzten Anwesenheit in diesem Raume (1885) war ich Zeuge eines Auftritts gewesen, der mir jetzt lebhaft ins Gedächtnis trat: Ich hatte gleichzeitig mit den Staatssekretären von Bötticher und Gras Hatzfeld den Beschluß der Bismarckschen Frühstückstafel erwartet und gesehen, wie Fürst Bismarck an diesen ihm in aller Form angemeldeten und mit ihren Mappen ausgerüsteten Herren vorübergegangen war, um mit der Fürstin eine Spazierfahrt zu unternehmen. Während ich dieser und anderer in dieser salle des pas perdus erlebter Szenen gedachte, wurde ich in das Arbeitszimmer des Reichskanzlers Caprivi gerufen. Von seinem Schreibtisch erhob sich ein hoher, schlanker Mann, dessen weißes, kurzgeschnittenes Haar mit der Jugendlichkeit, den strammen Bewegungen des Körpers eigentümlich kontrastierte. Das Gesicht wäre schön zu nennen gewesen, wenn die Nase länger und charakteristischer ausgeschaut hätte; das Organ war voll, weich und wohllautend. Nachdem er mir die Hand gereicht, begann Graf Caprivi das Gespräch mit einigen Fragen, nicht über Frankreich, sondern über Rußland. Er kannte meine Bücher, sagte ein anerkennendes Wort über sie, wies auf das vor ihm liegende Werk „Rußland unter Alexander III." und meinte dabei: „Manches darin hätte von Ihnen sein können." Daß uns Konsuln jede schriftstellerische Tätigkeit untersagt war, schien er nicht zu wissen.

Nachdem einige Bemerkungen über russische Zustände ausgetauscht worden waren, ging der Kanzler auf Frankreich über, indem er nach den dortigen Stimmungen fragte. Ich gab ausweichende Antworten, wurde jedoch bei dem Gegenstand so strikt festgehalten, daß ich schließlich sagen mußte, einige meiner Auffassungen ständen zu denjenigen des Auswärtigen Amtes und seiner hervorragendsten Vertreter in so direktem Gegensatz, daß ich um die Erlaubnis bitten müsse, mit meiner Meinung zurückhalten zu dürfen. Die Antwort bestand in der Aufforderung, rückhaltlos zu reden; ich hätte mehrere Jahre lang unter Franzosen gelebt und dadurch das Recht erworben selbständig zu urteilen. Jetzt trug ich die Angelegenheit, mit welcher ich bei Holstein abgefallen war, ausführlich und eindringlich vor, indem ich hervorhob, daß all die Versuche mit Frankreich zu einer Verständigung zu gelangen, unter allen Umständen wenig aussichtsvoll erschienen, daß sie aber alles Sinnes entbehrten und entbehren müßten, solange gegen das Reichsland Zwangs- und Absperrungsmaßregeln in Geltung blieben, die an die schlimmsten Zeiten russischer Zwangsherrschaft über das meuterische Polen erinnerten. Caprivi hörte aufmerksam zu, tat einige Querfragen, lächelte, als ich von der besonderen Strenge sprach, mit der man heimatkranke jüdische Elsässerinnen zu behandeln schiene und sagte zum Schluß: „Sie scheinen ein Mann zu sein, der nicht nur eigene Meinungen hat, sondern sie auch sagt. Wir müssen nähere Bekanntschaft machen. „Ich antwortete mit einer scherzhaften Wendung, indem ich erwähnte, daß der berühmte Physiologe Ludwig meine Landsleute als „hartnäckige und gewalttätige Rasse" bezeichnet habe. Der Kanzler kehrte nochmals auf Rußland zurück und spielte auf gewisse Vorwürfe an, die ihm wegen seiner „vermeintlichen" Abweichungen von dieser Seite der Politik seines großen Vorgängers gemacht würden. Ausführungen über Dinge, nach denen nicht direkt gefragt wurde, schienen mir nicht am Platze zu sein, und da der Kanzler auf seine Stutzuhr sah, empfahl ich mich mit dem Versprechen, nach der Rückkehr aus Rußland über die dort empfangenen Eindrücke zu berichten.

Spät abends trat ich die Fahrt in den fernen Nordosten an.

Nach vierwöchigem Aufenthalt in der Heimat machte ich mich auf die Rückreise. Kurz vorher war das durch den schweren Notstand im inneren Rußland veranlaßte Verbot der Getreideausfuhr in Kraft getreten, und ich hatte Gelegenheit, über die dadurch angerichtete Verwirrung und über die kopflose Art der Ausführung dieser törichten Maßregel lehrreiche

Beobachtungen anzustellen. Während die Kornspeicher Liv- und Kurlands zugunsten der notleidenden inneren Provinzen des Reiches in Anspruch genommen wurden, trafen getreidebeladene Güterzüge aus den am schwersten betroffenen Gegenden des inneren Rußlands fortwährend in den baltischen Hafenstädten ein. Reisende, die aus Twer, Riäsan usw. nach Riga und Mitau kamen, wußten von ungeheuren Kornmassen zu erzählen, die entlang des Schienenweges aufgestapelt lägen und allen Unbilden des hereingebrochenen Frostes preisgegeben seien. Und statt diesen zum Himmel schreienden Mißständen ihre Aufmerksamkeit zuzuwenden, waren Presse und Publikum der russischen Hauptstädte ausschließlich mit den Herrlichkeiten des kurz zuvor gefeierten Kronstädter Flottenfestes und der russisch-französischen Verbrüderung beschäftigt.

Zu Ende der zweiten Oktoberwoche (1891) war ich wieder auf deutschem Boden. Noch vor meinem Eintreffen in der preußischen Hauptstadt hatte eine interessante Nachricht die Berliner Zeitungen durchlaufen: das elsässisch-lothringische Paßreglement war aufgehoben und für alle nicht zur aktiven Armee gehörigen Franzosen der frühere Zustand freier Bewegung wiederhergestellt worden. Diese Maßregel mit dem Gespräch in Verbindung zu bringen, das ich sechs Wochen zuvor mit dem Grafen Caprivi geführt, kam mir selbstverständlich nicht in den Sinn. Ich tat der Sache auch keine Erwähnung, als ich mich bei der Durchreise durch Berlin dem Reichskanzler vorstellte und von dem berichtete, was ich in den russischen Hafenstädten gesehen hatte. Als ich mich empfahl und bereits auf der Schwelle der Tür stand, rief der Kanzler mir nach: „Apropos! Ihr Wunsch wegen der elsässisch-lothringischen Pässe hat sich inzwischen erfüllt." Damit sollte es indessen noch nicht zu Ende sein. Als ich auf der Weiterreise München berührte und den Redakteur der Allgemeinen Zeitung Hugo Jacobi, einen enragierten Bismarckianer und entschiedenen Gegner des „neuen Kurses" (d. h. der Caprivischen Verwaltung), aufsuchte, redete dieser mich zu meiner höchsten Verwunderung auf den „Coup" wegen des reichsländischen Paßreglements an, den ich nach Verabredung mit dem Statthalter Fürsten Hohenlohe in Ausführung gebracht haben sollte. Ich hatte von der Sache mit niemandem geredet, den Fürsten Hohenlohe niemals gesehen, niemals eine Zeile mit ihm gewechselt und weder Paris noch Straßburg zu den Zeiten aufgesucht. Jacobi ließ sich den von ihm behaupteten Zusammenhang nur mühsam ausreden, berief sich meinen verwunderten Fragen gegenüber auf die Allwissenheit der Presse, vertrat in der Sache selbst übrigens die Meinung, daß ein Akt „falscher Humanität" vorliege, der über kurz oder lang werde zurückgenommen werden. Daß dieser Zwischenfall nicht ganz so gleichgültig gewesen war, wie ich damals annahm, ist mir erst in der Folge verständlich geworden: In der Umgebung des Grafen Caprivi müssen sich schon damals Leute befunden haben, die gegen ihren Chef konspirierten, vertraulich von ihm getane Äußerungen den Gegnern zutrugen und dazu ausnutzten, in der Presse gegen den „neuen Kurs" Stimmung zu machen. Dafür lieferten Jacobis Wissenschaft und ein unter vier Augen geführtes Gespräch und die Art der Auslegung desselben unwidersprechlichen Beweis. Von der „Allgemeinen Zeitung" wußte jedermann, daß sie mit allen Mitteln auf die Wiedereinsetzung Bismarcks hinarbeite und daß ihre Vertreter aus diesem Grunde im Auswärtigen Amt nicht mehr empfangen wurden. Die Version aber, nach welcher eine Hohenlohesche Intrige im Spiele gewesen sein sollte, stammte unzweifelhaft aus der Wilhelmstraße.

Nach kurzem Aufenthalt in München und Bern, wo ich mit dem Militärattaché v. Bernhardi die Herausgabe der Tagebücher seines Vaters verabredete, ging es in nächtlicher Fahrt über die Alpen nach Frankreich. Noch bevor es voller Tag geworden war, hatte der Reiz südlichen Lebens mich mit all seinem Zauber umfangen. Jenseits der Berge hatten eisige Winde die Blätter von den Bäumen geschlagen, dichter Nebel Berg und Tal in graues Trauergewand gehüllt, die Menschen mißmutige Spätherbstgesichter gezeigt. Auf die buntbelaubten Abhänge der Baden-Badener Höhen war der erste Schnee gefallen, auf der Rheinebene war die Sonne nur zum Abschiednehmen sichtbar geworden. In Bern hatte die Kälte die Gassen so gründlich ausgekehrt, daß die Spaziergänger zu zählen gewesen waren. Jenseits der Alpen aber sah die Welt aus, als ob es überhaupt keinen Winter und keine Kälte gäbe. über dem anmutigen Gelände, das von der Schweizer Grenze an die Rhonebeugung führt, lag strahlend blauer Himmel; die Sonne schaute so unverwüstlich heiter drein, als sei sie vor den Pfeilen des Novemberschützen ein für allemal gesichert, und das bunte Laub der Linden und Ulmen war von dem Grün der Bäume und Gesträuche so dicht eingefaßt,

als ob es lediglich zur Verzierung der Landschaft bestimmt sei. Die frische Morgenluft wehte zum Wagenfenster herein; sie hatte so reichliche Wärme in sich aufgenommen, daß ihre Erquicklichkeit rein genossen werden konnte, und daß man dem Tage mit dem frohen Bewußtsein entgegengehen konnte, Herz und Sinne bis in den Abend hinein laben zu können. Die Weinlese war noch nicht beendet, und den Menschen, welche sich durch die ringserschallenden Glockenrufe in die Dorfkirchen laden ließen, sah man an, daß sie vergnügliche Wochenarbeit getan hatten. Auch jenseits Lyon, auf der weiten, eintönigeren Ebene, die an die Stelle des gefälligen Hügellandes tritt, blieb der Eindruck still beglückter Heiterkeit derselbe. Selbst die grauen Kieselfelder der Crau, der baum- und wasserlosen Einöde, in welcher Herkules die Lästrygonen besiegt haben soll, und das sumpfige Gelände der Camargue nahmen sich freundlicher aus, als die Abendsonne auch ihnen einen Teil des Lichtes gönnte. Im letzten Abendstrahl wurde die steile Höhe erreicht, von der die weißen Kalkfelsen von Marseille und die schäumenden Wogen sichtbar werden, mit denen das goldüberglänzte Meer diese gesegnete Küste umspült. Sollte einmal in der Fremde gelebt und gestorben werden, so ließ die Last des Lebens sich hier, im Angesicht „der Sonne, der Mutter der Freuden", leichter ertragen als in der trüben nordischen Welt. Menschen und menschliche Beziehungen, die das Herz warm machen und den Tag durch Wechsel der Gestalten beleben, mußten in der Mitte eines anders gearteten Volkes freilich entbehrt werden, und von des Lebens holdem Überfluß drang in diese engumgrenzte Welt nicht mehr, als sich bei Heller und Pfennig mit Geld aufwiegen ließ. Immer neues Glück aber bot unter diesem milden Himmelsstrich die Natur, deren Zauber in allen Jahreszeiten der nämliche blieb, deren liebevolle Hand dem Menschen niemals die Tür vor der Nase zuschlug, in deren Schoße sich zu allen Zeiten friedlich schaffen, denken und träumen ließ. So durfte ich mit Befriedigung zu der abendlich vergoldeten Höhe der Notre-Dame de la Garde hinübersehen, hinter welcher unser bescheidenes Landhaus verborgen lag.

Es war Nacht geworden, bevor ich den Chemin du Fada und das Pförtchen erreicht hatte, an welchem Frau und Tochter meiner harrten, um mich durch die Myrten- und Lorbeerbüsche des Gartens in das rosenumrankte Haus zu führen. Hier aber harrte eine Überraschung, die den Träumen von friedlichem Verlöschen unter ewigblauem Himmel ein jähes Ende androhte. Wie ich bereits in Berlin gehört hatte, war der Stockholmer Posten durch den Tod des Generalkonsuls von Redlich erledigt worden. Ein Brief unseres dortigen Gesandten Dr. Busch trug mir die Nachfolgerschaft an. Mit Busch war ich durch vieljährige Bekanntschaft freundschaftlich verbunden, mit seiner liebenswürdigen und gescheiten Frau genau genug bekannt, um zu wissen, was ich und die Meinen von dem Verkehr mit diesen vortrefflichen Menschen erwarten durften. Dabei lautete der eingegangene Brief so herzlich einfach wie immer möglich. Busch hatte mich dem Auswärtigen Amt vorgeschlagen, weil er annahm, Gelegenheit zu reicherer Tätigkeit und zum Zusammenwirken mit alten Freunden würden mir willkommen sein. Von weiterer Verwendung sollte indessen abgesehen werden, wenn ich in Marseille bleiben wolle.

Die aus eine Rangerhöhung beschränkten Vorteile des Stockholmer Postens mit den Unzuträglichkeiten einer Verpflanzung an den 59° n. Br. zu erkaufen, konnten wir, die wir den Norden sattsam kannten, keine Neigung verspüren. Dem Reize, den das Zusammenleben mit der Familie Busch geboten hätte, stand ja die Erwägung gegenüber, daß der Gesandte am schwedischen Hofe jederzeit versetzt werden konnte, und daß ihm, dem Freunde des Südens, eine Versetzung in den Süden unzweifelhaft willkommen sein würde. So genügte eine kurze Familienberatung, damit ich dankend ablehnte und zugleich einen Berliner Freund ersuchte, in diesem Sinne für mich tätig zu sein. Von beiden Seiten wurde mir geantwortet, daß eine Versetzung wenig wahrscheinlich sei, daß andere Bewerber sich gemeldet hätten und daß mein Verbleib in Marseille für feststehend angesehen werden dürfe. Damit schien die Sache abgemacht zu sein, und ihrer weiter zu gedenken, hatte ich um so weniger Grund, als es an Arbeiten und Aufgaben lokaler Natur nicht fehlte. Zunächst mußte eine amtliche Reise nach Cette unternommen werden, wo es die Errichtung eines Vizekonsulats galt. Die Reise über Montpellier, die Bekanntschaft mit den mittelalterlichen Kirchen- und Universitätsbauten dieser weiland berühmten Hochschule und der Einblick in das Treiben der rings von weinbelaubten Kalkbergen umgebenen kleinen Lagunenstadt Cette boten mannigfaches Interesse, meinen Zweck vermochte ich indessen nicht zu erreichen. Anders wie gegen reichliches Entgelt wollte niemand die „gefährliche" Ehre übernehmen, die verhaßten Prussiens zu vertreten. Da Gehaltszahlungen an Honorarkonsuln durch unser Reglement ausgeschlossen sind, mußte die Sache aufgegeben werden. „Die Leute haben nicht so ganz unrecht", sagte mir der freundliche österreichische Konsul (ein seit dreißig Jahren am Etang de Thau angesessener Weinhändler aus Frankfurt), als ich ihm klagte, die von mir aufgesuchten Personen hätten unter Berufung darauf abgelehnt, daß sie keine Neigung verspürten, bei nächster Gelegenheit — d. h. im Falle von Kriegsgerüchten – in den Kanal geworfen zu werden. In diesem vom Kriege unberührt gebliebenen Teile Frankreichs war der Chauvinismus erst Mode geworden, als er sich im Osten und Norden des Landes zu überleben begann. In Cette kamen außerdem die Heißblütigkeit der vielfach mit spanischen Elementen versetzten Arbeiterbevölkerung und die Enge der Kleinstadt in Betracht, innerhalb deren die Einzelnen sichtbare Stellungen einnahmen. Zudem ging das Weingeschäft schlecht und zeigten die auf die Erträge desselben angewiesenen Faßbinder und Hafenarbeiter bereits seit Jahr und Tag unbotmäßige Launen. – Die nämliche Erfahrung machte ich wenig später in Port le Bone, einem Hafennest, wo eine alte Dame namens ihres abwesenden Sohnes unsere Geschäfte besorgte, indessen die Männer des Ortes Vorsicht für den besseren Teil der Tapferkeit ansahen.

Der Winter 1891/92 war von besonderer Schönheit und Milde. Man hätte meinen sollen, die Natur wolle die Unbilden ausgleichen, welche sie der gegen Eis und Kälte wehrlosen Hauptstadt des französischen Südens während des vorhergegangenen Jahres zugefügt hatte. Eine volle Woche hindurch war damals die Januartemperatur aus so unter Null, ja vorübergehend auf 10° gesunken, und dadurch ein Zustand hervorgerufen worden, wie man ihn seit fünfzehn und mehr Jahren nicht erlebt haben wollte: Omnibusse und Tramways waren in Stillstand geraten, weil es den Kutschern an warmen Kleidern, den Pferden an scharfen Hufstollen gebrach und weil die eis- und schneebedeckten Gleise mangels der gehörigen Werkzeuge nicht hätten freigehalten werden können. Gas und

Wasser hatten die Dienste versagt, weil die dicht unter dem Erdboden liegenden Leitungen eingefroren waren, Arm- und Beinbrüche kamen binnen einer Woche häufiger vor, als sonst im Verlauf eines Vierteljahres, und die Schlittschuhläufer auf den Teichen des Park Borely waren die einzigen Marseiller gewesen, die zu dem bösen Spiel dieser neuen année terrible gute Mienen gemacht hatten. – Dieses Mal wurde die Freude an dem blauen Himmel, der milden Luft und dem herrlichen Sonnenschein nur auf kurze Zeit gestört. Die Mittagsstunden konnten regelmäßig im Garten verbracht, Rosen und Astern noch zu Ende des Dezember gepflückt, Frühlingsempfindungen schon alsbald nach Beginn des neuen Jahres gepflegt werben. Am Weihnachtstage habe ich die Ode „Persicos odi puer apparatus" in einer Rosenlaube gelesen, deren Ranken so reich geschmückt waren, daß der Dichter nicht nötig gehabt hätte, seinem Tafeldecker das "Mitte sectari, rosa quo locurum Sera moretur" zuzurufen.

„Berlin-Wien-Rom"

Wenn ich die Reize dieses letzten mir im Lande der Sonne gegönnten Winters nicht so voll auskostete, wie möglich und ratsam gewesen wäre, so lag die Schuld lediglich an mir. Die von bornierter Einseitigkeit und Voreingenommenheit strotzende Feindseligkeit, mit welcher der größere Teil der deutschen Presse auf den Reichskanzler und den sogenannten neuen Kurs losschlug, wurde von Tag zu Tag unerträglicher. Als ob der Rücktritt Bismarcks Schuld seines Nachfolgers gewesen wäre und als ob die Wirkungen, welche dieses Ereignis unter allen Umständen hätte üben müssen, absichtlich herbeigeführt worden wären, fiel man über den Grafen Caprivi wie über einen Missetäter her und wiederholte nun die haßatmenden Angriffe der „Hamburger Nachrichten" in tausendfachem Widerhall. Loyalismus und Kultus der Dynastie, wie sie seitdem Mode geworden sind, hatte ich niemals zu produzieren vermocht: gerade darum regte die Frechheit, mit welcher die Nation in die Wahl zwischen Kaiser und Ex-Kanzler getrieben werden sollte, mein monarchisches Gefühl bis in die tiefsten Tiefen auf. Ein Volk, das Anspruch auf politische Mündigkeit erhob, mußte die geschehenen und einmal unwiderruflich gewordenen Dinge nach anderen Gesichtspunkten beurteilen können, als der ab irato urteilende alte Herr im Sachsenwalde tat. Weil der eine, der den Weg vom tarpeiischen Felsen zum Kapitol genommen hatte, nicht mehr regierte, durfte doch nicht alles Regieren unmöglich gemacht – nicht so getan werden, als vermöge das Deutsche Reich seinen großen Begründer nur um Stunden und Tage zu überleben. Was war denn geschehen, um das Rabengekrächz zu rechtfertigen, das von der Elbe bis zum Rhein, von der Ostsee bis hinüber an die bayrischen Alpen erscholl? Die letzte von Bismarcks großen Schöpfungen, die Tripel-Allianz, war nicht nur erneuert, sondern aus festere und breitere als die bisherige Grundlage gestellt und durch ein System von Handelsverträgen eingefriedigt worden, dessen Unentbehrlichkeit alle in Betracht kommenden Sachkenner anerkannt hatten. Das Sozialistengesetz, dessen Unwirksamkeit für Sehende auf der flachen Hand lag, und dessen siechen Tagen Bismarck selber die

Frist nur mühsam hatte verlängern können, war von Caprivi aufgegeben worden, wie es von jedem anderen Staatsmanne hätte aufgegeben werden müssen. Und was die auswärtige Politik anlangte, so stand mindestens das eine fest, daß die in Kronstadt besiegelte Annäherung zwischen Rußland und Frankreich von keiner menschlichen Hand, auch nicht von der mächtigen Faust des Fürsten Bismarck, hätte abgewendet werden können. Durch die Annexion Elsaß-Lothringens politisch indiziert, während der Tage des Dreikaiserbundes durch Bismarcks unvergleichlichen, nur ihm möglichen Einfluß aufgehalten, war das Zusammenrücken unserer beiden Nachbarn zur einfachen question de date geworden, seit der „ehrliche Makler" von 1878 Rußlands unverhohlene Feindschaft mangels eines anderen Courtage-Lohns hatte einheimsen und zu der Allianz mit Österreich schreiten müssen. Was von dem „Turm" russisch-preußischer Intimität übrigblieb, war seit der Thronbesteigung Alexanders III. so schwer erschüttert worden, daß es über Nacht einstürzen konnte, auf solchen Einsturz aber war von französischer Seite seit nahezu zehn Jahren unermüdlich hingearbeitet worden. Sieben Jahre lang hatte ich unter Franzosen gelebt, während der Hälfte dieser Zeit mit politischen Männern von Einfluß und Gewicht vielfach verkehrt und die Fortschritte des in Frankreich grassierenden Russenkultus von einer Station zur anderen verfolgt. Von der seit dem Tode Alexanders II. in den Vordergrund der russischen Szene gedrungenen Moskauer Nationalpartei wußte jeder Zeitungsleser, daß sie seit zwanzig und mehr Jahren nicht höher als bei der französischen Allianz schwor, und daß die letzten Bedenken gegen diese seit der Bekehrung des Franzosenfeindes Katkow in Wegfall gekommen waren. Der gesamte Unterschied gegen früher beschränkte sich daraus, daß das längst Erwartete, längst Unabwendbare allendlich eingetreten und daß von Alexander III. in aller Form anerkannt worden war, daß die republikanische Staatsform kein Hindernis für die Erhörung der französischen Liebeswerbung bilde. Was weiter geschehen war, ließ für verschiedene Auffassungen, nicht aber für verschiedene Beurteilungen Raum. Man konnte verschiedener Meinung darüber sein, um wieviel Graf Caprivi von Rußland weiter abgerückt sei als sein Vorgänger: daß er dem Veranstalter des Kronstadter Flottenfestes gehalten und zugeknöpft begegnet war, durfte ihm mindestens da nicht zum Vorwurf gemacht werden, wo man Bismarcks Wort „Wir laufen niemand nach" zum Gegenstande eines neuen, auf ungezählten Pressealtären gefeierten Kultus gemacht hatte.

Eine Wendung in unserem Verhalten zu Rußland hatte ich schon vor der Erneuerung des Dreibundes konstatieren zu können geglaubt, seit Beschluß der Handelsverträge schien sie unzweifelhaft geworden zu sein. Die Verbesserung unserer Beziehungen zu England; der handelspolitische Abschluß mit den Mächten, die unsere politischen Verbündeten geworden waren; die Heranziehung einer Anzahl benachbarter kleinerer Staaten zu diesem System; die veränderte Stellung zu dem Bulgarien Stambulows; die günstige Aufnahme, die wir den türkischen Zugeständnissen an die bulgarische Kirche zuteil werden ließen, waren einander in kurzen Intervallen gefolgt. Hatten diese Maßnahmen überhaupt einen Sinn, waren sie in dem Zusammenhang ergriffen worden, dessen politische Aktionen nicht entbehren dürfen, wenn sie diesen Namen verdienen sollen, so konnte der Sinn nur dieser sein, daß wir unsere Kräfte zusammenfassen und eine Solidarität westeuropäischer Interessen gegen den von Osten drohenden Ansturm herstellen wollten.

Von dieser Voraussetzung ausgehend und in dem Gefühl, einer Sache dienen zu müssen, die meinen intimsten Überzeugungen entsprach, schrieb ich dem Leiter der Reichskanzlei, Herrn Göring, ich bäte um die Erlaubnis zur Veröffentlichung einer Apologie der Caprivischen Politik. Der leitende Gedanke meines Vorhabens wurde kurz skizziert und die Ausführung derselben an eine Bedingung geknüpft: ich wollte allein mit dem Reichskanzler zu tun haben und etwaigen Auseinandersetzungen mit dem Ministerium und dessen Räten enthoben sein. Was von diesen Herren zu erwarten sei, wenn Abweichungen von der Schablone in Frage kämen, wüßte ich zu genau, um weiterer Beweisstücke für Allmacht und Allwissenheit gewisser Vertreter „unserer bewährten Traditionen" entbehren zu können. Rascher als ich erwartet hatte, erfolgte die Antwort. Sie lautete unbedingt zustimmend, versprach Beseitigung der von mir erwähnten formalen Schwierigkeiten, enthielt aber kein Wort, das mir zur Orientierung über die Auffassungen des Kanzlers hätte dienen können. Eine solche erfolgte auch im weiteren Laufe der Korrespondenz nicht, obgleich ich wiederholt angedeutet hatte, daß mir nicht sowohl an dem Dank des leitenden Staatsmannes, als an der Zustimmung zu dem von mir skizzierten politischen Programm gelegen sei. So gewann ich völlig freie Hand, aber keine Sicherheit dafür, daß ich die Absichten Caprivis richtig verstanden hatte. Entweder hegte der Kanzler ein Vertrauen zu meinem Urteil, das zu verdienen ich keine Gelegenheit gehabt hatte, oder er sah von demjenigen Maß von Vorsicht ab, das durch die Natur der Sache geboten schien.

In sechs Wochen schrieb ich die 17 Bogen starke, im April 1892 bei Duncker und Humblot erschienene Schrift „Berlin – Wien – Rom" nieder. Eine Wiedergabe des Inhalts dieser „Betrachtungen über den neuen Kurs und die neue europäische Lage" würde heute keinen Sinn haben und dem Gedächtnis der längst vergessenen Gelegenheitsarbeit schwerlich zugute kommen. Fürst Bismarck wurde in derselben nicht nur mit keinem Worte angegriffen, sondern mit der vollen, ihm gebührenden Verehrung behandelt, der Name des Kaisers nur einmal, derjenige des Grafen Caprivi so selten wie möglich genannt, und von allem abgesehen, was als Verherrlichung des Kanzlers hätte gedeutet werden können. Alles Gewicht wurde auf die sachlich-politischen Ausführungen gelegt und dem ganzen eine eingehende Betrachtung der ethnographischen Verhältnisse des südöstlichen Europas und ein Abriß der Geschichte des morgenländischen Kirchentums beigegeben. Leitender Gesichtspunkt war die Behauptung, daß Erhaltung des Gleichgewichts auf der Balkanhalbinsel und der orientalischen Stellung Österreichs direkte Interessen Deutschlands bildeten. Um dem Verdachte grundsätzlicher Russenfeindschaft zu begegnen und dem Buche jede unnütze Schärfe zu nehmen, ließ ich die naheliegende Gelegenheit zur Erörterung des meinem baltischen Vaterlande bereiteten Loses unbenutzt. Nur die eine Bemerkung vermochte ich nicht zu unterdrücken, daß der – tatsächlich unbegründete — Argwohn der Russen, Deutschland könne Veranlassung nehmen, sein gutes Verhältnis zu Rußland davon abhängig zu machen, daß seine Landsleute an der Ostsee erträglich behandelt würden, – daß dieser Argwohn bei einem Volke erklärlich sei, das sich seiner ausländischen Stammesgenossen allezeit opferwillig angenommen habe! – Zum Erweise dafür, daß von allem abgesehen wurde, was nach direkter Feindseligkeit, geschweige denn nach Herausforderung des östlichen Nachbars geschmeckt hätte, darf ein Satz des Schlußkapitels wörtlich angeführt werden:

„Zweifel daran, daß unsere Wünsche unentwegt aus Erhaltung des Friedens gerichtet bleiben, sind in St. Petersburg ebensowenig möglich geblieben, wie Zweifel an der Festigkeit unseres Entschlusses, das Gleichgewicht auf der Balkanhalbinsel als eminent deutsches Interesse zu behandeln" (a. a. D. S. 208).

Inmitten der Arbeit an meiner Schrift würde ich von einem Brief des Baron Holstein überrascht, der mit zu der bevorstehenden Versetzung auf den Stockholmer Posten Glück wünschte. Da es aussah, als ob diese „Beförderung" Holsteins eigenes Werk gewesen sei, blieb nichts übrig als dankend anzunehmen und das weitere abzuwarten. Die Wartezeit ging erst im April zu Ende; tags nachdem ich mein Manuskript der Post übergeben hatte, wurde mir meine Ernennung telegraphisch und mit dem Hinzufügen bekanntgegeben, daß ich aus möglichst beschleunigte Übersiedlung Bedacht zu nehmen hätte. Noch vor Ende des April waren wir reisefertig: der Abschied konnte kein allzu schwerer sein, wo wir nur einen befreundeten Menschen, den Kanzler Lehnhardt, zurückließen. Vielleicht weil sie die letzten Wochen sich selbst und mir durch kleinliche Zänkereien vergällt hatten, erwies die Kolonie mir die Ehre eines kleinen Abschiedsfestes, an welchem zu meiner Freude auch der würdige Pfarrer Gujer teilnahm. Dann ging es in eiliger Fahrt entlang der in Frühlingspracht prangenden Riviera über Genua nach Mailand und Verona, und von dort auf der schneebedeckten Brennerstraße nach München. Meine Familie, die den Sommer in Deutschland verbringen sollte, hatte ich zurückgelassen. Längerer Aufenthalt wurde allein in Berlin genommen, wo ich gleichzeitig mit den ersten Exemplaren meines neuen Buches eintraf. Graf Caprivi war abwesend, Herr Göring aber sprach mir bei Überreichung eines ausführlichen Dankschreibens seines befreundeten Chefs eine Anerkennung aus, die mich überraschte. Auf eine so umfassende, von so vollständiger Beherrschung des Stoffes zeugende und in großem Stil gehaltene Arbeit, sollte Graf Caprivi nicht gerechnet haben, da ich ja nur eine Broschüre und kein Buch versprochen hätte usw. In gewisser Rücksicht übertrafen auch die Urteile der Presse meine Erwartung. Volle Zustimmung fand ich allerdings nur bei den Wiener Zeitungen und bei einzelnen Berliner Freunden, deren Urteil mir von Wert war. Mit dem Geständnis, daß ein ernsthaftes, die Tagesliteratur überragendes Werk vorliege, hielten aber auch die neutralen und die gegnerischen Presseorgane nicht zurück; der buchhändlerische Erfolg war bereits nach wenigen Tagen entschieden gewesen. An alledem war mir indessen wenig gelegen, solange ich nicht wußte, wie das Auswärtige Amt sich zur Sache stellen würde. „Auswärtiges Amt" hieß in diesem, wie in zahlreichen anderen Fällen – Herr von Holstein. Sicherheiten dafür, daß meine Auffassung derjenigen der verantwortlichen Leiter unserer Politik entsprach, vermochten mir weder Caprivis Anerkennungsworte, noch Görings Äußerungen darüber zu gewähren, daß der Kanzler sich über den „Scharfblick" gewundert habe, mit welchem ich — der Uneingeweihte – den verborgensten Wendungen seiner Politik gefolgt sei. Von dem inneren Getriebe unserer diplomatischen Maschine und von der Bedeutung der verschiedenen Maschinisten wußte ich denn doch zuviel, als daß ich hätte beruhigt sein können, solange das Votum des eigentlichen Werkmeisters nicht vorlag. Holstein empfing mich liebenswürdiger denn je, fragte mich, ob ich nicht Neigung hatte, statt des Stockholmer Postens das inzwischen vakant gewordene, politisch interessantere Konsulat in Christiania zu übernehmen, und ging sodann zu einem der merkwürdigsten politischen Gespräche über, die ich mit dem merkwürdigen Manne geführt habe. Meine Schrift wollte er eben erst erhalten und nur die Einleitung gelesen haben, die erste seiner an mich gerichteten Fragen bewies mir indessen, daß er über den springenden Punkt unterrichtet sei. „Sagen Sie mir aufrichtig," begann er, „sind Sie nicht von Hause aus der Meinung gewesen, daß unsere Friedensvermittlung von 1878 kein glücklicher Griff gewesen sei und daß unsere Interessen bei derselben nichts gewinnen konnten?" Meine erste Empfindung war, der Teilnehmer an dem „berühmten", in Wort and Schrift gefeierten Berliner Kongreß wolle mich mit dieser weitgreifenden Frage zum besten haben. Ich ließ mir indessen nichts merken, sondern gab zur Antwort, über Dinge, die allein von Eingeweihten richtig beurteilt werden könnten, könne ein Extraneus nicht wohl mit reden. Gedanken stünden dagegen jedermann frei, und was die meinigen anlange, so müsse ich frei heraussagen, daß dieser Kongreß mir vom ersten bis zum letzten Tage unverständlich gewesen

34

und geblieben sei. „Welches Interesse konnten wir daran haben, Rußland aus einer Verlegenheit zu helfen, die uns zum Vorteil und niemals zum Nachteil gereichen konnte? Wie konnte ausbleiben, daß die Rußland abgerungenen Zugeständnisse uns – den Vermittlern – auf die Rechnung gesetzt wurden? Welchen Grund konnten wir haben, den Russen über ihren wahren Vorteil einen Wein einzuschenken, von dem nicht zweifelhaft war, daß er schlecht schmecke." Wesentlich um diese drei, niemals beantworteten Fragen drehten sich die Ausführungen, die ich als unmaßliche Meinung vortrug. Mit einem „Sie könnten recht haben, ähnliche Gedanken haben auch mich zuweilen beschäftigt" ging Holstein zu Einzelpunkten der damaligen Orientlage und der Entwicklung kirchenpolitischer Streitfragen über, von denen er annahm, daß sie mir genauer bekannt seien. Dann wurde das Gesprächsthema geändert. In der ihm eigentümlichen prägnanten Weise erörterte mein Interlokutor die Verhältnisse des Landes, in welchem ich künftig leben würde, die zunehmende Bedrohlichkeit des norwegisch-schwedischen Unionsstreites und die hohe kommerzielle Bedeutung, welche die skandinavischen Länder für Handel und Industrie Deutschlands hätten usw. – Wenig später empfahl ich mich, um alsbald die Reise nach Norden fortzusetzen.

Auf die unbeantwortete Frage, die mich nach wie vor lebhaft beschäftigte, erfolgte die Antwort, noch bevor ich meinen Bestimmungsort erreicht hatte. Bei einem Besuch, den ich während eines kurzen Aufenthaltes in Hamburg dem mir seit vielen Jahren befreundeten Direktor der Neuen Börsenhalle und Leiter des Hamburgischen Korrespondenten Franz Rosatzin machte, teilte dieser mir mit, Herr von Holstein habe ihn soeben aus telephonischem Wege um den Abdruck einer Notiz ersucht, welche jede Beziehung des Auswärtigen Amtes zu dem Buche „Berlin–Wien–Rom" in Abrede stellte und den rein privaten Charakter desselben hervorhob. Während der folgenden Tage machte dieses Desaveu die Runde durch die gesamte europäische Presse und ich hatte Zeit zu Betrachtungen darüber, daß es Leute gebe, die die Caprivische Politik genauer kannten und anders beurteilten als Caprivi selbst. Die Unterlassung orientierender Mitteilungen an mich hatte sich gestraft, und zwar an mir gestraft, der solche Orientierung rechtzeitig erbeten hatte. Daß die „Hamburger Nachrichten" nicht unterließen, in einer ganzen Anzahl polemischer Artikel über das „Eckardtsche Buch" herzufallen und den Verfasser als einen „mauvais coucheur" zu bezeichnen, der Deutschland und Rußland „wie zwei Fleischerhunde aufeinander hetzen wolle", erfuhr ich unmittelbar nach meinem Eintreffen in Stockholm. Busch, der sich als langjähriger Vertrauter des Fürsten Bismarck auf dessen Ausdrucksweise genau verstand, war keinen Augenblick darüber im Zweifel, daß die gewichtigsten dieser Angriffe nicht bestellte, sondern selbstgemachte Arbeit seien. Daß die von mir entwickelten Anschauungen nicht als Phantastereien, sondern als Grundlinien eines wirklichen Programms behandelt und demgemäß einer ernsthaften Widerlegung unterzogen waren, hätte mir zur Befriedigung gereichen können, wenn ich einer solchen bedürftig oder zugänglich gewesen wäre.

Generalkonsul in Stockholm

Marseille hatte ich in vollem Frühlingsglanze verlassen, Stockholm fand ich in hellem Winter vor. Trübe und neblig sah die Landschaft auf mich herab, als ich am Vormittage des 13. Mai 1892 den berühmten „Scheerengarten" passiert hatte,· um im Hafen der schwedischen Hauptstadt an Land zu gehen. Busch empfing mich im Winterüberrock, die umliegenden Höhen schauten kalt und verdrossen drein, kaum daß einzelne Büsche des Kungstsrädgarden schüchtern grüne Blätterspitzen hervorzustecken wagten. Im übrigen stellten die ersten Eindrücke sich hier freundlicher dar, als an den meisten früher passierten Stationen der Lebensreise. Die ersten Wochen wurden in dem gastlichen Hause des verehrten Freundes verbracht, von dem ich sieben Jahre zuvor in der Wilhelmstraße Abschied genommen hatte, und dessen Gesellschaft täglich an Reiz und Ausgiebigkeit gewann. Am Abende meiner Ankunft nahm ich an einem Rout bei dem Minister des Auswärtigen Grafen Loewenhaupt teil, die folgenden Tage vergingen mit Besuchen und Vorstellungen bei Landesautoritäten, Kollegen und Mitgliedern des diplomatischen Korps. Daß aus dem Verkehr mit den letzteren keine Seide zu spinnen sein würde, begriff ich, auch bevor es mir gesagt wurde; daß die schwedische Gesellschaft Ausländern gegenüber möglichste Zurückhaltung beobachte, erfuhr ich durch Busch, der seit vier Jahren Land und Leute studiert hatte.

Anspruch auf Bedeutung erhoben von Buschs diplomatischen Kollegen nur zwei, der russische Gesandte Sinowjew und der Franzose Millet. Millet war als Journalist herausgekommen und verband die Qualitäten des Schönredens und Vielschreibens mit denjenigen eines Mannes von vollendeter Taktlosigkeit, Eigenschaften, die dieser Herr nach seiner Ernennung zum Generalresidenten in Tunis noch reichlicher bewährt haben soll als während seiner Stockholmer Jahre. Eine der glänzendsten Leistungen dieser Art fiel in die ersten Monate meines Aufenthaltes am Mälarsee: als zur Feier des Besuchs einer französischen Eskader die Marseillaise gespielt wurde, erinnerte der republikanische Staatsmann den

König Oskar daran, daß Sr. Majestät Großvater die berühmte Hymne seinerzeit „als Sergeant" mitgesungen habe. Urteil und Landeskenntnis besaß von den damaligen Mitgliedern der französischen Gesandtschaft allein der Attachez Marquis de Torch, dem ich bei unserem Legationssekretär, dem Grafen Edmund Linden, wiederholt begegnete. Für einen Mann von staatsmännischer Erfahrung und Einsicht konnte Sinowjew gelten, der als Gesandter in Persien und als Leiter der wichtigsten Abteilung des St. Petersburger Auswärtigen Amtes (des sogenannten Asiatischen Departements) seinen Weg gemacht hatte. Rußland, dessen Diplomatie sich immerdar durch Planmäßigkeit des Vorgehens ausgezeichnet hat, ist in Stockholm von alters her angemessen vertreten gewesen: zur Zeit König Karl Johanns durch den General Suchtelen, einen in russische Dienste getretenen Holländer, der die Traditionen der russisch-skandinavischen Politik begründet hat, später durch Herrn von Giers, den Nachfolger Gortschakows, und sodann durch dessen vieljährigen Gehilfen Schischkin. Mit meinen Antezedenzien waren die russischen Herren zu genau bekannt, als daß ich nicht Grund gehabt hätte, ihnen aus dem Wege zu gehen. An Höflichkeit ließen sie es nicht fehlen, und wenn man zusammentraf, ging der Unterhaltungsstoss niemals aus. Bereits in den ersten Tagen nach meiner Ankunft lud mich der russische Kollege Kammerherr Kudräwzew, ein liebenswürdiger Herr von der alten, ausschließlich französisch redenden Schule zu einem Mittagessen ein, an welchem mehrere Glieder der russischen Gesandtschaft teilnahmen. Wir sprachen russisch, erörterten die Herrlichkeiten „unserer" vaterländischen Literatur und verbrachten einen recht vergnügten Abend. Eines der Mitglieder der Legation war nicht von der Partie, der zweite Sekretär Fürst Murusi, „un homme de cor et de cri", der die schwarze Wäsche der russisch-skandinavischen Politik besorgte, bei dem Handstreich gegen den unglücklichen Battenberger eine ominöse Rolle gespielt hatte, und der Wirtshäuser „mit und ohne Damenbedienung" jeder anderen Gesellschaft vorzog. Murusis bedurfte es um so weniger, als sich der erste Sekretär, Herr Sergejew , kaiserlicher Kammerjunker und Schwiegersohn des Finanzministers Whschnegradski, auf Repräsentation und Geschäftsführung gleich gut verstand.

Von der schwedischen Hofgesellschaft habe ich damals wie später nicht mehr gesehen, als durch meine amtliche Stellung bedingt war. Der jährliche Hofball und gelegentliche Ladungen zur königlichen Tafel boten zu zahlreichen Bekanntschaften Gelegenheit, die sich unveränderlich in den nämlichen Formen bewegten. Der Mehrzahl schwedischer Damen und Herren war die Unterhaltung in fremden Sprachen geläufig, aber nicht bequem genug, damit sie dieselbe aussuchten, und des Schwedischen habe ich mich nicht zu bemächtigen gewußt. Dem Könige, der den Sommer auf Reisen zubrachte, wurde ich erst später vorgestellt, der Kronprinz weilte bei seiner oft kranken, zumeist im Auslande lebenden Gemahlin; den jüngeren Prinzen konnte man um so häufiger begegnen, da sie sich mit der Anspruchslosigkeit von Privatleuten bewegten. Die Königin war niemals, auch nicht auf den offiziellen Bällen und bei den Empfängen sichtbar, da sie ihrer Kränklichkeit wegen in völliger Zurückgezogenheit lebte. Auf den offiziellen Diners war das weibliche Element, wenn überhaupt, nicht anders als durch drei Hof- und Staatsdamen vertreten, die schon der schwarzen Hoftracht wegen lebhaft an die drei Begleiterinnen der „Königin der Nacht" erinnerten. - Seinerzeit hatte diesem Kleeblatte auch Fräulein Ebba Munck angehört, die Gemahlin des dritten Sohnes Sr. Majestät, des Prinzen Oskar, der seit dieser Heirat den Namen Bernadette angenommen und den Privilegien seiner Geburt entsagt hatte. Diesem Fürsten, der für das unbegabteste Glied der Familie galt, bin ich häufig und ausführlich begegnet. Ich halte ihn für einen der gescheitesten Leute, die mir jemals vorgekommen sind. Denn was könnte ein nachgeborener, mäßig begabter Prinz Gescheiteres tun, als unter Verzicht auf Sukzessionsrechte von bloß imaginärer Bedeutung, in die Stellung eines Privatmannes treten, die Frau seiner Wahl heiraten und ein glücklicher Ehemann und Vater werden! Der Prinz bekleidete die Stellung eines Kommandeur-Kapitäns der königlichen Flotte, erfreute sich allgemeiner Achtung und der besonderen Liebe seiner königlichen Mutter, die mit Frau Ebba durch eigentümlich gefärbte, aber aufrichtig und tief empfundene religiöse Überzeugungen eng verbunden war. Zum Verdruß des steifleinenen schwedischen Staatskirchentums machten die Königin und die Bernadotteschen Herrschaften aus ihrer Hinneigung zu den sog. „Läsare" (pietistischen Sektierern) so wenig Hehl, daß in dem prinzlichen Hause Andachtsversammlungen abgehalten wurden, an denen Personen der verschiedensten außerkirchlichen Gemeinschaften teilnahmen. Daß die Erstarrung des offiziellen Kirchentums der schwedischen Neigung zu Sektenbildungen weitgehenden Vorschub geleistet hat, ist bekannt. Männer der höchsten Lebensstellungen zählten zu den „Läsare", u. a. der Kriegsminister Baron Rappe, der für einen vorzüglichen Militär galt und den ich als feinen und liebenswürdigen Herrn kennengelernt hatte. Daß ein Kriegsminister und Generalleutnant in seinem Hause Andachtsstunden hielt, daß er Sonntags Arme und Gefangene besuchte, und seine Tochter an einen bescheidenen Pfarrer des Norrlandes verheiratete, würde anderswo für „unmöglich" gegolten haben. In Schweden war man vorurteilslos und unbefangen genug, um dem Berater der Krone die nämliche Freiheit in religiösen Dingen zu gönnen, deren der Privatmann sich erfreute. Beiläufig bemerkt waren Graf Loewenhaupt und Rappe die einzigen Minister, die fertig genug französisch konnten, um die diplomatische Gesellschaft zu besuchen und mit Ausländern zu verkehren.

Daß ich diese Verhältnisse erst im Laufe der Zeit und nicht unmittelbar nach meinem Eintreffen kennen lernte, versteht sich von selbst. Während der ersten Wochen des Stockholmer Aufenthalts durfte ich als Gast des Buschschen Hauses jede freie Stunde im Schoße der Familie und im Austausch mit Menschen verbringen, die mir jeden anderweiten Verkehr entbehrlich erscheinen ließen. Was es damit auf sich hat, unter gleichgestimmten Volksgenossen zu leben, weiß freilich nur, wer sich jahrelang unter gleichgültigen Fremden herumgestoßen und die leidige Gewohnheit angenommen hat, nirgend warm zu werden und alles mit kritischen Augen anzusehen. An den offiziellen Charakter des Buschschen Hauses wurde man nur bei den entsprechenden Gelegenheiten erinnert. Nach erfüllter Amtspflicht lebte Busch vornehmlich seinem Hause. Der frühere Dozent und vorzügliche Kenner der Alten ließ sich's nicht nehmen, seinen heranwachsenden ältesten Sohn selbst zu unterrichten. Von besonderem Interesse wurden mir die regelmäßigen größeren Spaziergänge, die Busch seiner Gesundheit wegen unternahm, und auf welchen ich ihn begleiten durfte, um Gedanken über Heimat und Fremde, Orient und Okzident, politische und gesellschaftliche Dinge zwanglos auszutauschen.

Der Natur der Sache nach spielten Erörterungen über Schweden dabei eine wesentliche Rolle. Was Busch über das Land und dessen Bewohner sagte, habe ich während mehrjähriger eigener Beobachtung so vollauf bestätigt gesunden, daß die Summe dieser Wahrnehmungen schon hier gezogen werden darf.

Schweden bietet einen redenden Beleg dafür, daß ein durch Menschenalter fortgesetzter Friedenszustand schließlich erschlaffend, um nicht zu sagen, entsittlichend wirkt, und daß der vielgescholtene und unzweifelhaft von schweren Mißständen begleitete Militarismus in unseren Tagen ein unentbehrliches Gegengewicht gegen den Industrialismus bildet. Das Volk, dessen Kriegstüchtigkeit einst die Bewunderung Europas bildete und das noch heute an reckenhaften Gestalten reicher ist als irgend ein anderes – dieses Volk hat aufgehört eine waffenfrohe und politische Nation zu sein. Was Schweden an Talent und Leistungsfähigkeit besitzt, wendet sich fast ausschließlich industriellen, technischen und naturwissenschaftlichen Interessen zu. Die historisch-politischen und die militärischen Wissenschaften müssen sich mit der zweiten Stelle begnügen, in welche eine vorherrschend gewordene banausische Denkungsart sie herabgedrückt hat. Auf die idealen Mächte des Lebens besinnt das moderne Schwedentum sich in der Regel nur, wenn sie zu dem Kultus der nationalen Eitelkeit in Beziehung gebracht werden können- Der Staat als solcher kommt für den Schweden eigentlich nur so weit in Betracht, wie er dazu beiträgt, Erwerb und Behagen der Bürger zu erhöhen. Aller Schichten der Gesellschaft hat sich während der letzten Jahre eine Tendenz zu anstrengungslosem Erwerb und zu leichtem Genuß bemächtigt, welche dem Leben der hochbegabten, in ihrem Kern tüchtig gebliebenen Nation den Charakter der Trivialität aufzuprägen droht. Wo immer die Gelegenheit zur Teilnahme an gewinnbringenden Unternehmungen geboten wird, greifen Gelehrte und Künstler, Militärs und Beamte heißhungrig zu. Materialismus und Begehrlichkeit drängen so unaufhaltsam vor, daß die alten Traditionen des Landes zurückgedrängt werden, und daß ein Zustand demokratischer Verseuchung nächstens der herrschende geworden sein wird. Gesellschaftlich so anspruchsvoll wie immer möglich, hat der Adel politisch längst abgedankt. Die sogenannte Freiheitszeit (die durch die Kämpfe der Mützen und Hüte berüchtigt gewordene

Periode des Adelsregiments) hat diesen Stand wirtschaftlich und politisch ruiniert: wirtschaftlich, weil der Schacher mit parlamentarischen Einflüssen einträglich genug war, um die Gewohnheiten unsinniger Verschwendung großzuziehen, politisch, weil Bürger und Bauern ein für allemal darüber belehrt wurden, daß das „noblesse oblige" in ihrem Lande zur leeren Phrase geworden sei. Die Einführung der neuen, mit einer großen Zahl nachahmungswürdiger Institutionen ausgestatteten Verfassung von 1861 hat Bürger und Bauern zu Herren des Landes gemacht. Der übriggebliebenen Großgrundbesitzer sind zu wenig, als daß ihr Stand eine Rolle zu spielen vermöchte. Der Edelmann muß Offizier oder Beamter werden, wenn er fortkommen will; sieht er es auf eine parlamentarische oder politische Stellung ab, so bleibt ihm nur übrig, bei einer der bürgerlichen oder bäuerlichen Parteien Unterkunft zu. suchen. Das Weitere versteht sich – sozusagen – von selbst. Wie in der Existenz der einzelnen Schweden die idealen Interessen hinter den handgreiflichen zurücktreten, so prävalieren im parlamentarischen Leben die wirtschaftlichen Dinge vor den staatlichen. Zollschutz für das mächtig emporstrebende Großgewerbe, Förderung des Erwerbslebens und Erleichterung des Verkehrs bilden die Hauptfragen des städtischen Parlamentariers, indessen dem Bauer an Verminderung der Staatsaufgaben, Popularisierung der Bildungsmittel und an Ausschluß fremdländischer Landwirtschaftsprodukte vornehmlich gelegen ist. Stolz auf seine uralte Freiheit und den nahezu ebenso alten Besitz politischer Rechte hat der schwedische Bauernstand Vorzüge aufzuweisen, die beneidenswert genannt werden können. Gewöhnt, seine Angelegenheiten selbst zu besorgen, ist dieses Bauerntum in dem heutigen Parlamente noch einflußreicher, als weiland unter dem Dache der vierfach gegliederten ständischen Verfassung. Die ländlichen Bezirke wählen fast ausnahmslos bäuerliche Reichstagsvertreter, Männer, die an Einsicht, Fleiß und parlamentarischer Gewandtheit ihren städtischen Kollegen durchaus ebenbürtig sind. Daß Ton und Arbeitsmethode der schwedischen Volksvertretung für mustergültig gelten können, ist großenteils Verdienst der bäuerlichen Reichstagsmänner. In keinem anderen europäischen Parlamente wird so verständig und gewissenhaft mit der Zeit hausgehalten, in keinem so ernsthaft und sachlich verhandelt, so wenig provoziert und demonstriert, wie in dem schwedischen. Aus ihrer Haut vermögen die beiden mächtigen „Landmannsparteien" der zweiten Kammer indessen nicht herauszukommen. Für Wohlfahrts-, Bildungs- und Unterrichtszwecke geben sie die Mittel reichlich her, wenn und soweit die bürgerlichen Veranstaltungen dem Bauer und dem Kleinbürger zugute kommen, was darüber hinausgeht, gilt für überflüssig und entbehrlich. Sobald Aufwendungen zur Erhöhung der Wehrkraft oder Förderung künstlerischer und wissenschaftlicher Interessen in Frage kommen, wird die Hand auf den Beutel gelegt; höchstens daß man zugunsten technologischer oder naturwissenschaftlicher Unternehmungen eine Ausnahme macht. Die Formeln dafür sind im voraus fertig: „Wir leben im Frieden und wollen im Frieden bleiben – darum sind zahlreichere Soldaten und neue Schiffe ebenso überflüssig wie verlängerte Dienstzeit." – „Künste und Wissenschaften mögen von denjenigen unterstützt werden, die von ihnen Genuß und Nutzen haben", lautet die einfache Staatsweisheit dieser bäuerlichen Gesetzgeber. Einige, wenn auch nur bedingte Unterstützung findet die „Landmannspolitik" bei den Vertretern des großstädtischen Radikalismus. Gelegenheiten zur Beschneidung des Kriegs- und Marineetats lassen diese — bis jetzt wenig zahlreichen – Politiker allerneuster Schule niemals unbenutzt, weil sie rücksichtlich dieser Punkte eines gewissen Rückhalts an der öffentlichen Meinung sicher sein können. Ist das schwedische Bürgertum gleich zu besonnen, um zu Experimenten mit dem allgemeinen Stimmrecht und sonstigen Velleitäten des Radikalismus die Hand zu bieten, so läßt es sich doch außerordentlich gern gefallen, daß Staat und staatliche Machtmittel in möglichst engen Grenzen gehalten werden, und daß alles vermieden wird, was Schweden in die Versuchung führen könnte, an den großen europäischen Händeln teilzunehmen. Was mit der landläufigen Phrase „Schweden für die Schweden" eigentlich gemeint ist, erhellt indessen erst aus der Betrachtung zweier Erscheinungen neuschwedischer Entwicklung, die für die Signatura Suetica in hohem Grade charakteristisch sind: der allgemeinen Abneigung gegen Deutschland und deutsches Wesen (Tyskeri) und der Marklosigkeit, mit welcher der skandinavische Unionsstreit behandelt wird.

Von der übrigen Welt durch die See und die undurchdringlichen Einöden der nordischen Grenzmark geschieden, ist der Schwede von alters her so ausschließlich mit sich selbst beschäftigt gewesen, daß ihn fremdes Wesen als solches unsympathisch berührt. In dem

Fremden sieht der Eingeborene, der „Sverige", den Ausbeuter, dem Deutschen aber ist er aus doppelten Gründen besonders abgeneigt. Der politisch-militärische Aufschwung des neuen Reiches hat den Skandinavier aus der bequemen Ruhe der Jahre 1815 bis 1870 aufgescheucht und ein Element der Unruhe und Gärung in die Welt gebracht, dem auch Schweden einen gewissen Tribut entrichten mußte. Ist die geworbene Armee auch nicht erheblich vermehrt worden, so haben doch für „Indelta" und „Bewäringe" (Territorialarmee und Landsturm) Verlängerungen der Dienstzeit Platz gegriffen. Man hat die Offizierskorps verstärken, die Ausrüstungen verbessern, die Festungen armieren und neue Kriegsschiffe bauen müssen – lauter Dinge, die Geld – und zwar sehr viel Geld – gekostet, Unruhe verursacht und das altväterische Behagen gestört haben. Just in dem Augenblick, wo das Erwerbsleben neue Bahnen einzuschlagen begann und die Industrie ihr Haupt erhob, war auf Opfer und Aufwendungen Bedacht zu nehmen, die nicht dem Nutzen der einzelnen, sondern dem Staate und der Erhöhung der staatlichen Machtmittel gebracht werden sollten. Dazu war um so weniger Neigung vorhanden, als dieser Staat es bisher verstanden hatte, mit relativ beschränkten Mitteln Sicherheit und Ordnung aufrechtzuerhalten, ohne daß den Staatsbürgern Selbstverwaltung und freie Bewegung verkümmert worden wären, und ohne daß sich die Zeitkrankheiten des Zuvielregierens, der Gesetzemacherei und der bureaukratischen Allgegenwart eingenistet hätten. Lassen Präzision und Regelmäßigkeit des öffentlichen Dienstes auch im einzelnen zu wünschen übrig, so steht doch fest, daß die Staatsmaschine ihren wichtigsten Aufgaben durchaus gerecht wird, daß Post-, Telegraphen- und Eisenbahnwesen musterhaft, die meisten übrigen Verwaltungszweige anständig und ehrenhaft ihre Pflicht tun, und daß das Problem der Versöhnung von Ordnung und Freiheit in Schweden glücklicher gelöst worden ist als in der Mehrzahl festländischer Staaten. Weil die Gewohnheiten der Freiheit und Selbstbestimmung uralt sind, besteht in der Nation ein Sinn für Gesetzlichkeit und öffentliche gute Sitte, der die höchste Anerkennung verdient. Man gehorcht bereitwillig, weil nicht mehr als notwendig befohlen wird.

Das an und für sich berechtigte Bestreben, diesen Zustand erhalten zu sehen, droht indessen zum Hemmschuh der Weiterentwicklung zu werden, wenn es sich gegen die Übernahme von Staatsaufgaben sträubt, die unabweisbare, ja vitale Bedingungen der Staatsexistenz geworden sind. Weil die Entwicklung Deutschlands an diese Aufgaben erinnert hat, tut man in Schweden, als seien sie deutsche Erfindungen, mit denen wir den übrigen Völkern zur Last fielen! – Für die Masse der Bevölkerung spielt indessen ein anderes Moment die vornehmere Rolle. Der Deutsche ist ein unbequemer Konkurrent, weil er mehr arbeitet, genauer haushält und weniger trinkt als der Schwede. Als wichtigster und tätigster aller Importeure (zwei Dritteile der Einfuhr stammen aus Deutschland) hat der Deutsche außerdem die Untugend, ziemlich regelmäßig der Gläubiger seines kaufmännischen Geschäftsfreundes in Stockholm, Malmö usw. zu sein –soweit er Fabrikant ist, der einheimischen Industrie durch Wettbewerbungen zur Last zu fallen. Dem gemeinen Manne ist außerdem unliebsam, daß der ihm Vorgesetzte Fabrikingenieur, Werkmeister und Vorarbeiter sehr häufig Nicht-Schwede und in solchem Falle gewöhnlich Deutscher ist. Grazie und gute Form haben niemals zu unseren Nationaltugenden gezählt, und gerade auf den Besitz dieser Tugenden legt der Schwede außerordentliches Gewicht. Er besitzt das Recht dazu, weil ihm natürlicher Geschmack, Formensinn und äußerer Anstand in sehr viel höherem Maße verliehen sind als gewissen anderen Leuten. Weil der Schwede in vielfacher Beziehung Gentleman ist, verlangt er als solcher, mindestens als freier Mann behandelt und in anderem Tone angeredet zu werden als in demjenigen, der sich als deutscher „Unteroffizierston" auch außerhalb Schwedens Unbeliebtheit erworben hat. – Danach liegt die Sache so, daß der fremden Elementen grundsätzlich abgeneigte Schwede den Deutschen besonders perhorresziert, weil er mit diesem am meisten zu tun, deutschen Einfluß am stärksten zu empfinden gehabt hat. In dem Bestreben, ihrem Lande nicht nur die deutschen, sondern alle fremden Elemente nach Kräften fernzuhalten, haben sich alle Parteien und alle Klassen des schwedischen Volkes (etwa die höheren Militärs ausgenommen) seit langem zusammengefunden. Nirgends im außerrussischen Europa hat die Gesetzgebung Niederlassung und Geschäftsbetrieb von Ausländern in so enge Grenzen gepfercht, wie in Schweden. Als

Ausländer Grundbesitz zu erwerben, die verantwortliche Leitung einer Aktiengesellschaft zu übernehmen oder einen der sogenannten freien Berufe auszuüben ist im regelmäßigen Laufe der Dinge ausgeschlossen, die Begründung selbständiger Handels- und Industriegeschäfte nur nach Erfüllung komplizierter Bedingungen möglich, die Naturalisation von Einholung der königlichen Genehmigung abhängig; von der Unentbehrlichkeit dieser Schranken sind Freihändler und Schutzzöllner, Konservative und Liberale gleich fest überzeugt. Einen der gebildetsten Männer des Landes habe ich behaupten hören, daß die Vexationen, denen ausländische Geschäftsreisende ausgesetzt sind, eine Wohltat für „unser Volk« bildeten, das zu harmlos und „unschuldig" sei, um bei Einkäufen und Bestellungen das richtige Maß beobachten und die Tragweite übernommener Verpflichtungen verstehen zu können.

Daß an diesem (durch den modischen Nationalismus erheblich gesteigerten) Antagonismus gegen fremde Elemente Tatenscheu und Schwächlichkeit der Staatsgesinnung ihren Anteil haben, geht aus der Geschichte des skandinavischen Unionsstreites unwidersprechlich hervor. Das Geheimnis der Sache liegt in der moralischen Überlegenheit des übermütigen und törichten, aber straffen und energischen Norwegertums über das Schwedentum. Die Norweger sind zu allem, die Schweden zu nichts entschlossen – und sie wissen das. Darüber, daß Norwegen den Unionsstreit aus geringfügigen Veranlassungen vom Zaune gebrochen und in provozierendster Weise weitergeführt hat, besteht natürlich keine Verschiedenheit der Meinungen: nichtsdestoweniger sieht eine große Zahl gebildeter liberaler und einflußreicher Schweden dem Gebaren des störrischen und händelsüchtigen „Brudervolks" mit kaum verhohlener Bewunderung, ja mit einer gewissen Andacht zu. „Es sind doch ganze Leute, diese Norweger, die den stärkeren Nachbar so rücksichtslos und entschlossen herauszufordern wagen, und wir sind solche Leute – nicht." Über dieses Wesen der Sache durch eine geistreiche Dame (die Oberhofmeisterin von Akerhjelm) bei Gelegenheit des ersten in Stockholm geführten Tischgesprächs belehrt, habe ich den ersten Eindruck durch zahlreiche eigene Beobachtungen bestätigt gefunden. An Männern, die klar sehen und die voraussagen, daß mit Zugeständnissen und Transaktionen nichts zu erreichen, wohl aber vieles zu verlieren sei, daß die endlose Verschleppung

des Handels den schließlichen Ausgang immer schwieriger und aussichtsloser machen werde, und daß- allein derbes Zuschlagen helfen könne – an solchen Männern fehlt es natürlich nicht. Diese „Alt- oder Großschweden"
sind indessen in der Minderheit und werden – aller Voraussicht nach – in der Minderheit bleiben. Auf der Seite der liberalen Mehrheit steht nicht nur die dirigierende Klasse (das Bürgertum), sondern der König selbst. König Oskar ist der geistreichste Fürst und schlagfertigste fürstliche Redner, den ich kennen gelernt habe, dabei ein Herr von königlicher Haltung, der mit Fähigkeiten der verschiedensten Art ausgestattet ist: die Fähigkeit zu mannhaften Entschließungen ist ihm indessen versagt geblieben. Er ist ein moderner, skeptischer Mensch, der überdies weiß, daß die Wurzeln seiner Dynastie der Stärke entbehren, die allein das Alter zu verleihen vermag. Die vertrautesten seiner Ratgeber gehören dem Lager der liberalen Mehrheit an, welche Frieden und ungestörte Erwerbstätigkeit um jeden erschwinglaren Preis erhalten zu sehen wünscht. Von dieser Seite wird unaufhörlich wiederholt, daß man sich hüten müsse, den Konflikt tragisch zu nehmen, die Dinge schlimmer zu machen, als sie in Wirklichkeit seien, und vorzeitig an der Möglichkeit einer Verständigung mit Norwegen zu zweifeln. Diese Verständigung werde nicht ausbleiben, wenn man die Verhandlung in die Länge ziehe, den Norwegern Zeit zur Abkühlung lasse, und wenn man das norwegische Selbstgefühl zu schonen wisse usw. Nun, „geschont" hat man denn auch nach Kräften. Aus Rechnung solcher „Schonung" ist es zu setzen gewesen, daß Schweden die Neugestaltung seines Kriegswesens maskierte, daß der Schein einer Annäherung an die Dreibundsmächte ängstlich gemieden wurde und daß man die guten Beziehungen zu Deutschland, wo immer tunlich, verleugnete. „Norwegen könnte verstimmt werden", hieß es, als der Gedanke einer gemeinsamen schwedisch-deutschen Feier des Gustav-Adolf-Festes zuerst auftauchte, „wenn nur Norwegen nicht auf den Verdacht politischer Intimitäten gerät", hieß es, als die gemeinsame Feier nicht mehr vermieden werden konnte (Dezember 1894), Norwegen und immer wieder Norwegen wurde an die Wand gemalt, sowohl bei Gelegenheit des Besuchs, den Kaiser Wilhelm dem schwedischen Hof abstattete, wie später, als die Stockholmer Presse russische Umtriebe an der Küste des

Weißen Meeres und russische Absichten auf den Waranger Fjord fürchten zu müssen glaubte. Nur wo materielle Interessen ins Spiel kamen, zeigte Schweden den Mut der Meinung, an welchem es sonst fehlt. In Sachen der Aufkündigung des sogenannten Zwischenreichsgesetzes und des diesem eingefügten schwedisch-norwegischen Zolltarifs behielt die protektionistisch-agrarische Begehrlichkeit über die Erwägungen der liberalen Schonungspolitik die Oberhand. Seit Aufkündigung des Zwischenreichsgesetzes und der Zollkonvention ist man politisch noch zahmer geworden, als man zuvor gewesen war. Radikalistische Zustimmungen zu den nichts weniger als unschuldigen Torheiten der Norweger sind allerdings nur vereinzelt aufgetaucht, Wünsche dafür, „daß wir die Norweger mit guter Manier los würden", dagegen häufig, wenn auch immer nur in der Stille geäußert worden. Die Durchschnittsmeinung getröstet sich nach wie vor der Hoffnung, daß die norwegischen Moderaten mit der Zeit wieder die Oberhand gewinnen würden und daß es einer liberalen schwedischen Regierung möglich sein werde, zu einem befriedigenden oder (wie die hergebrachte Phrase lautet) „für beide Teile ehrenvollen" Abschluß zu gelangen. „Kann sein – kann sein auch nicht." Als feststehend ist anzusehen, daß schwedische Zugeständnisse die Segel des norwegischen Radikalismus schwellten und daß zwischen den „Gemäßigten" der beiden Länder ein kapitaler Unterschied besteht: kommt es zum Bruch, so werden die norwegischen Moderaten bis zum letzten Manne auf der Seite ihres Landes stehen. Was die schwedischen Liberalen in solchem Falle tun werden, weiß dagegen niemand anzugeben. Die Formel „Lassen wir die Norweger laufen" braucht nur noch eine Zeitlang wiederholt zu werden, damit sie zur allgemeinen Devise und zum Deckmantel eines Quietismus gemacht wird, der die politische Abdankung Schwedens unterschreibt und sich dabei mit der Aussicht tröstet, daß „Fortschritt"

und Industrie ihr Wesen noch ungenierter als früher werden treiben können.

Die Unaufhaltsamkeit, mit welcher sich der Übergang Schwedens zum Industrialismus vollzieht, wird durch Tatsachen von unwidersprechlicher Deutlichkeit bescheinigt. Was die Statistik des letzten Lustrums über Wachstum großindustrieller Anlagen, Zunahme der Zahl fabrikmäßig beschäftigter Arbeiter und Vermehrung der Großproduktion Schwedens angibt, kann jedem Handbuch über politische Geographie entnommen werden. Mindestens ebenso zahlreich und beweiskräftig sind die Zeugnisse dafür, daß solcher Übergang zum Industrialismus in diesem, erst am Eingang der modernen Entwicklung stehenden Lande Mißstände hervorzurufen beginnt, wie sie anderswo erst während späterer Phasen bemerkbar geworden sind: Rückgang des Kleingewerbes, Entvölkerung des flachen Landes zugunsten der rapid anwachsenden großen Städte, Verlangsamung des natürlichen Bevölkerungszuwachses, Abnahme der Ehefrequenz bei gleichzeitiger Zunahme der Zahl unehelicher Geburten und Zudrang des weiblichen Geschlechts zu Beschäftigungen, die bisher dem männlichen Geschlechte vorbehalten gewesen waren. Bestrebungen zur Erweiterung der weiblichen Berufssphäre und für „Emanzipation der Frauen" spielen seit Jahr und Tag in Schweden eine unvergleichlich größere Rolle als in Deutschland oder Frankreich. Daß die Zahl der an gewerblichen, industriellen und kommerziellen Unternehmungen beschäftigten Mädchen aus den höheren Gesellschaftsschichten eine sehr erhebliche ist; daß Töchter hoher und höchster Staatsbeamten und altberühmter Adelsgeschlechter keinen Anstand nehmen, sich durch Übernahme von Buchhalter-, Kassierer- und Beamtenstellungen Beruf und selbständigen Erwerb zu schaffen; daß die öffentliche Meinung das Wachstum der weiblichen Studentenschaft der hochliberalen Stockholmer Hochschule mit warmem Anteil verfolgt – das alles mag unter die erfreulichen Zeichen der Zeit gerechnet und als „Fortschritt" begrüßt werden. Unzweifelhaft haben diese in den Zeitverhältnissen begründeten Erscheinungen sich aber mit Tendenzen der bedenklichsten Art verquickt. In dem Vaterlande der Strindberg und Mittag-Leffler hat nicht ausbleiben können, daß die jungen – und nicht selten auch die alten – Frauenköpfe mit Ideen über Religion, Ehe und Familienleben angefüllt sind, deren Radikalismus allein von ihrer Torheit und Hohlheit noch übertroffen wird. Es ist nicht immer die Not des Lebens, sondern in sehr zahlreichen Fällen der Freiheitstrieb, das Verlangen nach Emanzipation von der elterlichen Autorität und von den Schranken der Familientradition, was die weibliche Jugend zum Streben nach wissenschaftlicher und beruflicher Selbständigkeit bestimmt. Mit dem Bekenntnis, „auf modernem Boden zu stehen" und der altväterischen Überlieferungen und Vorurteile ledig geworden zu sein, rücken die gebildeten Frauen und Töchter dieses Landes sehr viel rascher und unerschrockener heraus, als ihre deutschen und französischen Schwestern. An der Meinung, daß das umgekehrte Verhältnis bestehe, und daß die „destruktiven" Ideen aus Deutschland nach Schweden eingeführt worden seien, wird nichtsdestoweniger in gewissen Kreisen des bornierten schwedischen Staatskirchentums festgehalten. Ihre Nahrung beziehen die „Feministen" Schwedens aus ganz anderen als deutschen Quellen. Die ausgiebigste dieser Quellen ist die krankhafte Genußsucht, die sich weiter Kreise des schwedischen Volkes, um nicht zu sagen, des gesamten Volkes bemächtigt hat. Unter ernsthaften Beobachtern von Land und Leuten – inländischen wie ausländischen – besteht nahezu ungeteilte Übereinstimmung darüber, daß wirtschaftlicher Leichtsinn, Neigung zur Großtuerei und krankhafte Gier nach materiellem Genuß in diesem sonst so tüchtigen und liebenswürdigen Volke zu Nationalkrankheiten zu werden drohen. Der Schwede glaubt als geborener großer Herr in die Welt zu treten. Ansprüche, die anderswo allein von Wohlhabenden erhoben werden, gelten in diesem von der Natur so wenig begünstigten Lande für so selbstverständlich, als ob nach den Mitteln zu ihrer Befriedigung nicht erst gefragt zu werden brauchte. Wer sich halbwegs zu den „anständigen Leuten" zählt, glaubt hinter dem landesüblichen Lebenszuschnitt nicht zurückbleiben zu dürfen, dieser Zuschnitt aber ist in dem kapitalarmen Schweden unvergleichlich höher als in Deutschland, Frankreich und in dem – seiner Sparsamkeit wegen verspotteten – Dänemark. über seine Verhältnisse zu leben ist zur schwedischen Landesgewohnheit geworden, mag es hinter den Kulissen auch noch so betrübt aussehen, Inventarbestand und intime Gewohnheit des Hauses die Unsicherheit der Existenzbasis deutlich verraten – der Schein muß gewahrt, die Gentilität affichiert werden. Man hat nur nötig, die kulturgeschichtlichen Schilderungen neuerer schwedischer Novellisten aufzuschlagen, um sich davon zu überzeugen, daß es für normal gilt, wenn der „wohlsituierte" Schwede bei seinem Ableben nichts weiter als Schulden und unversorgte Angehörige hinterläßt. Man muß als Gentleman gelebt haben, ob man als solcher stirbt, kommt erst hinterher in Betracht. Indessen Staats- und Kommunalfinanzen und öffentliche Banken mit Verstand und Gewissenhaftigkeit geleitet werden, herrscht in der finanziellen Gebarung der Privaten trostlosester Leichtsinn. Mir, der ich aus dem kleinlich-genauen Frankreich kam, machte die Unsolidität des kaufmännischen Geschäfts in Schweden einen geradezu erschreckenden Eindruck. „Wunderbarer Gegensatz", mußte ich mir sagen, „in dem reichen Frankreich, dem Musterlande gewissenhafter Privatwirtschaft, ein öffentliches Finanzwesen, in welchem Verschwendung, Untreue und Schwindel täglich zunehmen, in dem armen, leichtsinnigen Schweden eine Staatswirtschaft, die alle Achtung verdient!" Freilich waren in die ersten Wochen meiner Stockholmer Niederlassung drei vielbesprochene Vorgänge gefallen, wie sie schlimmer kaum gedacht werden konnten. Rasch hintereinander hatten ein Professor der Theologie und ein höherer Geistlicher Bankrotte angekündigt, bei denen es sich nicht um Hunderte und Tausende, sondern um Summen handelte, die den Betrag von hunderttausend Kronen übertrafen, und um dieselbe Zeit war die Messe eines der Garderegimenter „zufolge von Unglücksfällen" in Verlegenheiten geraten, denen durch eine halböffentliche, schließlich aus Hinz und Kunz ausgedehnte Kollekte abgeholfen werden sollte. „Es ist doch skandalös," hörte ich bei dieser Gelegenheit äußern, „daß Hasselbakken (ein elegantes Vergnügungslokal im Tiergarten), dem wir Hunderttausende zu verdienen gegeben haben, nicht mehr als tausend Kronen gezeichnet hat." Schulden zu machen und mit guten Freunden leichtsinnige Bürgschaftsleistungen auszutauschen, hatten die geistlichen Herren auf der Universität gelernt, die Militärs nicht erst zu lernen brauchen. „Bankrottspielen" galt weder dem einen noch dem anderen für eine Schande, weil in dieser Beziehung eine Assekuranz auf gegenseitige Duldsamkeit herkömmlich geworden war. „In diesem sonst verständigen Lande", so hatte Busch mir in einem unserer ersten Gespräche gesagt, „grassiert die Genußsucht in so hohem Maße, daß die besten Leute sich an Vergnügungen der trivialsten Art genügen lassen. Wohlleben und Unterhaltung sind Alten wie Jungen zu täglichen Bedürfnissen geworden. Wenn Sie einen Schweden mit Gefahr des eigenen Lebens aus dem Wasser ziehen, so wird er, wenn Sie ihn nicht obendrein zum Mittagessen einladen, über ungentile Behandlung klagen." Noch schärfer hatte sich einige Tage später der ebenso leichtfertige wie scharfsichtige Franzose de Torch ausgesprochen. Seiner

Erfahrung nach war die von Bayard-Taylor in den Northern Travels (1857) aufgestellte Behauptung, daß Stockholm die demoralisierteste Hauptstadt Europas sei, durchaus begründet. Die Liste skandalöser Vorgänge aus der „guten Gesellschaft«, welche der muntere Marquis aufrollte, gab rücksichtlich ihres Umfangs dem Register weiland Leporellos allerdings nur wenig nach.

Mit der Mehrzahl der vorstehenden Ausführungen bin ich über die zeitliche Grenze meines Zusammenlebens mit der Familie Busch so weit hinausgegangen, daß ich zum Ausgangspunkt zurückkehren muß. Anfang Juni siedelten meine gütigen Gastfreunde in ihre am Mälarsee belegene Sommerwohnung über. Seit diesem Zeitpunkt mir selbst überlassen, begann ich mich in die Aufgaben des neuen Amtes zu versenken, bis ein Zwischenfall mich unterbrach.

Der Höhepunkt des Kampfes Bismarck-Caprivi

Der Rückversicherungsvertrag

Etwa sechs Wochen nachdem ich in Schweden eingetroffen war, erhielt Busch eine telegraphische Depesche des Reichskanzlers, in welcher angefragt wurde, ob ich bereit sei, Antworten auf die letzten Angriffe zu schreiben, welche die „Hamburger Nachrichten" gegen die Regierung gerichtet hatten. Ich lehnte ab, indem ich auf die Erfahrungen hinwies, die ich gemacht hatte und die sich wiederholen würden, wenn ich die Verteidigung einer Politik übernehmen wollte, deren letzte Absichten mit unbekannt geblieben seien. Vierzehn Tage später trat der Legationssekretär Graf Linden bei mir ein, um ein chiffriertes Telegramm zu überbringen, in welchem der Reichskanzler mich aufforderte, behufs einer Besprechung nach Berlin zu kommen. Hinzugefügt war, daß ich gut daran tun würde, mich auf eine längere Abwesenheit von Stockholm einzurichten. Sechsunddreißig Stunden später meldete ich mich im Reichskanzlerpalais, wo ich (wie der wohlbekannte Portier schmunzelnd berichtete) bereits erwartet wurde.

Graf Caprivi eröffnete das Gespräch mit Wiederholung des Dankes, den er mir schriftlich bereits ausgesprochen hatte, indem er hervorhob, daß meine Kenntnis der Verhältnisse im östlichen Europa ihm überraschend gewesen sei, daß mein Buch außerordentlich wertvolle Belehrungen über wenig bekannte Dinge enthalte, und daß er darin die Richtigkeit meiner Auffassung seiner Politik in allen wesentlichen Punkten bestätigt gefunden habe. Die Einwendung, daß ich nichtsdestoweniger desavouiert worden, schob er mit Hinweis auf seine zeitweilige Abwesenheit und auf eingetretene Zwischenfälle beiseite, um sodann zu dem Zwecke der an mich gerichteten Ladung einzugehen. Seit der Wiener Reise des Fürsten Bismarck hätten die gegen die Regierung gerichteten Angriffe der von Friedrichsruh aus inspirierten Presse eine Form angenommen, die nicht nur eine entschiedene Abwehr, sondern eine Klarstellung der wirklichen Sachlage und ihrer Vorgeschichte notwendig mache. Mit der Widerlegung einzelner Beschuldigungen sei nicht weiter auszukommen, es scheine vielmehr geboten, mit einer Kundgebung in größerem Stile hervorzutreten. Er ersuche mich um die

Abfassung einer Verteidigungsschrift, die vornehmlich drei Punkte zu erörtern haben werde: sein, des Kanzlers, persönliches Verhalten gegen den Fürsten Bismarck, den Mythus, der über die Personenveränderung vom März 1890 ausgesponnen worden, und das Verhältnis der gegenwärtig befolgten Politik zu derjenigen des sogenannten „alten Kurses". Es sei ein Fehler gewesen, daß mir über die die gegenwärtige Lage betreffenden Tatsachen nicht schon früher genauerer Ausschluß gegeben worden; dieser Fehler werde jetzt verbessert und mir volle Einsicht in die bezüglichen Akten gewährt werden. „Ich weiß," fuhr Caprivi fort, „daß Sie durch die Erfüllung meines Wunsches eine schwierige und undankbare Aufgabe übernehmen werden. Ich weiß auch, daß Ihnen im Auswärtigen Amte selbst verdacht wird, daß die Verteidigung meiner Politik in keine anderen als Ihre Hände gelegt worden ist. Um Ihnen Unfreundlichkeiten und peinliche Berührungen nach Möglichkeit zu ersparen, schlage ich vor, daß Sie nicht drüben im Amte, sondern hier in meinem Hause arbeiten." Diesen Vorschlag glaubte ich ablehnen zu müssen. „Daß die publizistische Tätigkeit meiner Karriere nicht zugute kommen wird," lautete meine Antwort, „ist mir wohlbekannt. Ich bin indessen kein Karrieremacher, sondern ein Mensch, der starken politischen, aber wenig bureaukratischen Ehrgeiz besitzt. Gegen etwaige Schikanen werden Ew. Exzellenz mich zu schützen wissen. Im übrigen hege ich keine Furcht und ich bitte demgemäß um die Erlaubnis, in den Räumen des Auswärtigen Amtes arbeiten und mich zunächst bei den Vorgesetzten melden zu dürfen." – Der Kanzler ließ das gelten und ging sodann auf das einzelne der politischen Frage ein, welche in den Mittelpunkt der mir übertragenen Arbeit gestellt werden sollte. „Sie sollen", fuhr er fort, „zunächst die Akten über den Rücktritt des Fürsten Bismarck und über das in der Folge von ihm beobachtete Verhalten, sowie die auf den sogenannten Rückversicherungsvertrag bezüglichen Dokumente lesen, dann wollen wir weiter reden. Neu ist mir gewesen, was Sie in Ihrem Buche über den latenten Gegensatz französisch-katholischer und russisch-orthodoxer, kirchlicher Interessen in den slawisch-griechischen Provinzen der Türkei ausgeführt haben. Wissen Sie darüber noch Näheres anzugeben?" Ich erwiderte, daß meine Wissenschaft über diese wenig bekannte Materie auf Studien über den griechisch-bulgarischen Kirchenstreit beruhe, daß ich indessen auf gedruckte Quellen und eine bescheidene Zahl handschriftlich bekannt gewordener Dokumente beschränkt gewesen sei und daß genauere Kunde allein aus den Akten, d. h. aus den Berichten der Botschaft in Konstantinopel geschöpft werden könne. Mit dem Bemerken, daß Herr v. Kiderlen-Wächter darüber Auskunft zugeben wissen werde, und daß das Weitere einem auf den folgenden Tag angesetzten Gespräch vorbehalten bleiben solle, wurde ich entlassen.

Illusionen darüber, daß ich einen unsicheren Boden betreten hätte und daß meine Anwesenheit in Berlin innerhalb des Auswärtigen Amtes verschiedene und nicht eben freundliche Beurteilungen erfahren habe, waren nicht wohl möglich. Die Höflichkeit, mit welcher ich bei meinen Meldungen aufgenommen wurde, die Geflissentlichkeit, mit welcher die meisten der ausgesuchten höheren Beamten jedes nähere Eingehen auf den Zweck meiner Anwesenheit vermieden und die Aufmerksamkeit, welche die Dienerschaft mir bewies, ließen deutlich durchsehen, daß meine Einberufung eine vielbesprochene, aber rücksichtlich ihrer Absicht unaufgeklärt gebliebene Angelegenheit sei. Zum Überfluß erging die Presse sich in phantastischen Konjekturen über die dem Stockholmer Generalkonsul zugedachte Mission und glaubte eine Anzahl strebsamer Reporter, den angeblichen Mann der Zukunft rechtzeitig begrüßen zu müssen. Für den Scharfsinn dieser Herren war bezeichnend, daß einer von ihnen mich aufsuchte, um meine Ansicht über die Aussichten einer Berliner Weltausstellung kennen zu lernen, und daß er höchst verwundert tat, als ich ihm sagte, jeder andere müsse diese „Frage" besser beurteilen können als ein Mann, der seit Jahr und Tag weder in Berlin, noch auch nur in Deutschland gelebt hätte. – Beiläufig darf bemerkt werden, daß Fr. Dernburg damals meine Vermittlung benutzte, um dem Kanzler eine Denkschrift überreichen zu lassen, welche der Regierung anriet, sich entweder durch Herbeiführung der Weltausstellung oder

durch Herabsetzung der militärischen Dienstzeit eine Diversion zu schaffen, und daß Caprivi mir bereits damals sagte, die letztere sei im Prinzip entschieden. Ich ließ mir angelegen sein, so bescheiden und geräuschlos wie immer möglich aufzutreten und zu tun, als sei ich. einer der „Sommerknechte", die alljährlich zur Vertretung beurlaubter Beamteter einberufen werden. Daß ich von früh bis spät über Akten saß, die der Geheimabteilung der Registratur entnommen waren, daß der Kanzler mich mehrere Male täglich rufen ließ und daß ich bei ihm vorgelassen bzw. zurückgehalten wurde, während ältere und höhergestellte Beamte warteten, vermochte ich zu meinem Bedauern nicht zu ändern. Was sonst geschehen konnte, um Mißdeutungen und Empfindlichkeiten aus dem Wege zu gehen, glaubte ich dadurch getan zu haben, daß ich mich mit den direkt interessierten Personen offen aussprach.

Zunächst suchte ich den vortragenden Rat in Pressesachen, meinen alten Freund Roeßler, auf, um ihm zu sagen, daß mir nichts ferner liege, als mich in seine Stellung drängen zu wollen. Roeßlers reine und edle Natur hatte solchen Verdacht überhaupt nicht aufkommen lassen; im übrigen war der vortreffliche Mann mit mir und meinen Verhältnissen genau genug bekannt, um zu wissen, daß ich eine Stellung im Auswärtigen Amte niemals angestrebt hatte und daß meine Wünsche sich in ganz anderer Richtung bewegten. Mein zweiter Besuch galt Herrn von Holstein, der über die mir gewordene Aufgabe genau unterrichtet war, und mit dem ich rückhaltlos reden durfte. Gleich der erste Empfang belehrte mich darüber, daß er „mit mir rechne" und die Augen offenhalte, an und für sich indessen nicht abgeneigt sei, mir innerhalb gewisser Grenzen Förderung angedeihen zu lassen. Mein Buch und seine Stellung zu demselben bat er mich als hinter uns liegende Dinge zu behandeln, indem er sich zugleich in freundlicher Weise bereit erklärte, mit durch Erteilung von Rat und Auskunft behilflich zu sein. „Wie Sie es anfangen wollen, über Dinge, welche der Hauptsache nach geheim bleiben sollen, so viel zu sagen, wie zur Aufklärung und Beruhigung des Publikums notwendig ist," sagte er u. a. „weiß ich freilich nicht. Ich habe viel, aber niemals für die Öffentlichkeit geschrieben, vermag darüber also nicht zu urteilen." Herr von Kiderlen-Wächter, den ich sodann aufsuchte, behauptete von der katholischen Propaganda unter den Bulgaren Mazedoniens nichts zu wissen. Er versprach indessen in der Registratur Nachforschungen anstellen zu lassen: daß sie ohne Resultat für mich bleiben würden, hörte ich aus dem Ton dieser Zusage so deutlich heraus, daß ich diesen Punkt für erledigt ansah: der Referent über den Orient und ehemalige Legationssekretär in Konstantinopel sah es für einen Eingriff in seine Rechte an, wenn ein dritter in diese Dinge hineinredete und nahm danach seine Maßregeln.

„Fürs erste schaff ab die Schneidermamsellen,
sie kürzen das Brot uns Schneidergesellen"

ist auch außerhalb der löblichen Schneiderzunft von jeher Maxime derjenigen gewesen, die sich für die Zünftigen ansehen. Der Referent über Rußland, Graf Pourtales, war auf einer Urlaubsreise begriffen. Meines Erinnerns habe ich ihn während der Dauer meines Berliner Sommerdienstes niemals gesehen. Ob ich den vierten der Räte von „Ia" (der politischen Abteilung), den seit einigen Jahren an die Stelle des Grafen Rantzau getretenen Geheimrat Raschdau (alias Müller; früheren Konsul in der Levante, späteren Gesandten in Weimar), bereits bei meinem Eintreffen oder einige Tage später kennen lernte, weiß ich nicht mehr. Genug daß das einfache, offene Verhalten dieses ehemaligen Kollegen mir ein Gefühl der Sicherheit gab, das ich gegenüber Raschdaus gegenwärtigem Kollegen nicht aufzubringen vermochte. Er war Referent über interne deutsche und über finanzielle Angelegenheiten und wurde als tüchtiger Arbeiter und unabhängiger und zuverlässiger Charakter allenthalben geschätzt. Zu den Vertrauten Holsteins gehörte er nicht, und mit Kiderlen-Wächter stand er auf Kriegsfuß. Ob Raschdaus freundliches Verhältnis zu Göring, seine Unzugänglichkeit gegen unerbetene Ratschläge oder seine Abneigung gegen Machenschaften die Hauptursache dieses Mißverhältnisses war, weiß ich nicht. Im Amte, wo es wegen der sonstigen Geschlossenheit von „Ia" viel besprochen wurde, glaubte man die Erklärung in der Verschiedenheit der beiden Männer und in dem Umstand suchen zu müssen, daß dem ehemaligen Konsul seitens des ehemaligen Legationssekretärs die Zunftmäßigkeit abgesprochen wurde. Als Symptom der seitdem in starker Zunahme begriffenen Zersetzung der Elemente des Auswärtigen Amtes durften diese Differenz und die Eifersucht zwischen dem Ministerium und der Reichskanzlei unter die Zeichen der Zeit gerechnet werden. Darüber herrschte freilich nur eine Stimme, daß in der Manier, welche während der letzten Jahre Bismarckschen Regiments eingerissen war, nicht hätte weiter gewirtschaftet werden können. Der Fürst war für Personen, die nicht zu seiner und seiner

Söhne Umgebung gehörten, so gut wie unzugänglich geworden. Wurde irgend etwas ohne seine Zustimmung entschieden, so hieß es: „Es scheint, daß ich nichts mehr zu sagen habe und daß man mich nicht mehr fragt" – wurde an ihn von anderer als gewohnter Seite rekurriert, so erfolgte die Klage: „Um alles soll ich mich selbst kümmern." Kiderlen und Raschdau waren übrigens noch zu Bismarckscher Zeit angestellt worden.

An das Studium der mir vorgelegten Akten hatte ich mich bereits tags nach meiner Installation in den Räumen der Wilhelmstr. 75 gemacht. Was dem Protokoll über die Sitzung des Staatsministeriums vom 17. März «18tz0 und den übrigen auf die große Krisis bezüglichen Aktenstücken zu entnehmen war, entsprach wesentlich den Darstellungen, welche die offiziöse Presse gebracht, zum Teil übrigens erst nach dem Juli 1892 (dem Zeitpunkt meines Berliner Aufenthalts) publiziert hat. Rücksichtlich eines Punktes war indessen strenges Schweigen beobachtet worden, und dieser Punkt schien mir besonders charakteristisch zu sein. Während der ersten Monate des Jahres 1890 hatte der damalige Konsul in Kiew, spätere Geheime Legationsrat Raffauf, sich in den Besitz wichtiger und detaillierter Geheimnachrichten über die russische Truppenaufstellung an der Westgrenze zu setzen gewußt und über diese berichtet. Die Berichte waren von dem allezeit um die Erhaltung freundlicher Beziehungen zu Rußland besorgten Fürsten Bismarck dem Kaiser nicht zur Kenntnis gebracht worden, herrschender Ansicht nacht, weil der Fürst die berichteten Tatsachen anders beurteilte, als die Militärs taten, und weil alles vermieden werden sollte, was an Allerhöchster Stelle böses Blut machen konnte. Als der Monarch von der Sache dennoch Kenntnis erhielt, machte dies das Gefäß kaiserlicher Verstimmungen überfließen und erging eine Mitteilung an den Reichskanzler, die von unverantwortlicher Willkür, Verheimlichung wichtiger Tatsachen usw. sprach. Durch gute Freunde gewarnt, hatte der Fürst indessen Gegenmaßregeln ergriffen, die den Kaiser formell ins Unrecht setzten; die Raffausschen Berichte waren dem Militärkabinett nachträglich, aber doch rechtzeitig, d. h. vor Ausgang des an den Kanzler gerichteten vorwurfsvollen Erlasses mitgeteilt worden. Bismarck konnte zur Antwort geben, daß die wider ihn erhobenen Anklagen gegenstandslos seien und daß die in denselben erwähnten Berichte seinerzeit den regelmäßigen Geschäftsgang genommen hätten. Entscheidende Bedeutung hatte dieser Zwischenfall erst dadurch erhalten, daß er mit einem anderen, ungleich wichtigeren, streng „sekretierten", und von der sogenannten Krisis unabhängigen Gegenstande in wenigstens mittelbarem Zusammenhang stand. Der sogenannte traité à double fond, ein im Sommer 1887 für drei Jahre abgeschlossener deutsch-russischer Geheimvertrag, der in Gemäßheit einer im Februar 1890 zwischen dem Botschafter Schweinitz und Herrn von Giers geführten Unterredung auf weitere zwei Jahre erneuert werden sollte, ging seiner Endschaft entgegen.

Dieser Vertrag, auf welchen der Fürst entscheidendes Gewicht legte, und der den Faden des (von der Bismarckpresse als verlorengegangen bezeichneten) „Drahtes nach Rußland" (bzw. des „zweiten Gleises") gebildet hatte, dieser Vertrag sollte erneuert, bzw. der Kaiser für seine Erneuerung gewonnen werden. Sinn und Inhalt dieses (damals nur sehr wenigen Personen bekannt gegebenen) Dokuments gingen dahin, daß Deutschland unbeschadet des mit Österreich und Italien abgeschlossenen Defensivbündnisses, Rußland behilflich sein sollte, auf der Balkanhalbinsel eine „position prépondérante et décisive" zu behaupten, Bulgarien (nötigenfalls mit Gewalt) in seiner Einflußsphäre zu behalten, das Recht freier Einfahrt in die Dardanellen zu erwerben und seine Orientinteressen in jeder ihm gutdünkenden Weise wahrzunehmen. Implizite war damit gesagt, daß Österreich, wenn es sich durch solche Geltendmachung russischer Orientansprüche herausgefordert fühlen sollte, darum den casus foederis noch nicht geltend machen dürfe, sondern es dazu eines direkten russischen Angriffs auf den Kaiserstaat bedürfe. Das Äquivalent dafür sollte die Neutralität Rußlands im Falle eines französischen Angriffs bilden.

Sollte dieser Vertrag erneuert oder durch ein ähnliches Abkommen ersetzt werden, so verstand sich von selbst, daß dem Kaiser alles ferngehalten werden mußte, was sein Mißtrauen gegen Rußland steigern konnte. Russischerseits war auf die Sache entscheidendes Gewicht gelegt, die eventuelle Bereitschaft zu anders formulierten Vereinbarungen im voraus ausgesprochen und zugleich der Wunsch angedeutet worden, daß irgend ein direktes Abkommen zwischen den beiden Höfen erhalten bleiben möge.

So hatte die Sache gelegen, als Fürst Bismarck zurücktrat. Unmittelbar nach der Niederlegung seines Amtes war Graf Herbert in den Diensträumen des Amtes erschienen, um von dem mit Aufbewahrung der Geheimdokumente betrauten Bureauvorsteher die Ausantwortung des Geheimvertrages zu verlangen. Der Beamte gab zur Antwort, Herr v. Holstein habe den Vertrag bereits an sich genommen: beiden Herren war offenbar daran gelegen gewesen, den neu ernannten Kanzler mit diesem wichtigen Aktenstück bekannt zu machen, und dadurch auf die Beantwortung der Frage nach der Erneuerung des Vertrages Einfluß zu üben. Mit der ihm eigentümlichen, höheren wie niederen Beamten unseres Ressorts nur allzu bekannten Brutalität fiel er über den unglücklichen Bureauvorsteher her, der ohne seine, des Staatssekretärs Genehmigung eine Geheimakte aus den Händen gegeben habe. Der Beamte gab in aller Bescheidenheit zur Antwort, Se. Exzellenz seien ja nicht mehr Staatssekretär! Darüber kam es zu einem Auftritt rohester Art, in welchen auch Holstein hineinbezogen wurde, und der damit endete, daß die vieljährigen Beziehungen des letzteren zum Bismarckschen Hause ein plötzliches und gewaltsames Ende nahmen: wie herkömmlich, stellte der Fürst sich auch in diesem Falle bedingungslos auf die Seite seines Sohnes. Daß es zu einem solchen Bruch unter allen Verhältnissen hätte kommen müssen, war für Kenner der Personen und der Verhältnisse freilich keinen Augenblick zweifelhaft gewesen. Holstein, der in der Folge wiederholt die glänzendsten Stellungen ausgeschlagen hat, klebte gewohnheitsmäßig an der amtlichen Tätigkeit, die ihm den einzigen Inhalt eines im übrigen reizlosen Daseins bedeutete, und der er jede andere Rücksicht so vollständig unterordnete, daß: er sie unter vier Reichskanzlern beibehielt, nach Bismarckscher Auffassung aber bedeutete es eine Felonie, daß ein Freund des Hauses unter dem Regime Caprivi im Amte blieb. .

Inzwischen war die Frage der Erneuerung des famosen traité Gegenstand einer mündlichen Erörterung zwischen dem Fürsten und seinem Nachfolger geworden. Caprivi hat mir diesen Vorgang wiederholt und ausführlich geschildert. „Während wir im Garten des damals noch von der fürstlichen Familie bewohnten Palais auf und nieder gingen, fragte Bismarck mich, ob ich von dem Geheimvertrage des Jahres 1887 wisse, und ob ich ihn zu erneuern beabsichtige. Ich gab ihm zur Antwort: „Ein

Mann wie Sie kann mit fünf Bällen gleichzeitig spielen, während andere Leute gut tun, sich auf einen oder zwei Bälle zu beschränken. übrigens muß ich die Angelegenheit noch prüfen." Dabei war es geblieben, ohne daß die Sache zwischen dem Kanzler und seinem großen Vorgänger weiter erörtert worden war. Caprivi beauftragte die Herren v. Holstein, Raschdau und v. Kiderlen-Wächter mit gutachtlichen Äußerungen und entschied sich, da diese Voten negativ ausgefallen waren, für Nichterneuerung des Vertrages.

Erst sehr viel später habe ich erfahren, daß außer den erwähnten drei Gutachten noch ein viertes erstattet, aber nicht zu den Akten gebracht worden war. Dieses Votum rührte aus der Feder des Unterstaatssekretärs Grafen Berchem und ist (meiner Meinung nach) das bedeutendste und kühnste aller über diese Angelegenheit abgegebenen Voten gewesen. Daß es für die Entschließungen Caprivis den Ausschlag gegeben hat, weiß ich aus Berchems eigenem Munde[1]. Diese Denkschrift ging davon aus, daß Rußland es auf alsbaldige Entzündung eines Krieges abgesehen habe, daß dieser aber vermieden werden könne, wenn wir den Vertrag von 1887 nicht erneuerten. Dann hieß es weiter:

„Zunächst verweigerte wir den Österreichern die Bundeshilfe in der ersten entscheidenden Zeit der Entwicklung der bulgarischen Sache, sobald dieselbe aber einen weiteren Umfang genommen, müssen wir – auch nach der Meinung des Reichskanzlers (sc. Bismarcks) doch für die Österreicher fechten, wodurch wir den Russen untreu werden … der Vertrag liefert uns schon in Friedenszeiten in die Hand der Russen. Sie erhalten einen Schein, durch welchen sie uns jeden Augenblick mit Österreich, England und Italien brouillieren können. Wir haben in letzter Zeit diese Mächte immer wieder darauf hingewiesen, in Konstantinopel den Sultan zu unterstützen: die gegenteilige Sprache führen

---

[1] Der äußere Hergang war dabei der folgende gewesen: dem Grafen Berchem war gelungen, den damaligen Botschafter in St. Petersburg, General Schweinitz, für seinen Standpunkt zu gewinnen und mit diesem im Verein eine entsprechende Entscheidung Caprivis und des Kaisers herbeizuführen.

wir in dem Vertrage, wenn wir Bulgarien – das Tor von Konstantinopel – und die Meerengen vertragsmäßig an Rußland ausliefern.

„Sobald die Lage für Rußland kritisch wird, wird Österreich, von St. Petersburg aus über den Vertrag unterrichtet, mit letzterem Staate einen Separatfrieden auf unsere Unkosten schließen, der wegen unserer Untreue in Österreich-Ungarn nicht unpopulär sein würde; Der Vertrag enthält keine Gegenseitigkeit, alle Vorteile daraus kommen Rußland zugute. Frankreich wird uns nie angreifen, ohne über Rußlands Mitwirkung sicher zu sein. Eröffnet aber Rußland den orientalischen Krieg, und schlägt Frankreich, wie voraussichtlich, gegen uns los, so ist die Neutralität Rußlands gegen uns ohnedies gegeben, sie liegt auch ohne Vertrag in diesem Falle im russischen Interesse. Der Vertrag sichert uns demnach nicht gegen einen französischen Angriff, gewährt Rußland das Recht der Offensive gegen Österreich und verhindert uns an der Offensive gegen Frankreich.

„Die Bestimmung des Zeitpunktes des europäischen Krieges der Zukunft wird demnach durch den Vertrag in die Hände Rußlands gelegt. Es erscheint nicht unwahrscheinlich, daß Rußland, gedeckt durch Deutschland, sogar ein Interesse hat, bald loszuschlagen. Es deuten darauf hin die von Rußland unterhaltene Spannung zwischen Serbien und Bulgarien, die Reise Schuwalows und die Vorbereitungen betreffend die russische Flotte im Schwarzen Meere. Es mag dahingestellt bleiben, ob, wenn der Krieg unvermeidlich sein sollte, wir ein militärisches Interesse haben, ihn gerade jetzt zu führen, ob wir nicht noch weiter zu versuchen haben, ihn zu vermeiden und, wenn er doch nicht zu vermeiden sein sollte, ihn erst dann zu führen, wenn wir militärisch mit unseren Vorbereitungen fertig geworden sind, und wenn England und Italien stärker gerüstet haben als bisher."

Im weiteren Verlauf dieses Aktenstückes wird ausgeführt, daß der Vertrag aller Wahrscheinlichkeit nach praktisch unvollziehbar sein würde. Trotz Kalnokys, dem unsrigen entgegenkommenden Standpunkte sei anzunehmen, daß Kaiser Franz Joseph ein weiteres Vorgehen Rußlands mit einer militärischen Aufstellung an der rumänischen oder serbischen Grenze beantworten und dadurch den casus foederis für uns herbeiführen würde. „Erfolgt eine österreichische Aufstellung an der rumänischen

Grenze zum Schutze Siebenbürgens oder der Rumänen, so tritt für uns auch noch der rumänische casus foederis und danach eine doppelte Verpflichtung Deutschlands zur Bundeshilfe in Kraft und können wir Rußland unsere Zusage nicht halten." – Dann heißt es zum Schluß:

„Wenn demnach gewichtige Bedenken der Erneuerung der Abrede im Wege stehen, so haben wir nichtsdestoweniger an dem bisherigen Standpunkte diplomatisch festzuhalten, daß Rußland ein wohlbegründetes Recht habe, seinen Einfluß in Bulgarien geltend zu machen. Wir werden den Kaiser Alexander ebenso schonend wie früher, und wenn möglich, noch besser zu behandeln haben, um Vertrauen in unsere Friedensliebe zu erwecken. Wir werden in Wien unserem bulgarischen Standpunkt nach wie vor Ausdruck verleihen können. Denn es ist ein dringendes Interesse unserer Politik, Rußlands Hoffnungen auf Bulgarien nicht zu entmutigen (da seine Entmutigung sich gegen uns wenden würde) und zugleich den Widerstand anderer Mächte gegen Rußland wachzuhalten. Wir können auch ferner an dem Standpunkte festhalten, daß es in unserem Interesse liegt, das Augenmerk Rußlands auf die Meerengenfrage zu lenken, wo der Gegensatz zu England und vielleicht auch zu Frankreich sich entwickeln wird – aber wir werden besser tun, hierfür keinen Schein auszustellen."

Warum Graf Caprivi trotz der Ausführlichkeit seiner sonstigen Mitteilungen (er beschloß sie mit den Worten: „Unser Kaiser hat den Kaiser Franz Joseph von dem gesamten Sachverhalt persönlich unterrichtet") der Berchemschen Denkschrift niemals Erwähnung getan hat, weiß ich nicht: sowenig es seiner schlichten Art entsprach, sich mit fremden Federn zu schmücken, so mag er vorliegendenfalls doch Bedenken getragen haben, einen untergeordneten Beamten über die Abhängigkeit seiner Politik von den Ratschlägen anderer allzu eingehend zu belehren. Beiläufig mag der Umstand mitgewirkt haben, daß Berchem sein Votum nicht den Akten hatte einverleiben lassen und daß er den ihm gemachten Vorschlag, dem Kaiser über die Sache Vortrag zu halten, abgelehnt hatte. Für mich genügte, was der berufene Vertrag mir selbst gesagt hatte – die Stunden, die ich über dem Studium desselben verbracht, zählte ich schon damals zu den merkwürdigsten meines Lebens. Für die mir übertragene Arbeit war diese Bekanntschaft mit den Geheimnissen der letzten Jahre

Bismarckscher Politik von nur mittelbarer Bedeutung, da ihrer keine direkte Erwähnung geschehen durfte. In der abzufassenden Schrift mußte es sein Bewenden bei Hinweisungen darauf behalten, daß der „angebliche Verzicht auf den zweiten Draht" an unseren Beziehungen zu Rußland nichts geändert habe, daß dem Grafen Caprivi wiederholt Zeichen des Vertrauens der St. Petersburger Regierung gegeben worden und daß die russische Presse in den Streitigkeiten über „den neuen und den alten Kurs" nicht auf der Seite ihres angeblichen Vertrauensmannes Bismarck, sondern auf derjenigen seines angeblich russenfeindlichen Nachfolgers zu finden gewesen sei. Desto wichtiger waren die Folgerungen, welche aus der Geschichte der Verhandlungen von 1887 und 1890 auf den Gang unserer Politik – der gegenwärtigen wie der künftigen – gezogen werden mußten. Aktenmäßig war bewiesen, was mir seit Jahr und Tag als Vermutung vorgeschwebt hatte: daß Fürst Bismarck trotz aller während des Dezenniums 1878 bis 1887 gemachten Erfahrungen an dem Glauben festhielt, Rußland mit den Ergebnissen des Berliner Kongresses versöhnen zu können. Seine Sympathien hatten nach wie vor auf der Seite der Russen gestanden, die Allianz mit Österreich war nur um der leidigen Notwendigkeit willen und gegen die eigentliche Neigung ihres Urhebers abgeschlossen worden. Der Fürst hatte die Hypothese von der Indifferenz orientalischer Dinge für das deutsche Interesse zu einem Dogma seiner Politik gemacht. Die historischen Scherzworte von dem „bißchen Herzegowina" und von den „Knochen des pommerschen Grenadiers" waren nicht nur zur Unterhaltung des Berliner Philistertums, sondern zur Bezeichnung der Richtung bestimmt gewesen, in welcher die Gedanken des leitenden deutschen Staatsmannes sich in Wahrheit bewegten. Gewöhnt an die Lösung der jedesmal vorliegenden Ausgabe die volle Kraft seines Geistes zu setzen, greifbaren Interessen den Vortritt vor allen übrigen anzuweisen und sich den Text nicht durch curae posteriores" verwirren zu lassen, war der große Realist in seinem Alter dabei angelangt, die Zukunft des Orients unter die bloßen „Doktorfragen" zu rechnen. Von bloß theoretischem Interesse sollte es sein, ob Rußland dem dominium maris Baltici auch noch die Herrschaft über das Mittelländische Meer hinzufüge und ob der germanische Leib von einer oder von zwei Seiten durch den slawischen Ring eingeschlossen würde. Weil mit dem absolutistisch-geschlossenen Rußland leichter und bequemer zu rechnen war, als mit dem zwiespältigen österreichisch-ungarischen Kaiserstaate, sollte der russischen Allianz soweit immer möglich vor der österreichischen der Vorzug gegeben werden. Die Gefahr, unser Verhältnis zum übrigen Europa durch die Begünstigung russischer Begehrlichkeiten kompromittiert zu sehen sollte eine bloß eingebildete und die beständig zunehmende russisch-französische Intimität eine bloße Spiegelfechterei bedeuten, die mit dem Hauch des deutschen Mundes weggeblasen werden konnte. Daß die St. Petersburger Regierung einem Bündnis mit dem benachbarten Deutschland vor der Allianz mit der weit abliegenden französischen Republik an und für sich den Vorzug geben würde, konnte freilich nicht bezweifelt werden. Noch unzweifelhafter war aber, daß Rußland aus die Dauer nur einen Verbündeten brauchen konnte, der sich zum „Kettenhunde des Panslawismus" hergab und daß dieser Verbündete allein in Paris gefunden werden konnte. Um den Preis mittelbarer oder unmittelbarer Begünstigung seiner Revanchegelüste war Frankreich für jedes russische Unternehmen zu haben: was aber konnte Rußland uns bieten, damit uns die Auslieferung halb Europas an den Zaren bezahlt würde? Und dabei kam nicht einmal in Betracht, daß die in den Jahren 1875 und 1876 gemachten Erfahrungen sich wiederholen, daß der russische Volkswille sich für Frankreich entscheiden und die St. Petersburger Regierung mit sich fortreißen konnte.

Ob und inwieweit Bismarcks Nachfolger diesen Erwägungen Raum gegeben hatte, ließ sich nicht übersehen. Mir lagen sogar Zweifel daran nahe, ob in dieser Beziehung überhaupt ein klares und bestimmtes System verfolgt wurde. Darin aber hatte ich recht gehabt, daß Graf Caprivi den Dreibund zur alleinigen Grundlage seiner Politik nehmen wollte und daß unser Verhältnis zu Bulgarien und zu den Selbständigkeitsbestrebungen Stambulows ein anderes geworden war. Aussichten darauf, Deutschlands öffentliche Meinung von der Heilsamkeit dieses Umschwungs zu überzeugen waren freilich in nur bescheidenem Maße vorhanden. Handelte es sich doch um Dinge, die dem Verständnis der Massen entzogen waren, die die jugendlichen Weisen unserer „Realpolitik" in den Topf phantastischer Zukunftsmusik geworfen hatten, und rücksichtlich deren man es mit der Gegnerschaft eines Mannes zu tun hatte, dessen politische Unfehlbarkeit nationales Axiom geworden war. An der Notwendigkeit, von der Stelle zu kommen und festen Boden zu gewinnen wurde durch diese Erwägung indessen nichts geändert. Da es sich um Entscheidungen des Augenblicks nicht handelte, war die Möglichkeit geboten, der Bismarckschen Theorie von der Unentbehrlichkeit des „zweiten Drahtes" langsam und allmählich den Boden abzugewinnen. Rußland selbst sorgte überdies dafür, daß die preußisch-deutschen Sympathien für den „alten und erprobten" Freund im Osten ihre frühere Stärke nicht wiedergewannen und daß Besorgnisse vor dem russisch-französischen Einverständnis selbst bei denjenigen guten Leuten und schlechten Musikanten Platz griffen, die den „Hamburger Nachrichten" nachsprachen, daß die Tage von Kronstadt dem Grafen Caprivi und der zweiten englischen Reise unseres Kaisers auf die Rechnung zu setzen seien. Die alte Erfahrung, nach welcher Wiederholung die wirksamste aller rhetorischen Formeln bildet, mußte aber auch im vorliegenden Falle festgehalten und der Hinweis darauf erneuert werden, daß seit dem Jahre 1890 nicht planlos weitergewirtschaftet, sondern nach einem bestimmten System verfahren worden sei. Der Dreibund war die Grundlage unserer Politik geblieben, und für die Popularisierung dieses Bundes hatte Fürst Bismarck selber gesorgt. Mit der Klage, daß die Erneuerung der Tripelallianz „verfrüht", „allzu geräuschvoll" und ohne Rücksicht auf russische Empfindlichkeiten ins Werk gerichtet worden sei, mit dieser Klage waren die „Hamburger.Nachrichten" schließlich bei den enragiertesten Bismarckianern abgefallen.

Was zur Verstärkung einer in diesem Sinne zu führenden Apologie sonst beigebracht werden konnte, beschränkte sich auf untergeordnete Momente. Die viel wiederholte Verdächtigung, daß Caprivi seinem großen Vorgänger von Hause aus unfreundlich begegnet sei, daß er dessen Einladungen unberücksichtigt gelassen und den Grafen Herbert aus seiner Wohnung verdrängt habe, konnte rund abgewiesen werden. über diese, für den Berliner Philister immerhin in Betracht kommenden Punkte hatte der Reichskanzler mir das Folgende mitgeteilt. „Bismarck hatte mich eingeladen, während der Tage bis zur Abreise nach Friedrichsruh sein Frühstücksgast zu sein. Ich bin dieser Aufforderung ein- oder zweimal gefolgt, dann aber weggeblieben, weil ich Zeuge von Äußerungen über den Kaiser – und zwar solcher aus weiblichem Munde – geworden war, die ich anständigerweise nicht zum zweiten Male anhören durfte. Anlangend den vom Grafen Herbert bewohnten Flügel des Palais sind einfach Lügen verbreitet worden. Mein Leben lang habe ich mich auf drei Zimmer beschränkt und demgemäß den Herbertschen Flügel überhaupt nicht in Gebrauch genommen. Meinetwegen hätte der iunge Herr dort hausen können, solange ihm beliebte. Die Bismarckschen Weine sind zum Teil noch heute in dem Keller des Hauses gelagert, ohne daß jemals ein Wort darüber verloren worden wäre. Wir haben in freundlichster Weise von einander Abschied genommen. Zu eingehenderen politischen Erörterungen hat der Fürst seit dem Ihnen bekannten Gespräch über den traité à double fond freilich nicht mehr Veranlassung genommen."

Den denkbar peinlichsten Eindruck machte die Lektüre der Akte „Fürst Bismarck nach seinem Rücktritt". In einer schier unabsehbaren Reihe dickleibiger Bände waren die Angriffe der „Hamburger Nachrichten" und ihrer Trabanten, die Antworten und Auseinandersetzungen der amtlichen und halbamtlichen Blätter und die auf diese Polemik bezüglichen Auslassungen der deutschen, österreichischen, englischen, russischen, französischen und italienischen Presse gesammelt worden. Ein erheblicher Teil dieser unerquicklichen Elaborate hatte nicht nur dem Kanzler und den verschiedenen, diesem unterstellten Ressortchefs, sondern dem Kaiser vorgelegen. Marginalbemerkungen von kaiserlicher Hand wie „ist gelogen" – „unwahr" – „hängt anders zusammen" usw., lagen in so großer Zahl vor, daß sie Freunden der politischen Psychologie das Material zu lehrreichen Spezialstudien hätten bieten können. Zweiundzwanzig Bände dieser Sammlung habe ich durchgearbeitet und exzerpiert: von Band zu Band stieg der Ekel an diesen Unwürdigkeiten, die Geschichtsforschern künftiger Jahrhunderte mehr wie einmal das Wort Friedrichs des Großen ins Gedächtnis rufen werden: „Vous ne savez pas mon cher Sukzer quelle maudite race nous sommes." Einen Teil dieser Literatur und der in ihrem Gefolge erschienenen Broschüren hatte ich bereits bei Vorbereitung meines Buches über den „neuen Kurs und die neue europäische Lage" kennengelernt, durch diese Lektüre aber nur einen Vorgeschmack der Speise erhalten, die ich jetzt durchkosten sollte.

Ein viertelhundert Bände mit Zeitungsabschnitten aus der Geschichte von ebensoviel Monaten und darunter nicht ein Blatt, daß andere als widrige Empfindungen hätte erwecken können! Fast unmittelbar nach des Fürsten Eintreffen in Friedrichsruh, am 29. März 1890, hatte diese Pressekampagne ihren Anfang genommen, um, von einzelnen- kurzen Unterbrechungen abgesehen, unter den verschiedensten Formen fortgesetzt zu werden. Zunächst wird eine Reihe sogenannter Interviews abgehalten, die zu offener und verdeckter Verurteilung derselben Regierung benutzt werden, welcher noch am 5. Mai (1890) das Zeugnis ausgestellt worden war, daß sie den „früheren Kurs" wesentlich unverändert weiter verfolgt und zur Opposition keine direkte Veranlassung gegeben habe. Nacheinander werden Herr Liwow von der Zeitung „Nowoje Wremja", Herr Kotschikow vom slawophilen „Strannik", ein Berichterstatter des Pariser „Matin", Herr Judet vom „Petit Journal", ein übelberüchtigter „internationaler" Journalist Hour alias Durand Morinbore, ein ungenannter Vertreter des „New York Herald", der Wiener Korrespondent der „Times", Herr Kingston vom „Daily Telegraph", ein Herr Memminger von der „Neuen Bayrischen Landeszeitung", einer der Redakteure des „Frankfurter Journals", ein Vertreter des „Corriere de Napoli" usw. usw. in Friedrichsruh empfangen und mit Eröffnungen bedacht, die sich in dem Munde des großen Verächters der Leute, „die ihren Beruf verfehlt haben", doppelt verwunderlich ausnehmen. Dann folgten deutsche Männer der Feder, deren Namen eine mehr oder minder eigentümliche Berühmtheit erlangt hatten: Herr Bewer, ruhmwürdig bekannt als Autor der Broschüre „Bismarck und Rothschild" und als Urheber des geflügelten Wortes von der „Musik in der körperlichen Erscheinung Bismarcks", sowie der tiefsinnigen Formel: „Jean
Paul: Moltke=Bismarck", Herr Langbehn, Verfasser des seiner Konfusion wegen hundert Male ausgelegten Buches „Rembrandt als Erzieher", der Bimetallist Dr. Arendt und andere mehr. Abgelöst werden diese Einzelbesuche durch Audienzen im großen Stil, deren die Deputierten des „Zentralverbandes deutscher Industrieller" und eines amerikanischen Schützenbundes, verschiedene Berliner und Kasseler Vereine, eine Abordnung elsässischer Verehrer, der Vorstand des Aachener Zeitungsmuseums, die Delegierten des 19. hannoverschen Wahlkreises und die Vor-

steher des Weimarer Lehrerseminars usw. gewürdigt werden, und bei denen es ohne direkte oder indirekte Ausfälle auf die Regierung niemals abgeht. Im Kielwasser der unter Friedrichsruher Flagge segelnden Presseflottille schwimmt die in dergleichen Fällen unvermeidliche „freiwillige" Flotte von publizistischen Personen, die die Kampagne für eigene Rechnung mitmachen. Aus dem in Friedrichsruh ausgehäuften Arsenal werden Waffen geholt, welche die regierungsfeindliche Presse des In- und Auslandes gegen alles braucht, was mit dem Grafen Caprivi irgend in Verbindung gebracht werden kann. Die Schlagworte von der „allmählichen Abbröckelung des festen Reichsbaues", von der „Verwaisung des jetzigen Deutschland", von der „ungewissen Zukunft, welcher wir unter neuen Männern entgegengehen", von dem „doppelten Schach, in welches wir durch den Bruch mit dem System gleichzeitiger Anlehnung an Rußland geraten sind", von der „Verschlechterung unserer Position seit Erneuerung des Dreibundes", von dem „falschen Gleise, auf welches die deutsche Politik geraten sei", von dem Sumpfe, vor welchem „das Vaterland mit seiner Politik stehe", die Insinuation, daß der neue Kanzler den Richterschen Fortschritt zu seinem Verbündeten zu machen suche, das „Bedauern" darüber, daß Caprivi „sich überhaupt mit Politik beschäftige", sie alle wurden in tausendfachem Echo von einer Presse wiederholt, in deren Gedränge Bismarckfreunde und Reichsfeinde gleich zahlreich zu finden waren. An der dadurch angerichteten Verwirrung der Gemüter aber wurde dann im weiteren Verlauf zu dem Vorwurf Veranlassung genommen, daß der Regierung das Zeug fehle, die Nation zusammenzuhalten und sich bei dem Auslande in Respekt zu setzen, bei demselben Auslande, das von dem einflußreichsten Manne in Europa alltäglich über die Mängel des neuen Regiments belehrt worden war.

„Je finirai peut-être par quelque große sottisse" soll Fürst Bismarck in einem der Augenblicke gesagt haben, wo ihm Besorgnisse „vor sich selbst" und dem eigenen Temperament aufgestiegen waren (Soleil vom 9. Juni 1890). Eine Empfindung davon, daß die Besorgnis vor dieser großen Sottise keine Besorgnis mehr bleiben werde, hatte sich in den Tagen der Wiener Reise und des Thüringer Triumphzuges der Mehrzahl derjenigen bemächtigt, denen die Zukunft des Reiches und der gute Name seines großen Begründers wahrhaft am Herzen lag. Nahezu sämtliche

Organe der anständigeren außerdeutschen Presse zuckten zu dem unerhörten Skandalum bereits die Achseln. Sagen ließ sich das nicht, solange der bloße Verdacht kritischer Beurteilung des über alle Kritik gestellten Staatsmannes zur Diskreditierung des Urteilenden ausreiche. Auch daran durfte nicht wohl erinnert werden, daß ein erheblicher Teil der Bismarckschen Verdikte auf Umschreibung des Gellertschen „Ja,

    Bauer, das ist ganz was anderes" hinausliefen und daß das Serbstlob

    „Dann freilich, da wir alles galten

    da war die rechte goldne Zeit"

auf dem Blocksberge unvergleichlich besser angebracht erschien, als im Walde von Friedrichsruh. Passender ließ sich ein anderes Goethesches Wort Nemo contra deum nisi deus ipse zum Ausgangspunkte der Betrachtung über Bismarck „sonst und jetzt" nehmen. Ich wollte nachzuweisen versuchen (und dieser Nachweis konnte unschwer geführt werden), daß Monate vergangen seien, bevor In- und Ausland glauben gewollt, daß der Bismarck der „Hamburger Nachrichten" und der Staatsmann des Jahrhunderts identisch seien und daß die im Schloßhofe von Friedrichsruh gehaltenen Reden wirklich von demselben Munde gesprochen worden, der Europa zwanzig Jahre lang die Gesetze diktiert hatte. Es sollte darauf hingewiesen werden, daß die Formen, unter denen der Rücktritt sich vollzogen, ehrenvoll genug gewesen seien, um einem großen Manne die Möglichkeit zu bieten, der Berater seines Fürsten und seiner Nation zu bleiben und in Wahrheit das Idealbild zu werden, zu welchem das liebende Gemüt eines dankbaren Volkes ihn gemacht hatte. An die Frage, ob und wieweit Fürst Bismarck selber diese unvergleichliche Stellung gewonnen zu haben glaubte, sollte eine Untersuchung der Weltlage geknüpft und aus dieser die Folgerung gezogen werden, daß Bismarcks Schöpfung fest genug begründet gewesen sei, um jeder anderen Erschütterung als derjenigen durch ihren eigenen Schöpfer trotzen zu können. An die Ziele, die er der deutschen Politik gesteckt, habe keine Hand zu rühren gewagt, die Mittel zur Erreichung dieser Ziele aber hätten die seinigen nicht sein können, weil sie nach der Beschaffenheit der Kräfte zugeschnitten werden mußten, welche die schwierigste aller Erbschaften übernommen hätten. Er selber aber habe der Wirksamkeit dieser Mittel einen Eintrag getan, der die in jedem Falle unvermeidliche

Schwierigkeit einer Fortsetzung seines Werkes ins Unendliche gesteigert habe. Der Nachweis dafür sollte durch Erörterung der einzelnen Momente des gegebenen Zustandes geführt und das entscheidende Gewicht darauf gelegt werden, daß durch die längst unvermeidlich gewesene Annäherung Rußlands an Frankreich eine neue Lage geschaffen worden sei. Wenn den dadurch bedingten Aufgaben entsprochen werden solle, so werde vor allem notwendig sein, der Nation den inneren Frieden wiederzugeben und die Fiktion zu beseitigen, daß Treue gegen den großen Reichsbegründer und Treue gegen das Reichsoberhaupt unvereinbar geworden seien.

Die Grundzüge einer in diesem Sinne gehaltenen Schrift trug ich dem Grafen Caprivi vor, der sich einverstanden erklärte, soweit das vor Prüfung des Wortlautes überhaupt möglich war. Da die Sache Eile erheischte und die Publikation noch im Laufe des August erfolgen sollte, reiste ich nach Leipzig, um die Modalitäten von Satz und Drucklegung der Broschüre zu besprechen. Unmittelbar nach erfolgter Zustimmung des Verlegers zu dem Plane kehrte ich nach Berlin zurück, um an die Ausarbeitung zu gehen. Bei der Rückkehr in die Wilhelmstraße fand ich eine Mittagseinladung des Kanzlers vor. Wie zu Bismarckscher Zeit war Überrock vorgeschrieben. Die Unterhaltung bewegte sich um Tagesangelegenheiten von untergeordneter Bedeutung. Von Interesse war die Unbefangenheit, mit welcher Graf Caprivi von der Bescheidenheit seiner Antezedenzien und der durch diese bedingten Einfachheit seiner Gewohnheiten sprach. Nächst dem Geheimrat Göring schien der nach Berlin hinübergenommene persönliche Adjutant Major Ebmeyer des Kanzlers nächster Vertrauter zu sein.

Anderen Tags machte ich mich an die Arbeit. Zunächst mußten die gemachten Aktenauszüge und die persönlichen Mitteilungen Caprivis kollationiert und geordnet werden, dann wollte ich an die Niederschrift gehen, die in etwa 14 Tagen fertiggestellt werden konnte. Noch bevor es dazu gekommen war, wurde mir berichtet, daß Baron Holstein nach mir gefragt habe und daß ich ihn eben jetzt in seinem Arbeitszimmer antreffen würde. Schon ehe er zu reden begann, merkte ich, daß es sich um Mitteilungen von Belang handeln werde. „Es sind mir", so begann er nach einigen einleitenden Worten, „in diesen letzten Tagen einige Zweifel daran aufgestiegen, ob es zweckmäßig sein wird, gerade jetzt mit einer öffentlichen Apologie unserer Politik hervorzutreten. Ich habe den Eindruck, daß das von den Bismarckverehrern entzündete Feuer im Niederbrennen begriffen ist und daß es erlöschen wird, wenn man ihm nicht neues Material zuführt. Das aber würde geschehen, wenn wir mit einer Schrift hervortreten wollten, die notwendigerweise allgemeine Aufmerksamkeit erregen würde, und deren Ursprung nicht zweifelhaft sein könnte. Ihre Arbeit würde darum keine vergebliche gewesen sein; wir würden das Manuskript in Reserve behalten und mit der Veröffentlichung vorgehen, sobald die Umstände es notwendig machten. Es versteht sich von selbst, daß man Sie für Ihre Mühe „königlich" belohnen wird. Ziehen Sie meine Bedenken in Betracht, ich glaube nicht, daß Sie ihr Gewicht verkennen werden. Wir können über die Sache noch einmal reden. Wenn Sie sich einverstanden: erklären sollten, bin ich bereit, mit dem Grafen Caprivi in diesem Sinne zu sprechen."

Die Sachlage war einfach genug, um in einem Augenblick übersehen werden zu können: Holstein war dem Projekt des Reichskanzlers, wenn überhaupt, nur bedingungsweise zustimmig gewesen. An der publizistischen Waffenruhe der letzten Tage hatte er Veranlassung genommen, mit seiner wahren Meinung herauszurücken. Er hatte sie – wie ich durchsehen zu können glaubte – dem Reichskanzler bereits gesagt, und von diesem den Auftrag erhalten, mir die Sache mit guter Manier beizubringen. Danach konnte die zu erteilende Antwort nicht zweifelhaft sein.

„Ich habe mich", lautete meine Erwiderung, „zu dem mir erteilten Auftrage nicht gedrängt, sondern lediglich dem Wunsche des Kanzlers nachgegeben und über die Unsicherheit des Erfolges niemals Illusionen gehegt. Ich bin nicht ehrgeizig genug, um an ein Unternehmen zu gehen, dessen Ausgang niemand verbürgen kann, und dessen Mißerfolg auf mich zurückfiele, wenn ich gegen den Rat der Beteiligten vorginge. Von irgendwelcher Belohnung kann und darf unter keiner Bedingung die Rede sein. Ich bin ein einfacher Mensch, für den es der Finasserie nicht bedarf. Lassen Sie mich dem Kanzler selbst sagen, daß ich sofort zurücktreten und die geplante Arbeit aufgeben wolle, noch bevor sie begonnen worden. Auf Vorrat zu schreiben wäre völlig zwecklos, wo Umstände und Bedürfnisse sich stündlich ändern können."

Herrn von Holstein war diese Lösung offenbar ebenso willkommen wie unerwartet. Er sagte, daß er mein Verhalten in dieser Angelegenheit nicht vergessen werde, und (fügte er mit einer gewissen Wärme hinzu) „wir werden ja noch weiter im Leben miteinander zu tun haben." So weit war alles beendet. Graf Caprivi, den ich sofort aufsuchte, versicherte, daß es ihm leid tue, die Ausführung seiner Absicht vorderhand vertagt zu sehen, daß die Umstände aber in der Tat verändert schienen, daß man abwarten und weiter sehen müsse usw. Unter allen Umständen würde er übrigens wünschen, daß ich weiter arbeitete und meine Schrift in Reserve behielte. Die Gründe, mit denen ich das ablehnte, mußte er indessen gelten lassen. Im übrigen wurde ausgemacht, daß ich noch einige Tage in Berlin bleiben und die begonnenen Aktenauszüge zum Abschluß bringen solle. Ich nahm das an, um nicht weiter Aufhebens zu machen, und ging meiner Wege.

So hatte ich denn drei heiße Juliwochen im Staube der Wilhelmstraße über zumeist unerquicklichen und (wie ich deutlich sah) völlig zwecklosen Arbeiten gebrütet. War das Glück gut, so wurde mir nicht nachgetragen, daß ich Mitwisser von sogenannten Staatsgeheimnissen geworden war, von denen die meisten meiner direkten Vorgesetzten keine Kunde erhalten hatten. Die Gelegenheit, die Gedanken, die den Inhalt meines Lebens gebildet hatten, an der entscheidenden Stelle zum Ausdruck zu bringen war zum zweiten Male und damit für immer verpaßt.

Halbamtliche Informationsreise nach Rußland

Zu meiner Überraschung ließ Graf Caprivi anderen Tags mich nochmals zu sich bescheiden. Er fragte mich, ob ich der Meinung sei, daß Rußland während des bevorstehenden Winters politisch freie Hand behalten werde, oder ob anzunehmen sei, daß die durch den vorjährigen Notstand erzeugten inneren Schwierigkeiten sich verschärfen und die Aktion der St. Petersburger Regierung für einige Zeit lähmen würden. „Schweinitz ist auf Urlaub, Rex (der interimistische Geschäftsträger) hat seit längerer Zeit nicht berichtet und Bartels (vieljähriger Konsul in Moskau und mein Nachfolger in Marseille) berichtet überhaupt nicht. Und doch müssen wir wissen, wie wir uns auf den nächsten Winter einzurichten haben." Ich gab zur Antwort, daß ein Urteil darüber nur an Ort und Stelle gewonnen werden könne und daß ich im vorigen Jahre lediglich meine in Livland lebenden Verwandten besucht, St. Petersburg aber seit zwanzig Jahren nicht wiedergesehen hätte.

„Gedenken Sie nicht auch in diesem Herbst Ihre in Dorpat lebende Fran Mutter aufzusuchen?"

„Ja. Aber auch dieses Mal werde ich mich auf die Ostseeprovinzen beschränken müssen."

„Nun so gehen Sie für mich weiter nach Petersburg und nötigenfalls nach Moskau. Auf Zeit und Geld soll es dabei nicht ankommen, da mir an Ihrer Meinung gelegen ist."

Der Verdacht, daß dieser Vorschlag nichts weiter als eine fiche de consolatio bedeute, lag zu nahe, als daß ich ihn hatte von mir weisen können. Nein sagen durfte und wollte ich indessen nicht. Der mir gemachte Antrag war zu ehrenvoll, um abgelehnt zu werden, und zu verlockend, als daß er mich hatte unberührt lassen können. Jede Gelegenheit, meine Kenntnis russischer Zustände erweitern und betätigen zu können mußte mir willkommen sein, um so willkommener, als mir die Einseitigkeit der offiziellen Berichterstattung aus St. Petersburg wohlbekannt war. Ich war mir bewußt, unbefangener urteilen und sachlicher berichten zu können als andere, und sah in doppelter Rücksicht als Pflicht an, von diesem Können Gebrauch zu machen. Nützte es nichts, so schadete es doch auch nichts, wenn die Wahrheit gesagt wurde. Der Kanzler sprach den Wunsch aus, daß ich den Weg nach Petersburg nicht direkt von Berlin, sondern der größeren Geräuschlosigkeit wegen über Stockholm nehmen möge. Er fügte hinzu, daß ich dem Grafen Rex avisiert werden würde und entließ mich damit.

Wie sich von selbst verstand, mußte der Übernahme des neuen Caprivischen Auftrages eine Rücksprache mit Holstein folgen. Das Interesse, das dieser an der Sache zeigte, beseitigte die letzten Zweifel daran, daß die Idee von ihm ausgegangen sei. Eine anständigere und wohlfeilere Art, mich zu „belohnen" und gleichzeitig nach Hause zu schicken, war ja kaum denkbar. Holstein selbst mag gleichgültig gewesen sein, ob ich mich in Berlin oder sonstwo aufhielt; die russische Reise mag er sogar für sachlich wünschenswert und für nützlich gehalten haben, soweit sie andere als die gewohnten Informationen versprach: daß Herr von Kiderlen mich nicht gern in der Wilhelmstraße sehe, hatte ich längst erfahren. Aus seinen Mitteilungen darüber, daß den von mir angeregten Nachforschungen nach dem Stande des bulgarischen Kirchenstreites nunmehr keine weitere Folge zu geben sein werde, war die Befriedigung über meine Beseitigung deutlich herauszuhören.

Von dem sommerlich verödeten Berlin war der Abschied bald genommen; handelte es sich doch um nicht mehr als um die herkömmlichen „Abmeldungen" in der Wilhelmstraße. Holstein machte mir, als ich mich empfahl, den Vorschlag, meiner Reise möglichste Ausdehnung zu geben und von Moskau nach Nishnij Nowgorod zu gehen, Ratschläge, die mit wenig zweckmäßig erschienen, wo die zu gewinnende Information doch nur in St. Petersburg geholt werden konnte, und wo sogenannte Reiseeindrücke für meinen Auftraggeber wertlos sein mußten. Von den Herren von Marschall und von Rotenhan schied ich, ohne daß der Dinge, die mich nach Berlin geführt hatten, auch nur mit einer Silbe Erwähnung geschehen wäre: während der Wochen, die ich in der Wilhelmstraße zugebracht, waren die Namen dieser beiden Ressortchefs immer nur beiläufig genannt worden. Das gab um so mehr zu denken, als die Erfahrung gelehrt hatte, daß des Kanzlers Herrschaft über das eigene Haus eine nur beschränkte sei. Hatte er doch für notwendig gehalten, den von ihm persönlich einberufenen Beamten schon bei dessen Eintreffen vor „Unfreundlichkeiten" im Auswärtigen Amte zu warnen. Meine nächsten Vorgesetzten, die Herren von der handelspolitischen Abteilung, waren gleichfalls aus dem Spiele gelassen und – wie es schien – mit dem Zweck meiner Einberufung überhaupt nicht bekannt gemacht worden. Bei wem lag denn das eigentliche Regiment? Direkte Antwort darauf habe ich auch in der Folge nicht erhalten. „Ich habe es nicht möglich machen können, obgleich ich es wünschte," sagte Caprivi mir bei einer späteren Gelegenheit, als von der Besetzung eines Postens im östlichen Europa die Rede war, der mir, wie ich glaubte, zu ersprießlicheren als den bisher geleisteten Diensten Gelegenheit geboten hätte.

Den Weg nach St. Petersburg über Stockholm zu nehmen, war mir doppelt willkommen, weil ich dadurch Gelegenheit erhielt, Busch noch einmal zu sehen, ihm und den Seinigen für die mir reich bewiesene Freundschaft zu danken: fast unmittelbar nachdem ich die Ladung nach Berlin erhalten hatte, war seine Versetzung von Stockholm nach Bern erfolgt. Die auf unser Zusammenleben gegründeten Pläne waren über Nacht auseinandergeflossen, und mir blieb nur übrig, von dem bewährten Freunde Abschied zu nehmen. Daß es ein Abschied fürs Leben sei, ahnten wir beide nicht – auch Busch nicht, der die Schmerzen in Brust und Armmuskeln, an denen er seit Jahren litt und die ihm den Schlaf raubten, für Erscheinungen nervöser Natur hielt, die er sich durch geistige Überanstrengung zugezogen haben wollte. In Wahrheit war es ein inneres Geschwür, das dem Leben des vortrefflichen, anscheinend so rüstigen Mannes im November 1895 ein Ende machte. Vorüber! vorüber!

Bereits am 29. Juli mußte die Weiterreise angetreten werden. Sie begann unter günstigen Zeichen. An Bord des Dampfers, der mich über Abo, Hangö, Helsingfors und Wiborg nach St. Petersburg führte, machte ich die Bekanntschaft unseres Marineattachés „für die nordischen Reiche", des Kapitäns z. S. Kalau vom Hofe, eines gescheiten und liebenswürdigen Mannes von unermüdlicher Tätigkeit und kühnem Wagemut. Binnen weniger Monate hatte Herr von Kalau eine Kenntnis des russischen Seewesens, der baltischen Küsten- und Schiffahrtsverhältnisse erworben, die um so erstaunlicher erschien, als sie durch ein allgemeines Aperçu russischer Zustände und Menschen ergänzt wurde, wie ich sie von einem Zeit seines Lebens mit den speziellen Aufgaben seines Berufs befaßten jugendlichen Flottenoffizier nimmermehr erwartet hätte. Vergleiche zwischen diesem Gelegenheitsdiplomaten und den Herren von der Zunft drängten sich von selbst auf. Mit der Aufgabe, den rechten Mann an die rechte Stelle zu setzen wußte man es in unserer Armee- und Marineverwaltung offenbar sorgfältiger und genauer zu nehmen als im Auswärtigen Amte, wo planloses Hin- und Herschieben der den verschiedenes: Missionen zugeteilten Legationssekretäre die Regel bildete, und wo von Aus- und Vorbildung zu bestimmten Aufgaben nur ausnahmsweise die Rede war. Und wieviel ernster und gewissenhafter nahmen diese militärischen Herren ihren Beruf, als ihre diplomatischen Durchschnittskollegen, denen Teilnahme an Hoffestlichkeiten, Jagden und gesellschaftlichen Veranstaltungen die Hauptsachen zu sein pflegen! Geschäftlichen Eifer betätigen angehende Diplomaten gewöhnlich nur, wenn sie in Abwesenheit der Titulare als Geschäftsträger fungieren oder „en pied" die Gerenz führen. Ernsthaftes Studium von Land und Leuten und Versuche, einen Teil der Geschäfte zu regelmäßiger Besorgung in die Hände zu bekommen ließen sich höchstens einzelne, besonders strebsame junge Männer angelegen sein, indessen das Gros aus Vergnügungsjägern „tout court" oder aus solchen Vergnügungsjägern besteht, die nebenbei sogenannte Streber sind. Das Bedauern über diesen herkömmlich gewordenen Zustand müßte um so lebhafter sein, als die in den diplomatischen Dienst gebrachte Vorbildung unserer Legationssekretäre diejenige ihrer Kollegen gewöhnlich übertrifft. Vollständig lassen sich die Gewöhnungen von jungen Männern, welche die Zucht deutscher Gymnasien und die Schule deutschen Verwaltungsdienstes durchgemacht haben, eben nicht totmachen. Das Übel liegt in der traditionellen Vorstellung, als ob diplomatische Tätigkeit von aller übrigen Beamtenarbeit fundamental verschieden sei und als ob wir noch in den „glücklichen" Tagen des ancien régime lebten, zu denen die Völkergeschichte von der exklusiven Gesellschaft und deren Teilnehmern bestimmt wurden. Und dabei sollten und müßten unsere Diplomaten genauer als andere Sterbliche darüber unterrichtet sein, daß in der Mehrzahl europäischer Staaten die Tummelplätze des Hofadels und der Hofgesellschaft von den Mittelpunkten großer Geschäfte so weit abliegen, daß auf ihnen weniger zu holen ist, als in der Welt, in welcher man sich nicht oder doch nicht immer belustigt. Daß der Besitz reichlicher Geldmittel für diplomatisches Fortkommen unentbehrlich ist, versteht sich von selbst: daß er weder das einzige noch das wesentlichste Erfordernis für diese Karriere bildet, scheint man noch lernen zu müssen. Fürst Bismarck (dessen Traditionen angeblich in unser eisernes Inventar übergegangen sind) hat das gewußt und danach gehandelt, in dieser Beziehung aber nicht Schule zu machen vermocht.

Die Seereise von Stockholm nach St. Petersburg nahm volle zwei Tage in Anspruch, weil sie durch Aufenthalte auf den Zwischenstationen wiederholt unterbrochen wurde. Gute Gesellschaft und freundliches Wetter machten diese Fahrt zu einer Lustpartie, die sie an und für sich nicht ist. Von zwei kurzen Stunden offener See abgesehen, geht der Weg unaufhörlich durch Schären, die von denjenigen des Mälarsees und des Stockholmer „Schärgartens" in nichts verschieden sind und auf die Länge den Eindruck der Eintönigkeit machen. „Sie haben ganz Schweden gesehen", hatte Busch mit gesagt, als ich ihm in seinem am Mälar gelegenen Landsitze Södertelje den ersten Besuch machte. Er hätte hinzufügen können „und die gesamte finnländische Küste" – eigentliche See bekommt man weder im Bottnischen noch im Finnischen Meerbusen zu sehen, und der Charakter der Felsen und der Insellandschaft bleibt auf der gesamten Strecke von Abo bis Kronstadt der nämliche.

Ich hatte St. Petersburg seit länger als zwei Jahrzehnten nicht gesehen, fand diese Stadt indessen wesentlich unverändert vor. Trotz der Großartigkeit der Anlage kann die russische Residenzstadt nicht verleugnen, daß sie eine künstliche Schöpfung ist, der die Wurzeln gesunden und organischen Wachstums fehlen. Die Bevölkerung hat seit einer Reihe von Jahren nicht mehr zugenommen, zu Neubauten liegt in der neuesten der europäischen Residenzen nur ausnahmsweise Veranlassung vor, und wenn binnen Jahresfrist fünfzehn neue Häuser ausgerichtet werden, so gilt das Maximum für erreicht. Die bei Ausgang der sechziger Jahre errichtete, dem Kaufhofe benachbarte Kapelle zur Erinnerung an das Karasowsche Attentat und die unweit der Stätte der Ermordung Alexanders II. gebaute Sühnekirche haben die Physiognomie des Ganzen nicht zu verändern vermocht. An den demokratisierenden Einfluß des letzten Viertel-

jahrhunderts gemahnten allein die neuen Verkehrseinrichtungen (Pferde-
bahnen und kleine Dampfer) und die Einrichtung von Gartenanlagen,
welche den ungeheuren Einöden des Admiralitäts- und des Isaaksplatzes
ein freundlich verändertes Aussehen gegeben haben. Am Eliastage (1.
Aug. n. St.) eingetroffen, fand ich die immerdar nur mäßig belebte Stadt
verödeter denn je. Das an diesem Tage traditionelle Gewitter (seine Fahrt
in den Himmel soll der Prophet „Ilja" bei Donner und Blitz genommen
haben), die von Kosaken geleitete große Prozession über den Newskii-
Prospekt und Unbequemlichkeiten der Holzpflasterarbeiten auf den
Hauptstraßen nahmen sich genau so langweilig aus wie vor fünfundzwanzig und vor fünfunddreißig Jahren. Bei der Fahrt durch die große
Morskai fiel mir der geistreiche Tunichtgut Graf Solokub ein, den ich
hier vor vielen Jahren zuweilen besucht hatte. Sein bitteres Wort von der
Stadt, „in welcher die Gassen immer naß und die Herzen immer trocken
bleiben", hatte trotz des Wechsels der Zeiten und Menschen unveränderte Geltung behalten. Was sich verändert hatte, war die Stellung des deutschen Elements in der Stadt, „hinter welcher der große, gewöhnlich Rußland genannte Raum liegt." Übereinstimmend berichteten die alten, zumeist dem ärztlichen Stande angehörigen Freunde, die ich aufsuchte, daß
namens des Nationalitätsprinzips aus die Verdrängung der Nichtrussen,
insbesondere aber der baltischen Deutschen aus allen irgend ansehnlichen Stellungen systematisch hingearbeitet werde. Staat und Kommune
kämen diesem Ziele täglich näher, während die außerhalb des Beamtentums und der Gelehrtenwelt stehenden Klassen der deutschen Kaufleute
und Industriellen ihre Stellungen zu behaupten wüßten, „weil sie mehr
arbeiteten, besser wirtschafteten und reichlichere Mittel besäßen" als ihre
nationalen Mitbewerber. Neu war ferner die früher unbekannt gewesene
Scheidung zwischen Reichsdeutschen und „russischen" Deutschen. Seit
es ein Deutsches Reich gab, bildeten Botschaft und Konsulat Mittelpunkte, auf welche das politische Rückgrat der Kolonie sich stützen konnte,
eine Empfindung davon, daß der Deutsche ein Vaterland besitze, und daß
dieses Vaterland einen mächtigen Staat bilde, hatte sich wenigstens den
jüngeren Elementen der „reichsdeutschen" Gesellschaft mitzuteilen begonnen. Ganz so erheblich wie früher war die Zahl derjenigen nicht
mehr, die sich von der „Großartigkeit" der russischen Verhältnisse blind-

lings imponieren ließen, und die über dem „neuen Vaterlande, wo sie ihr Glück gemacht", das alte Vaterland vergaßen. Biedermänner, die trotz angeblicher deutsch-patriotischer Gesinnungstüchtigkeit den alten bedientenhaften Standpunkt einnahmen, fehlten darum auch jetzt nicht. Auch das bekannte Lied „von der Freiheit in Rußland" und

von der „vollen Unabhängigkeit, deren man sich erfreue, sowie man weder auf den Kaiser, noch auf den Staat, noch auf die Kirche schimpfe, konnte bei Gelegenheit noch vernommen werden. Was über Entstehung und relative Berechtigung desselben seinerzeit von Viktor Hehn gesagt worden, gilt, mit gewissen Einschränkungen, eben noch heute: „Mit dem Leben in Deutschland verglichen, hat das Leben in Rußland den Reiz des Jugendlichen, weiterer Verhältnisse, leichterer Bewegung. Es schleppt sich mit keinem Ballast der Vergangenheit, es wird nicht von Skrupeln und Philistereien eingeengt, auch nicht vom Gemüte verschwemmt und getrübt. Da ist zwar auch Gewaltsamkeit und Herrschaft im Leben, aber sie hat nicht als ein System sentimentaler Trauer in der Brust des Bedrückten selbst ihren Sitz. Da gibt es zwar Rangklassen aber keinen Hochmut des Edelmannes, wer sich zu benehmen weiß und französisch spricht, hat überall Zutritt. Dieselbe wenig komplizierte Sitte geht über das ganze weite Reich; die Leichtigkeit, sie sich anzueignen, und der weltmännische Takt, der hier als erstes Zeichen der Bildung gilt, machen hier das Leben bequemer. Dabei ist das Fortkommen verhältnismäßig so leicht, und wer nur halb Hand anlegt, dem gelingt es." Daß dieser letzte Punkt der entscheidende ist, geht schon daraus hervor, daß die fremdländischen laudatores Russiae vornehmlich in den kommerziellen und industriellen Kreisen gefunden werden, denen Verkehrsmittel und Bedürfnisse unserer Tage weiten Spielraum eröffnet haben. Daß nicht der Tummelplatz des Lebens, sondern sein Gehalt ihm den Wert gibt, ist zu allen Zeiten allein von einer Minderheit von Menschen begriffen worden.

Auf eine Minderheit war ich auch rücksichtlich der Informationen angewiesen, die von mir eingezogen werden sollten. über die Kreuz- und Querfahrten, die zu diesem Behufe innerhalb wie außerhalb Petersburgs unternommen werden mußten, wird besser geschwiegen. Neuer Bekanntschaften an der Newa bedurfte es dazu kaum. Erst nachdem ich an die alten und bewährten Quellen gegangen war, suchte ich unsere Botschaft auf, die während der toten Jahreszeit ausschließlich durch den Geschäftsträger Grafen Rex und den Bureauvorsteher Kelchner vertreten war; den letzteren hatte ich bereits bei Beginn seiner St. Petersburger Tätigkeit im Jahre 1855 gelegentlich gesehen. In dem Geschäftsträger lernte ich einen lebhaften und gescheiten jungen Mann von guten Formen kennen, der bei dem Hofe des Großfürsten Wladimir und bei dessen mecklenburgischer Gemahlin besonders gut angeschrieben war und über die Hauptsachen einigen Bescheid wußte. Er lud mich zum Essen ein und war so liebenswürdig, einen Mann zum Partner unserer kleinen Gesellschaft zu nehmen, dessen Kenntnis russischer Zustände ich vielfach hatte rühmen hören, und der sie in der Tat bewährte, den österreichisch-ungarischen Legationssekretär (späteren Gesandten in Bukarest) Baron Ahrenthal (den nachmaligen Minister des Auswärtigen); den österreichischen Militärattaché, Obersten Klepsch, kennenzulernen blieb mir zu meinem Bedauern versagt, weil dieser bestunterrichtete aller in St. Petersburg akkreditierten Diplomaten verreist war. Das vom Grafen Rex: veranstaltete Mittagessen dauerte von 6 ½ Uhr abends bis 2 Uhr morgens und war. so belebt, daß ich das Ende lebhaft bedauerte. Im Mittelpunkte der Unterhaltung standen die Beziehungen Deutschlands, Österreichs und Rußlands zu den Balkanländern und die Frage nach dem Verhältnis des Orients zu den deutschen Interessen. „Da es zwischen uns (Deutschland und Österreich) keine bezüglichen Geheimnisse gibt", sprachen beide Herren sich so rückhaltlos aus wie unter den gegebenen Umständen möglich erschien. Nichtsdestoweniger blieb mir der Eindruck zurück, daß das gegenseitige Vertrauen (nicht der anwesenden Personen, sondern der von ihnen vertretenen Mächte) seine sehr bestimmten Grenzen habe. Wiederholt wurde ich an ein Wort erinnert, das Busch mir bei Gelegenheit einer Erörterung der nämlichen Materie gesagt hatte: „Sobald die Österreicher wüßten oder durchfühlten, daß wir die okzidentalen Interessen auf der Balkanhalbinsel zu unseren eigenen machten, würden sie sich zurückziehen, uns die Last aufbürden und gern sehen, daß das Mißtrauen Rußlands von ihnen ab- und auf uns zugelenkt würde." Der Verdacht, daß die guten Freunde im innersten Herzen die Verbindung mit Rußland jeder anderen vorziehen würden, wäre danach in Berlin ebenso berechtigt wie in Wien. Berührungen dieses heiklen Punktes gingen meine beiden Tischgenossen nicht gerade aus dem Wege, dabei zu verweilen hielten sie indessen nicht für zweckmäßig. Erzherzog

Albrecht war damals noch am Leben; die Annahme, daß mit diesem Prinzen die altösterreichische Tradition zu Grabe getragen werden würde, mag Herr von Ahrenthal nicht geteilt haben. Er galt für einen der nächsten Freunde Kalnokys und übernahm den Bukarester Posten erst nach dem Rücktritt dieses Staatsmannes, der ihn während der letzten Jahre seiner Verwaltung in das Wiener Ministerium gezogen hatte.

Die Reisen, die ich von St. Petersburg aus unternahm, beschränkten sich auf den westlichen Teil des russischen Reichs. Das im Hochsommer ausgestorbene Moskau aufzusuchen hätte keinen Sinn gehabt, wo der Ausbruch der Cholera die Zahl der Städteflüchtigen noch über das gewöhnliche Maß hinaus vermehrt hatte. Über die Hauptsache war ich binnen verhältnismäßig kurzer Zeit gründlich genug unterrichtet worden, um apodiktisch sagen zu können, daß die Aktionsfreiheit der St. Petersburger Regierung während des Winters 1892/93 keinen Augenblick gestört sein werde. Obgleich die Ernten auch dieses Mal ungünstig ausgefallen waren und die ländlichen Zustände trostloser denn je aussahen, waren Notstände und Verlegenheiten von dem Umfang der vorjährigen nicht abzusehen, Störungen der öffentlichen Ruhe völlig ausgeschlossen. Der an Not und Elend gewöhnten ländlichen Massen war die Regierung sicherer denn je, die vielfach von Unzufriedenheit angefressenen höheren Klassen hatten das Vertrauen zu sich selbst und zu der Heilkraft der liberalen Ideen völlig verloren. Der in Frankreich, Deutschland, Österreich usw. beobachtete Niedergang des Parlamentarismus war mittelbar zur Stütze des Glaubens an die Unentbehrlichkeit des russisch-nationalen Absolutismus, der sogenannten „Selbstherrschaft", und des von diesem bedingten Systems geworden. Bemerkenswerter als alles übrige aber schien der ungeheure Zuwachs, den die äußeren Machtmittel der Regierung während des letzten Jahrzehnts erfahren hatten. Die von einem Punkte aus geleitete Staatsmaschine arbeitete überall da, wo es äußeren, greifbaren Zwecken galt, mit einer Präzision, die in früherer Zeit unerhört gewesen wäre, und die demgemäß meine Verwunderung erregte. Von Hebung der materiellen Wohlfahrt und des sittlich-intellektuellen Niveaus der Nation war weniger denn je, und noch sehr viel weniger als zu Zeiten Alexanders II. die Rede. Das Gouvernement Alexanders III. hatte in dieser Beziehung vollständig resigniert. Mit den „idealen" Aufgaben des Staatslebens glaubte der „nationale" Zar durch Forderung der Pobedonoszewschen Rechtgläubigkeit genug getan zu haben. „Die Selbstherrschaft war wieder ihr eigener Zweck, ihre Erhaltung die eigentliche Aufgabe der Regierung geworden", rücksichtlich der zu diesem Zweck in Bewegung gesetzten Mittel aber war man so weit „modern" geworden, daß man sich der technischen und administrativen Errungenschaften der Zeit nach Möglichkeit zu bemächtigen suchte. Wo es sich darum handelte, Schlagfertigkeit, finanzielle Ausgiebigkeit und Beweglichkeit der ungeheuren Maschine zu erhöhen, wurden weder Mittel noch Anstrengungen gespart. Auf den dafür gezahlten Preis und auf die gebrachten Opfer sollte es nicht ankommen, wenn nur der augenblicklich angestrebte Zweck erreicht wurde. Daß in dieser Beziehung Bedeutendes geleistet werden konnte, hatte ich während meiner Reise mit eigenen Augen gesehen. Auf das erste Gerücht vom Ausbruch der Cholera waren zehn Millionen Rubel (ungefähr zwanzig Millionen Mark) zur Bekämpfung der Seuche hergegeben worden. Daß ein großer Teil dieses Betrages gestohlen und vergeudet wurde, verstand sich von selbst, mit dem Rest aber gelang es, in den zunächst bedrohten Gegenden umfassende Präventivmaßregeln ins Werk zu richten. Ich war Zeuge davon, wie in entlegenen Flecken und Kleinstädten mit der Ausführung von Reinigungs- und Sanierungsanstalten vorgegangen, auf zweckmäßige Verteilung von Ärzten und Heilmitteln und auf die Erteilung von Instruktionen Bedacht genommen wurde, welche eine wenigstens annähernd zuverlässige Berichterstattung über den öffentlichen Gesundheitszustand in Aussicht stellten. Den Bezirksärzten war ausdrücklich zur Pflicht gemacht worden, dieses Mal die Wahrheit zu sagen. Auf großen und kleinen Eisenbahnen waren Einrichtungen für Gewährung der ersten Hilfe getroffen, Ratschläge an das Publikum angeheftet und Desinfektionsmittel verteilt worden, deren Benutzung unter strenger Kontrolle stand. Daß all diese Dinge nur einige Zeit in Wirksamkeit bleiben, und daß die früheren chaotischen Zustände nach Abwendung der nächsten Gefahr in ihr Recht treten würden, wurde von niemand bezweifelt. Immerhin aber wurde diese Gefahr abgewendet und damit der Beweis geführt, daß die Regierung, wo es galt und wo es sich um die Erreichung zeitlich begrenzter äußerer Zwecke handelte, ihren Willen durchsetzen konnte. Die Fortschritte, welche der Verwaltungsapparat nach der Seite seiner momentanen Leistungsfähigkeit gemacht hatte, waren handgreiflich und überraschend. Was dieses Mal hatte erreicht werden können, mußte auch bei größeren und wichtigeren Gelegenheiten fertiggebracht werden können. Auf Verbesserung des Heerwesens, der Bewaffnung und des Verkehrswesens, sowie der Einrichtungen für Aushebung und Mobilmachung war in der Tat ernsthafter Bedacht genommen worden. Allmacht und Rücksichtslosigkeit der Regierung hatten außerdem erreicht, daß der Rückgang des nationalen Wohlstandes auf den Zustand der Staatsfinanzen diejenigen Wirkungen nicht übte, die in jedem anderen, rationell verwalteten Staate unvermeidlich geworden waren.

Auf meine Anschauungen über das gegenwärtige und das künftige Verhältnis zwischen deutschen und russischen Machtmitteln übten diese an der Hand zahlreicher Einzelbeobachtungen gemachten, von Sachkennern der verschiedenen Parteien bestätigten Wahrnehmungen nachhaltigen Eindruck. Von meiner Reise hatte ich Bestätigungen der weitverbreiteten Meinung erwartet, nach welcher jedes neue Friedensjahr unsere Position stärken, diejenige Rußlands schwächen sollte. Hier allmählicher, wenn auch mannigfach gehemmter materieller und moralischer Aufschwung, dort zunehmende Verarmung („Verlumpung", wie ein bekannter russischer Schriftsteller gesagt hat) bei gleichzeitiger Zersetzung der Volkskräfte, wie hätte das schließliche Resultat da zweifelhaft sein können? Die Prämissen waren richtig, die Schlußfolgerung falsch. In Rußland sind die staatlichen Aktions- und Machtmittel in noch rascherem Wachstum begriffen, als die Rückgänge der Volkskraft. Die ungeheure Ausdehnung des Staates, der niedrige Stand der Volksbildung und die nationale Gewöhnung an Unfreiheit und Misere sorgen dafür, daß der gegenwärtige Zustand noch zwanzig Jahre lang erhalten werden kann, ohne daß er zum brechen kommt. Jede neue Erwerbung, mag sie territorialer oder technischer Natur sein, kommt zunächst und vor allem der Regierung zugute, die dadurch an Schlagfertigkeit gewinnt, ohne an Widerstandsfähigkeit zu verlieren. Je länger der Friede dauert, desto größer werden Zahl und Umfang der Mittel, welche diese Regierung in die Hände bekommt, desto höher steigen ihre Aussichten auf den Erfolg im Falle des Zusammenstoßes. Bleibt der von den Russen erwartete Erfolg aus, so würde die Sache freilich umgekehrt liegen, und der Umfang der eintretenden Verwirrung ungleich größer sein, als bei kürzerer Dauer der stattgehabten Mißwirtschaft und bei früherer Bloßlegung der eingetretenen Fäulnis. Fraglich bliebe aber auch in solchem Falle, ob das die Russen nicht näher anginge als uns, denen die längere Dauer des Erwartungszustandes fortwährend erhöhte Opfer auferlegt hätte.

Den Rückweg nach Deutschland nahm ich durch die Ostseeprovinzen, in denen ich die früheren trostlosen Zustände nahezu unverändert wiederfand. Wie sich hatte erwarten lassen, war abermals eine Anzahl deutscher Professoren der Dorpater Hochschule entlassen und durch zufällig ausgegriffene Russen und Russengenossen ersetzt worden. Unter den Vertriebenen befand sich mein Freund, der Physiker Arthur von Oettingen, den man schon seines guten Namens wegen nicht länger hatte dulden wollen, und der sich zusamt seiner zahlreichen Familie zur Auswanderung hatte entschließen müssen; er war dreißig Jahre lang akademischer Lehrer von anerkannter Tüchtigkeit und ungewöhnlichem Lehrtalent gewesen und stand als sechsundfünfzigjähriger Mann auf der Höhe seiner Leistungsfähigkeit. Sein Nachfolger war ein vierundzwanzigjähriger Fürst Galizin, der als frischgebackener Straßburger Doktor nach Dorpat kam, übrigens zu sehr Gentleman war, um sich in der ihm oktroyierten unliebsamen Stellung zu gefallen, und der diese nach Jahresfrist mit einem Platz in der St. Petersburger Akademie der Wissenschaften vertauschte. Zu den schwersten der
damals auf die unglückliche Universität gefallenen Schlägen gehörte die Berufung eines aus Budapest berufenen tschechischen Strebers auf den Lehrstuhl der Kirchengeschichte. Mit der Naivität des Ignoranten hatte dieser „Gelehrte" sich erboten, alsbald nach seinem Eintritt in das neue Amt Vorlesungen über baltische Kirchengeschichte zu halten, und acht Tage vor Beginn der Vorlesungen einen seiner Kollegen gebeten, „ihm die erforderlichen Bücher zu leihen". Das wichtige Katheder für Landwirtschaft war seit Jahr und Tag unbesetzt geblieben, weil kein zu dessen Ausfüllung geeigneter Russe hatte ausfindig gemacht werden

können: in dem großen Reiche bestand während der Jahre der großen landwirtschaftlichen Krisis keine einzige Lehranstalt, ja kein einziger Lehrstuhl, der Kenntnisse über das wichtigste aller Gebiete des russischen Wirtschaftslebens hätte verbreiten können!

Justiz und Verwaltung der Ostseeprovinzen waren während der letzten Jahre so weit russisch geworden, wie das in einem sieben Jahrhunderte lang deutsch gewesenen Lande überhaupt möglich war. Als Überbleibsel der Vergangenheit waren in den Städten die alten, jetzt auf untergeordnete Funktionen beschränkten Gildenverbände, auf dem flachen Lande gewisse ständische („ritterschaftliche") Institutionen stehen geblieben. Mit der Erhaltung dieser letzteren hatte es eine eigentümliche, für die Tendenzen der Regierung höchst bezeichnende Bewandtnis. Eine aus Vertretern der verschiedenen Ministerien und aus Repräsentanten der baltischen Stände zusammengesetzte Kommission war mit der Ausarbeitung eines „Projekts zur Reorganisation des Landschaftswesens in den Ostseegouvernements" beauftragt und zunächst damit beschäftigt gewesen, die bestehenden Einrichtungen zu prüfen. Nach Beendigung dieser Arbeit hatte der Vertreter des Kriegsministeriums das Wort ergriffen und zu allgemeiner Überraschung die Erklärung abgegeben, daß er seinesteils und im Interesse seines Ressorts die unveränderte Aufrechterhaltung des status quo beantragen müsse. Mit den Zuständen der „inneren Gouvernements" durch vieljährige Erfahrungen genau bekannt geworden, habe er die Überzeugung gewonnen, daß die baltischen Institutionen von denjenigen der übrigen Teile des Reichs so vorteilhaft verschieden seien, daß ihre Aufhebung, bzw. die Einführung russisch-bureaukratischer Ordnungen eine Schädigung des Staatsinteresses und insbesondere der Interessen seines Ressorts bedingen würde. In den ihrer geographischen Lage nach strategisch besonders wichtigen Ostseeprovinzen sei es im Hinblick auf die gegenwärtige politische Lage von höchster Wichtigkeit, das Ersatzgeschäft, die Kontrolle über Verbleib der Reservisten, den Mobilmachungsapparat und das Verpflegungswesen in zuverlässigen Händen zu wissen. Rücksichten auf die nationale Bedeutung der ständischen Einrichtungen Liv-, Est- und Kurlands kämen für ihn nicht in Betracht. Die Tatsache, daß die baltischen Organe ihre aus das Militärwesen bezüglichen Funktionen so vortrefflich versähen, daß ihre Ersetzung durch neue

Einrichtungen eine Torheit bedeuten würde, sei für ihn genügend. In solchem Sinne werde er seinem Chef, dem Kriegsminister Wannowski, berichten und ihn ersuchen, bei Sr. Majestät auf unveränderte Erhaltung des bestehenden Zustandes hinzuwirken.

Dieses Votum hatte den Ausschlag gegeben und den livländischen Gouverneur Sinowjew, einen gewissenlosen, aber gescheiten Streber, zu einem Bericht im Sinne des Kriegsministeriums bestimmt. Bürgschaften für dauernde Aufrechterhaltung des gefaßten Beschlusses fehlten natürlich, für den Augenblick aber war von der „Reform" des baltischen „Landschaftswesens" nicht mehr die Rede.

Die Rücksichten auf die militärische Sicherheit des „strategisch–wichtigen Grenzlandes" hatten dieses Mal schwerer gewogen als alle Erwägungen „nationaler" Politik. Mit der Friedfertigkeit und dem souveränen Sicherheitsgefühl des nordischen Kolosses war es offenbar nicht so weit her wie man uns glauben machen wolltet Die Verhandlungen der in Rede stehenden Kommission waren allerdings während des vorigen (Notstands- und Hunger-) Jahres geführt worden, wo Besorgnisse vor einem deutschen Angriff auf Rußland weit

verbreitet waren und in Regierungskreisen vielfach erörtert wurden. „Et pour cause", wie der Berichterstatter über die oben erwähnte Verhandlung eingestand. Ein Zusammentreffen ungünstiger Umstände, wie es so leicht nicht wieder vorkommen wird, hatte Rußland in einen Zustand momentaner Entkräftung versetzt, der unschwer in denjenigen halber Wehrlosigkeit hätte verwandelt werden können. Dem Einbruch des Notstandes war der berühmte „Tag von Kronstadt" so direkt vorhergegangen, daß die Gegner dieser Verbrüderungsfeier mit Fug und Recht behaupten konnten, der für die Affichierung der neuen Allianz gewählte Zeitpunkt sei der denkbar unpassendste gewesen. Bis in das Frühjahr (1892) hinein hatte man sich in St. Petersburg darauf einrichten zu müssen gemeint, daß das mit studierter Unfreundlichkeit behandelte Deutsche Reich diesen für eine Abrechnung unvergleichlich günstigen Zeitpunkt wahrnehmen und losschlagen werde. Denn darüber, daß es einmal zur kriegerischen Abrechnung mit dem westlichen Nachbarn kommen müsse und werde, stimmten die Männer der Vernunft und des Friedens mit den Narren zusammen, die die albernen Phrasen von der „Zudeckung

Europas mit Kosakenmützen" und von der bevorstehenden Verwandlung Berlins in ein „Gerstenfeld" gedankenlos nachsprachen. über diese mit echt russischem „abandon" kundgegebenen Stimmungen und Befürchtungen schien man in den Ostseeprovinzen offenbar noch genauer unterrichtet gewesen zu sein als auf unserer Botschaft, der die Besorgnisse der St. Petersburger Machthaber übrigens nicht entgangen waren und die wiederholt Veranlassung gehabt hatte, die unveränderte Friedlichkeit unserer Absichten zu betonen. Immerhin durfte auch von diesen Wahrnehmungen Akt genommen werden. Graf Rex hatte mir gesagt, daß es botschaftliche Tradition sei, über Zustände und Vorgänge in den baltischen Provinzen nicht zu berichten. Für mich war das Grund genug, den Ausführungen über den Hauptgegenstand meiner Mission eine ausführliche Darstellung der Wirtschaft folgen zu lassen, welche namens der „zeitgenössischen" Prinzipien der „Staatseinheit" und des „Nationalismus" in der preisgegebenen alten Kolonie des Römischen Reiches Deutscher Nation getrieben wurde. Einen während der ersten Hälfte meiner Reise genommenen Aufenthalt an der polnisch-litauischen Grenze hatte ich dazu benutzt, die Verhältnisse des Njemen- und Weichselgebietes in den Bereich meiner Beobachtungen zu ziehen.

Früher als notwendig gewesen wäre, brach ich von Dorpat auf. Aus Berlin waren so beunruhigende Gerüchte über neue Angriffe gegen den Grafen Caprivi nach Livland gedrungen, daß ich für Pflicht hielt auf dem Platze zu sein. Um etwaigen Schwierigkeiten an der von Cholerabefürchtungen bewegten Landgrenze zu entgehen, schiffte ich mich in Reval nach Lübeck ein. Den alt-hanseatischen Typus zeigte die romantische Hauptstadt des ehemaligen Herzogtums Estland in unveränderter Reinheit, nächst Lübeck erschien sie mir als altertümlichste aller Hansastädte. Als Residenz des niedrigsten und bösartigsten aller in die baltischen Länder entsendeten Satrapen, des Fürsten Schachowskoi, war die schöne alte Stadt indessen schwerer heimgesucht worden als irgend eine ihrer Schwestern. Die Straßen, auf welche stilvolle Patrizierhäuser, stolze Dome und prächtige Gildenhäuser herabschauten, waren mit russischen Namen und russischen Schildern behaftet; nirgend wurde eine deutsche Inschrift, ein deutsches Wort geduldet. Auf den Tag meiner Durchreise durch Reval war das Namensfest eines in der Kulturwelt niemals genannten byzantinischen Wundertäters gefallen. In Gemäßheit strenger Vorschriften Schachowskois mußten dem russischen Heiligen zu Ehren die Läden und Geschäfte der altprotestantischen Stadt ängstlich geschlossen gehalten werden; nur mühsam gelang es mir, einen von Spionenfurcht geängstigten Uhrmacher zum Verkauf eines Uhrglases zu bestimmen. „Wenn der Herr Gouverneur oder der Polizeimeister das erfährt, kann ich große Unannehmlichkeiten erfahren," äußerte der geängstigte Mann im Tone der Besorgnis. Am schlimmsten sah es auf dem „Dom", einer die Stadt dominierenden Anhöhe aus, die als Sitz des Adels in früherer Zeit eine Ausnahmestellung eingenommen und bis zur Einführung der russischen Städteordnung eine eigenrechtliche Verwaltung besessen hatte. Inmitten der alten „Burgsitze" war ein Platz freigelegt worden, auf welchem eine russische Kathedrale erbaut wurde, deren Türme weit über die See hinaus den Sieg des Byzantinismus über die deutsch-protestantische Gesittung des Landes verkündigen und dem Fürsten Schachowskoi unvergänglichen Anspruch auf die Dankbarkeit des rechtgläubigen Rußland sichern sollten.

Mach mehrtägiger stürmischer Fahrt in Lübeck angelangt, wurde ich daselbst von der Trauerkunde überrascht, daß in Hamburg eine Choleraepidemie ausgebrochen sei, wie sie seit Menschengedenken in Deutschland nicht mehr erlebt worden. Die Verantwortung dafür sollte der Senat tragen, der unterlassen hatte, die Wasserleitung der zweiten Stadt Deutschlands mit den gehörigen Filtrierapparaten versehen und dadurch der Weiterverbreitung des „Bazillus" eine Grenze stecken zu lassen. Vor mir stieg das Bild einer Senatssitzung auf, an der ich vor fünfzehn Jahren teilgenommen hatte. In ausführlicher Rede hatte der Referent für Bausachen ein von der Baudeputation ausgearbeitetes Projekt vorgetragen, nach welchem das aus der. Elbe gewonnene Wasser vor Einlassung in die Wasserleitung durch einen Zentralfilter getrieben werden sollte, dessen Kosten auf 4 bis 5 Millionen Mark veranschlagt worden waren. Nachdem eine Anzahl für und wider den Entwurf vorgebrachter Gründe erörtert worden war, ergriff der erste Bürgermeister das Wort. Der alte Herr harte seinen humoristischen Tag und schlug den Ton einer Leutseligkeit an, die in diesem Kreise niemals ihren Eindruck verfehlte. „Wenn ich mir eine rechte Delice machen will," hub Se. Magnifizenz an, „lasse ich mir ein Glas unseres guten alten hamburgischen Leitungswassers geben, und ich kann versichern, daß dasselbe mir stets vortrefflich geschmeckt und niemals den geringsten Schaden zugefügt hat." Auf diese mit schuldigem Beifall aufgenommene Appellation an die vaterstädtische Gesinnung der Zuhörer folgte eine Reihe witziger Ausführungen über die Superweisheit moderner Naturforscher und Techniker im allgemeinen und über die fortschrittliche Schnellfertigkeit hamburgischer Ingenieure im besonderen; das Resultat war die Überweisung des Antrages an irgend eine Deputation oder Kommission gewesen, in der das bereits damals als dringlich bezeichnete Projekt, wenn nicht begraben, so doch für Jahr und Tag zurückgehalten wurde. Mir, der ich von der Sache nichts verstand, war die Wirkung des Vortrages nicht nur als Beitrag zur Signatura Hammoniensis lehrreich, sondern wegen eines lokalen Umstandes merkwürdig erschienen: mehr als einmal war es vorgekommen, daß der lange Rathausschließer Wulf die Verabfolgung eines Glases frischen Wassers mit dem Hinweise darauf hatte ablehnen müssen, daß die in das Rathaus führende Röhre wieder einmal von Aalen (sprich: „Ohlen") verstopft sei! Daß das Leitungswasser zur Zeit der Frühjahrsschmelze und nach heftigen oberländischen Regengüssen eine dunkelbraune Färbung anzunehmen pflegte, beruhte auf zu altem Herkommen, als daß diese Inkonvenienz den Herren in et de senatu besonderen Anstoß zu geben vermocht hätte. Jetzt war der Schaden in Gestalt eines großen Unglücks, der Spott in Gestalt eines allgemeinen und vielfach übertriebenen Weherufs über „Senat und Bürgerschaft" da.

Von Lübeck ging ich auf einige Tage nach Berlin, um meine Reiseberichte abzuschließen und, falls erforderlich, zu ergänzen. Solcher Ergänzung bedurfte es nicht. Cholera und Cholerabefürchtungen bildeten die Angelegenheiten des Tages, und da ich über das Hauptergebnis meiner Beobachtungen bereits von St. Petersburg berichtet hatte, kamen die Einzelheiten, die ich nachzutragen hatte, nur beiläufig in Betracht. Zudem war der Kanzler durch die momentane Anwesenheit des Kaisers so nachhaltig in Anspruch genommen, daß ich auf möglichst beschleunigten Aufbruch Bedacht nahm. Caprivi entließ mich mit der nochmaligen Versicherung seines Dankes; außer ihm hatte sich allein Baron Marschall von

97

den russischen Reiseeindrücken berichten lassen. Meine schriftlichen Berichte waren in die herkömmliche Zirkulation gegeben worden.

Da Holstein von Berlin abwesend war, beschränkten sich meine Besuche im Auswärtigen Amte auf unvermeidliche Abmeldungen. Geheimrat Raschdau war der einzige, der auf die Erlebnisse des scheidenden Sommers zurückkam und die Frage auswarf, ob ich die Leitung der „verfahrenen Presseangelegenheiten" nicht provisorisch übernehmen könnte; mit meiner Rückkehr auf den Stockholmer Posten werde es ja wohl keine Eile haben, da ich ihn kaum angetreten hätte, und daß die hiesigen Dinge am Ende wichtiger seien als die schwedischen. Ich gab zur Antwort, daß mir von keiner Seite irgendwelche Vorschläge gemacht worden seien und daß schlechterdings kein Grund für die Annahme vorliege, daß man mich auch nur zeitweilig hierzubehalten wünsche; die definitive Übernahme eines Postens im Amte sei für mich überhaupt ausgeschlossen. Ich hätte einen vierwöchigen Erholungsurlaub erbeten und würde nach seinem Ablauf in die schwedische Hauptstadt zurückkehren.

Dabei blieb es. In der zweiten Hälfte des Oktobers unternahm ich die dritte Fahrt in den inzwischen kalt und winterlich gewordenen skandinavischen Norden, dieses Mal nach vorgängiger Absolvierung einer dreitägigen Choleraquarantäne in Dänemark. Die Verhältnisse, in die ich zurücktreten sollte, sahen nicht eben verlockend aus: der einzige Anziehungspunkt, den Stockholm für mich besessen hatte, war durch Buschs Versetzung nach Bern in Wegfall gekommen, die vier Monate lang unterbrochen gewesene Amtstätigkeit neuer förmlicher Einarbeitung bedürftig geworden, die Zukunft ungewisser, als sie es zuvor gewesen. Unter Bedingungen, die sich zu unseren Ungunsten verändert hatten, sollten Übersiedelung und Installation der Familie ins Werk gerichtet werden. Die letzte Lebensstation schien erreicht, ein stiller Winkel gewonnen zu sein, in welchem nichts als lautloses Verlöschen übrig blieb.

Aus den Tagen von Bismarcks Kampf gegen Caprivi

Erinnerungen

von

Julius von Eckardt

Vorwort.

Die vorliegende Schrift bildete ursprünglich den Schlußteil der 1910 erschienenen, im Buchhandel gegenwärtig vergriffenen Lebenserinnerungen des 1908 verstorbenen ehemaligen General= konsuls Julius v. Eckardt. Von ihrer Veröffentlichung wurde damals aus politischen und persönlichen Gründen abgesehen, die heute keine Geltung mehr haben. Um die Mitte der neunziger Jahre abge= schlossen, enthalten diese Aufzeichnungen neben ihrem bedeutsamen tatsächlichen Inhalt eine Fülle von Beobachtungen und Betrach= tungen, die fast alle durch den späteren Gang der Ereignisse be= stätigt worden sind. Sie verdienen daher ganz besonders ernste Beachtung gerade in der jetzigen Zeit, die alle politisch interessierten Kreise mit der Frage beschäftigt sieht, wie sich der Niedergang Deutschlands von seiner stolzen Höhe vollziehen konnte, und werden dazu beitragen können, daß sich das deutsche Volk auf die Wurzeln seiner Kraft besinnt und auf die Fehler, die vermieden werden müssen, wenn es mit dem Vaterlande wieder aufwärts gehen soll.

Inhaltsverzeichnis.

Erste Beziehungen zu Caprivi.

Caprivi und das Auswärtige Amt.

In die Jahre meiner Marseiller Einsamkeit waren der Kanzlerwechsel von 1890 und die durch diesen veranlaßten Veränderungen in der Zusammensetzung des Auswärtigen Amtes gefallen.
An dieser alten Stätte fand ich neue Verhältnisse und neue Menschen
vor. Die Summe dessen, was sich begeben, hatte der gescheite
Kanzler des Marseiller Konsulats Lehnhardt zutreffend gezogen,
als er mir bei seiner Rückkehr aus Berlin im Juli 1890 das Folgende
sagte:

„Den neuen Reichskanzler habe ich nicht gesehen. Von den übrigen
Herren des Auswärtigen Amtes kann ich nur sagen, daß sie allesamt um die Hälfte größer geworden sind, als sie unter
Bismarck waren: ob auf Unkosten des Kanzlers weiß ich natürlich nicht."

Das war alles was ich wußte, als ich den gewohnten Gang in
die Wilhelmstraße antrat, um mich dem Kanzler und den übrigen
Gebietigern des Amtes vorzustellen. Wenige Stunden später war
ich so weit orientiert, daß ich die Widerstände kannte, als der Amtsdiener mich dem ältesten der Räte von „Ia", dem Baron Holstein,
meldete.

Holstein, den ich schon zur Zeit seiner Hilfsarbeiterschaft kennengelernt hatte, wurde seit dem März 1890 für den leitenden Genius
der politischen Abteilung und den Wettermacher des gesamten Amtes

angesehen. Bereits zu früherer Zeit von einiger Bedeutung, galt er seit dem Ausscheiden Lothar Buchers und des Unterstaatssekretärs Busch für den Hauptträger der großen Tradition. Beide vorgenannte Männer hatten ihre Stellungen aufgegeben, als Herbert Bismarck Staatssekretär geworden war (1886). Holstein, der den Sohn des großen Vaters von Kindesbeinen kannte, war geblieben und dessen wichtigster Ratgeber geworden. Aus einer Veranlassung, die in der Folge näher erörtert werden soll, hatte dieses Verhältnis während der Tage der großen Krisis einen unheilbaren Bruch erfahren, der Herrn von Holstein innerhalb des neuen Regimes zur maßgebenden Person machte. Der ursprüngliche Plan, den Botschafter von Radowitz oder den Gesandten Busch mit dem Staatssekretariat zu betrauen, war an Holsteins Erklärung gescheitert, daß ihm ein Zusammenwirken mit diesen Herren unmöglich sein würde; von ihm selbst aber konnte nicht die Rede sein, da er die Übernahme verantwortlicher Stellungen ein für allemal ausgeschlagen hatte. So war man nach längerem Hin- und Herschwanken bei dem vom Großherzog von Baden empfohlenen Freiherrn von Marschall angekommen, der sich als Parlamentsredner und kenntnisreicher Volkswirt hervorgetan hatte, den Fragen der großen Politik dagegen als Neuling gegenüberstand und demgemäß auf fremden Rat angewiesen war. Das Unterstaatssekretariat verblieb dem Grafen Berchem, einem fähigen, liebenswürdigen, außergewöhnlich arbeitstüchtigen Mann, der sich von allem Cliquen- und Intrigenwesen fernhielt, begreiflicherweise aber den Anspruch erhob, den ersten und nicht den zweiten Ratgeber des Staatssekretärs abzugeben. Dadurch mit Holstein in Konflikt geraten, legte Berchem sein Amt nieder. An seine Stelle war der Gesandte in Buenos Aires Freiherr von Rotenhan getreten, den man zur Zeit seiner Zugehörigkeit zur Pariser Botschaft als vorzüglichen Arbeiter kennengelernt hatte, und von dem man annahm, daß er die Wege des ersten Rates nicht kreuzen würde. Seitdem lag das Hauptgewicht bei Herrn von Holstein und bei dem diesem verbündeten Herrn v. Kiderlen-Wächter, einem fähigen und energischen jungen Manne, der damals den Vor-

zug besaß, dem vertrauten Kreise des Kaisers anzugehören und des
besonderen Wohlwollens Sr. Majestät gewürdigt zu werden. Ihren
persönlichen Eigenschaften nach stellten beide Leader ausgesprochene
Gegensätze dar. Von bureaukratischer Schwerfälligkeit und geheim=
rätlicher Pedanterie waren beide gleich weit entfernt. Kiderlen=
Wächter stellte den Typus eines in den Diplomaten verwandelten
schwäbischen Roturiers dar. Rücksichtslos, derb zufahrend, von voll=
endeter Degagiertheit der Manieren und mit einer reichlichen Dosis
von Zynismus ausgestattet, verband er mit der seinem Stamme
eigentümlichen Schlauheit unverwüstliche Arbeitskraft und ebenso
unverwüstliche Genußsucht. Einerlei, ob er die Nacht am Schreib=
tisch, beim Becher und in unzweideutiger Damengesellschaft ver=
bracht hatte, anderen Morgens saß Herr von Kiderlen frisch und
wohlgemut hinter den Akten — immerdar von einer englischen Dogge
und einer schweren Zigarre begleitet. Wo es nichts kostete, ein guter
und gefälliger Kamerad, kannte der gemütliche Schwabe keine Rück=
sicht und keine Schranke, wenn es Wahrnehmung des eigenen Vor=
teils oder Beseitigung eines Nebenbuhlers galt.

Ganz anders Holstein, der eine feiner besaitete, nervöse und
aristokratische Natur von ausgesprochen norddeutschem Gepräge war.
Hinter kühlen und zurückhaltenden Formen verbarg sich eine ver=
haltene Leidenschaftlichkeit. Der Schleier von Melancholie, der über
den merkwürdigen Mann gebreitet war, gab ihm einen besonderen
Reiz. Lebensgefühl und Lebenskraft waren bei ihm von nur mäßiger
Stärke und, wie man erzählte, durch eine schwere Jugenderfahrung
frühe angefressen. Das Selbstgefühl, das Herr v. Holstein zeigte,
machte den Eindruck erzwungen zu sein. In seinem Auftreten sicher,
aller Wichtigtuerei und Scheinvornehmheit abgeneigt — wenn er
wollte, ausgiebig und gesprächig, war Holstein ein ungeselliger, ein=
samer Mann. Nie sah man ihn bei Hofe, selten in größerer Gesell=
schaft, in kleinerem Kreise nur, wenn er sich vor unliebsamen Elemen=
ten gesichert wußte. Ich habe nicht allzu viele Menschen gekannt, mit
denen sich gleich angenehm reden und diskutieren ließ. Aus einem
gewissen Zwange kam man aber auch dann ihm gegenüber nicht

heraus, wenn man nichts von ihm haben wollte. Wegen seiner Fein=
fühligkeit unberechenbar, und als viel umgetriebener, viel befehdeter
und noch mehr beneideter Beamter krankhaft mißtrauisch, galt Hol=
stein für gefährlich, weil er unversöhnlich sein sollte, aber nur ein
Stück davon habe ich gelegentlich zu sehen bekommen. In Veran=
lassung einer törichten Verleumdung, die man über mich aus=
gesprengt, hatte er einmal vierzehn Monate lang kein Wort mit mir
gewechselt, meinen Gruß kaum erwidert, und erst als ich bei Ge=
legenheit einer unvermeidlich gewordenen Besprechung den wahren
Sachverhalt angedeutet, freundlichere Saiten aufgezogen.

Von Kollegen und Untergebenen wurden die beiden anscheinend
eng verbundenen Männer mit scheuer Ehrfurcht angesehen. Wie sie
in Wahrheit zueinander standen, wußte niemand genau anzugeben,
vielleicht wußten sie selbst es nicht. Auguren, die besonderen Scharf=
blick in Anspruch nahmen, glaubten einen Zusammenstoß deutlich
herannahen zu sehen: Kiderlen=Wächter sollte Herrn von Mar=
schall nach dem Leben trachten, um selbst Staatssekretär oder min=
destens Unterstaatssekretär zu werden, indessen Holstein an der
Erhaltung des status quo genugsam interessiert sein sollte, um
Herrn von Marschall seine volle Unterstützung zu leihen. Wie
dem in Wirklichkeit gewesen, weiß ich nicht, um so genauer aber
weiß ich, daß Caprivi beide Männer fürchtete, daß er sie
nicht entbehren zu können glaubte, und daß er sich aus diesem Grunde
gefallen ließ, wenn sie gelegentlich ihre eigenen Wege gingen. Von
Kiderlen ist bekannt, daß er mit dem vertrauten Rate und Jugend=
freunde Caprivis, dem Vorstande der Reichskanzlei Göring, auf
Kriegsfuß stand und daß er dem Reichskanzler nicht allzu freund=
lich gesinnt war.

Holstein nahm, wenigstens zu damaliger Zeit, eine vermittelnde
Stellung ein. Scheu vor allem, wodurch er eine Verantwortlichkeit
hätte auf sich nehmen können, und Mangel an „Courage" hatte
ihn in den Ruf eines Schleichers gebracht, dessen Meisterschaft in
der Intrige größer sein sollte, als sein geschäftliches Talent. Meines
Erachtens mit Unrecht. Ich glaube, daß seine (Holsteins) Ab=

sichten im Grunde loyal waren, daß Schwäche und Mißtrauen ihn indessen vom rechten Wege abbrachten, wenn er für sein Amt und seine Stellung fürchten zu müssen glaubte. Der starke, selbständige Charakter, für den man ihn nahm, war er nicht. Durch sein Wesen ging ein weiblicher Zug, der ihn alles vermeiden ließ, was zu Konflikten, zu Lärm und Aufsehen führen konnte. Um das zu verbergen, umgab er sich mit dem Schein einer Unnahbarkeit und Rätselhaftigkeit, die seiner wahren Natur nicht entsprachen, und für welche seine nächsten Bekannten eine außerordentlich einfache Lösung zu besitzen glaubten. „Holstein", so haben zwei seiner ältesten Kollegen mir gesagt, „Holstein ist nicht zu finden, oder er meldet sich krank, so oft es Entscheidungen gilt, die peinliche Konsequenzen nach sich ziehen könnten." Der tief- und scharfblickende Staatsmann, über dessen letzte Absichten die Leute sich den Kopf zerbrachen, sollte einfach ein Mann sein, dem der Mut seiner Meinung abhanden kam, so oft Gedanken und Pläne in Taten umgesetzt werden sollten.

Eine fernere Personalveränderung hatte sich erst kurz vor meinem Eintreffen in Berlin vollzogen. Der wegen seiner Liebenswürdigkeit und Zuverlässigkeit allseitig geschätzte Referent in Preßangelegenheiten, Rudolf Lindau, hatte seine bisherige Stellung niedergelegt, um als Vertreter Deutschlands in die Direktion der Türkischen Dette Publique nach Konstantinopel zu gehen. Bei der Wiederbesetzung seines Amtes hatte die Wahl zwischen mir und dem einundsiebzigjährigen Geheimrat Constantin Rößler geschwankt, Holsteins Votum indessen zugunsten des ältesten Propheten der Bismarckschen Politik den Ausschlag gegeben. Mir war damit ein wesentlicher Dienst erwiesen worden, weil ich mich in der dem Freunde Rößler zugefallenen Stellung nicht vier Wochen lang hätte behaupten können. Rößler besorgte die laufenden Geschäfte und den kleinen Kram des offiziösen Preßwesens, während Kiderlen-Wächter die höhere Leitung und insbesondere den Verkehr mit den Korrespondenten der großen englischen und französischen Zeitungen an sich gezogen hatte. Einer Arbeitsteilung so ungleicher Art hätte ich mich nicht fügen können. Aus den Erfahrungen, die ich im Ministerium des Innern gesammelt, wußte ich sattsam, daß ein „Preßleiter", der nicht zugleich Berater des Ministers ist, die denkbar traurigste Figur spielt. Rühren die Unfruchtbarkeit und Marklosigkeit unserer amtlichen Publizistik doch zu drei Vierteilen davon her, daß man die ausführende Arbeit durch bezahlte Federn absolvieren läßt, deren Inhaber von jeder Teilnahme an den sachlichen Entscheidungen ausgeschlossen sind. Nur vollendet bureaukratischer Unverstand kann in die Klage einstimmen, daß wir keinen Gentz oder Bucher und überhaupt keine wirklichen Talente in den Pressebureaus besitzen; als ob Gentz und Bucher ihre Erfolge jemals hätten erringen können, wenn die Entscheidungen, die sie zu verfechten hatten, völlig ohne ihre Mitwirkung zustande gekommen wären. Selbst der als Stilist gepriesene, im Grunde mittelmäßige Geheimrat Ludwig Hahn hätte seine „Provinzial-Correspondenz" niemals zu einiger Bedeutung erhoben, wenn er bloßer valet de plume seiner Minister geblieben wäre.

Außerhalb des Rahmens des Auswärtigen Amtes, aber in nächster Beziehung zu demselben stand die Reichskanzlei, als Vermittlerin zwischen dem Reichskanzler und den ihm unterstellten Ressorts. Es ist daran zu erinnern, daß die Leitung dieser wichtigen Instanz zu Bismarckscher Zeit in ebenso geschickte wie zuverlässige Hände gelegt gewesen war, und daß die Geheimräte v. Tiedemann und v. Rottenburg sich des allgemeinsten Vertrauens erfreuten. Rottenburg hatte sich bestimmen lassen, die nach dem Rücktritt Bismarcks unbehaglich gewordene Vertrauensstellung während des ersten Jahres der Caprivischen Verwaltung beizubehalten und später das Unterstaatssekretariat im Reichsamt des Innern übernommen. An seine Stelle war einer der ältesten Beamten des Auswärtigen Amtes, der Geheime Legationsrat Göring, getreten, ein Jugendfreund und Duzbruder des neuen Kanzlers, den dieser selbst ausgewählt hatte. Göring war mir vom Auswärtigen Amt her bekannt. Er galt für schroff und kurz angebunden, aber für offen und zuverlässig. Was ich von ihm wußte, verdanke ich zumeist

meinem Schwiegersohn, dem Konsul Knappe, der während der
schweren Tage der über ihn verhängten Disziplinaruntersuchung und
schrecklichster Parteilichkeit der Mehrzahl seiner sogenannten Richter
an Göring eine Stütze gefunden und der festen Haltung dieses un=
erschütterlich geraden Charakters die Feststellung seiner Schuldlosig=
keit zu danken gehabt hatte. Daß Menschenfurcht zu den Fehlern
Görings nicht gehöre, war freilich schon früher weltkundig ge=
worden. Der der liberalen Delbrück'schen Schule angehörige Frei=
händler hatte die Farbe nicht gewechselt, als Fürst Bismarck auf
die protektionistische Seite getreten war, sondern das ihm übertragene
handelspolitische Referat gegen ein anderes minderwertiges ver=
tauscht, aus seiner Meinung über das schutzzöllnerische System aber
niemals ein Hehl gemacht. Seiner ganzen Art nach war Göring
der Mann nicht, seinen Willen und seine Überzeugungen dem Dafür=
halten der Gebietiger der politischen Abteilungen unterzuordnen. In
Fragen der höheren Politik hat er schwerlich hineingeredet, weil sie
außerhalb seines Berufs= und Interessenkreises lagen, wo es handels=
politische Dinge und Personalien gab, nahm er dagegen keinen An=
stand, sein Gewicht in die Wagschale zu werfen. Der traditionelle
Antagonismus zwischen „I a und II" (der politischen und der han=
delspolitischen Abteilung des Ministeriums) spielte sich in Görings
Beziehungen zu Kiderlen=Wächter wider, die, wie erwähnt,
feindlich waren. Wie er zu Holstein gestanden, weiß ich nicht.
Daß die Naturen der beiden Männer so verschieden wie möglich
waren, ist bereits gesagt worden. Anfänglich von Görings barscher
Art abgestoßen, habe ich den Charakter des im Kern seines Wesens
wohlwollenden und humanen Mannes bei näherer Bekanntschaft auf=
richtig hochschätzen gelernt. Graf Caprivi hatte allen Grund, in
ihm den zuverlässigsten und selbstlosesten seiner Freunde zu sehen.
Nach Caprivis Sturz ist Göring in das Privatleben getreten. Die
unfreiwillige Muße mag dem rüstigen, im Vollbesitz seiner Kräfte
gebliebenen Arbeiter hart genug angekommen sein.

Diese Männer und die Chefs der Abteilungen II und III auf=
zusuchen, geboten Herkommen und Klugheit. Mein gutes Glück

wollte, daß die wattierte Tür, hinter der Holſtein hauſte, dieſes Mal nicht belagert war. Er empfing mich mit dem unter vieljährigen Bekannten herkömmlichen Maße von Freundlichkeit, ging über die Vorgänge der letzten achtzehn Monate mit einigen kurzen Bemerkun= gen hinweg und ließ ſich, ſeiner Gewohnheit gemäß, über das Land berichten, in welchem ſein Beſucher reſidierte. Allzuviel ließ ſich von der Hauptſtadt des franzöſiſchen Südens einem Manne nicht er= zählen, für welchen handels= und wirtſchaftspolitiſche Materien nur beiläufig in Betracht kamen. Ich ging daher auf den Punkt ein, der mir zumeiſt am Herzen lag: auf das noch zu Bismarckſcher Zeit erlaſſene Paßreglement für franzöſiſche Beſucher der Reichslande Elſaß und Lothringen. Päſſe ſolcher Art durfte allein die Botſchaft in Paris ausſtellen, und dieſe ſendete die bezüg= lichen Geſuche an die reichsländiſchen Behörden, welche über den Geſuchſteller, die von dieſem aufzuſuchenden Perſonen uſw. polizei= liche Erhebungen anſtellten, deren Ausfall ſodann für die, natürlich nun Wochen und Monate verzögerten, Beſcheidungen maßgebend war. Meine private Intervention war von tuneſiſchen und Marſeiller Bekannten ſo häufig in Anſpruch genommen worden, daß ich über Handhabung und Effekt dieſer Maßregel genauer als andere unter= richtet ſein mußte. Wo immer möglich, wurde von den elſäſſiſch= lothringiſchen Beamten „nein" geſagt, weil dieſe die Verantwortung für unliebſames Verhalten der Beſucher nicht übernehmen und im Sinne des Urhebers dieſer Abſperrungs=Veranſtaltung handeln wollten. Frauen und Kinder, die ihre kranken alten Eltern wieder= ſehen wollten, Vormünder, die Angelegenheiten ihrer Mündel zu ordnen hatten, Geſchäftsleute, deren Intereſſen ſchwer gefährdet ſchienen, wurden auf ſolche Weiſe an der Erfüllung ihrer nächſten Pflichten verhindert, ohne daß man ihnen auch nur die Gründe ihrer Ausſperrung mitzuteilen für nötig gehalten hätte. Der Natur der Sache nach war dieſe Verletzung der elementarſten Menſchen= rechte zur Zutreiberei in das chauviniſtiſche Lager ge= worden. An der Hand einer ganzen Reihe perſönlich gemachter Er= fahrungen hatte ich beobachtet, daß der zahmſte und harmloſeſte

französische Spießbürger zum Revancheapostel wurde, wenn ihm
sans rime et sans raison der Weg zu seinen nächsten Blutsfreunden
verlegt worden war, und daß die absurdesten über uns ausgesprengten
Fabeln Gläubige fanden, solange Schikanen so abgeschmackter Art
von uns verübt wurden.

Holstein lehnte die Einlassung auf diesen Gegenstand mit einer
Bestimmtheit ab, die seiner sonstigen Art nicht entsprach und die
weitere Erörterung zwecklos machte. An ein Zurücknehmen des Paß=
reglements sei nicht zu denken, die Sache stehe mit anderen, nicht zu
erörternden Dingen im Zusammenhang, ich möge mir nicht un=
nützer Weise die Finger verbrennen usw. usw. Wir brachen ab, gingen
auf Rußland — den herkömmlichen Hauptgegenstand unserer Ge=
spräche —, meine bevorstehende Reise nach Riga usw. über und
nahmen sodann Abschied.

Etwa eine Stunde später betrat ich den großen Wartesaal im Erd=
geschoß des Reichskanzlerpalais. Bei meiner letzten Anwesenheit
in diesem Raume (1885) war ich Zeuge eines Auftritts gewesen,
der mir jetzt lebhaft ins Gedächtnis trat: Ich hatte gleichzeitig mit
den Staatssekretären von Bötticher und Graf Hatzfeld den Be=
schluß der Bismarckschen Frühstückstafel erwartet und gesehen, wie
Fürst Bismarck an diesen ihm in aller Form angemeldeten und
mit ihren Mappen ausgerüsteten Herren vorübergegangen war, um
mit der Fürstin eine Spazierfahrt zu unternehmen. Während ich
dieser und anderer in dieser salle des pas perdus erlebter Szenen
gedachte, wurde ich in das Arbeitszimmer des Reichskanzlers
Caprivi gerufen. Von seinem Schreibtisch erhob sich ein hoher,
schlanker Mann, dessen weißes, kurzgeschnittenes Haar mit der
Jugendlichkeit, den strammen Bewegungen des Körpers eigentümlich
kontrastierte. Das Gesicht wäre schön zu nennen gewesen, wenn die
Nase länger und charakteristischer ausgeschaut hätte; das Organ war
voll, weich und wohllautend. Nachdem er mir die Hand gereicht, be=
gann Graf Caprivi das Gespräch mit einigen Fragen, nicht über
Frankreich, sondern über Rußland. Er kannte meine Bücher, sagte
ein anerkennendes Wort über sie, wies auf das vor ihm liegende

Werk „Rußland unter Alexander III." und meinte dabei: „Manches darin hätte von Ihnen sein können." Daß uns Konsuln jede schriftstellerische Tätigkeit untersagt war, schien er nicht zu wissen.

Nachdem einige Bemerkungen über russische Zustände ausgetauscht worden waren, ging der Kanzler auf Frankreich über, indem er nach den dortigen Stimmungen fragte. Ich gab ausweichende Antworten, wurde jedoch bei dem Gegenstand so strikt festgehalten, daß ich schließlich sagen mußte, einige meiner Auffassungen ständen zu denjenigen des Auswärtigen Amtes und seiner hervorragendsten Vertreter in so direktem Gegensatz, daß ich um die Erlaubnis bitten müsse, mit meiner Meinung zurückhalten zu dürfen. Die Antwort bestand in der Aufforderung, rückhaltlos zu reden; ich hätte mehrere Jahre lang unter Franzosen gelebt und dadurch das Recht erworben selbständig zu urteilen. Jetzt trug ich die Angelegenheit, mit welcher ich bei Holstein abgefallen war, ausführlich und eindringlich vor, indem ich hervorhob, daß all die Versuche mit Frankreich zu einer Verständigung zu gelangen, unter allen Umständen wenig aussichtsvoll erschienen, daß sie aber alles Sinnes entbehrten und entbehren müßten, solange gegen das Reichsland Zwangs und Absperrungsmaßregeln in Geltung blieben, die an die schlimmsten Zeiten russischer Zwangsherrschaft über das meuterische Polen erinnerten.

Caprivi hörte aufmerksam zu, tat einige Querfragen, lächelte, als ich von der besonderen Strenge sprach, mit der man heimatkranke jüdische Elsässerinnen zu behandeln schiene und sagte zum Schluß: „Sie scheinen ein Mann zu sein, der nicht nur eigene Meinungen hat, sondern sie auch sagt. Wir müssen nähere Bekanntschaft machen." Ich antwortete mit einer scherzhaften Wendung, indem ich erwähnte, daß der berühmte Physiologe Ludwig meine Landsleute als „hartnäckige und gewalttätige Rasse" bezeichnet habe. Der Kanzler kehrte nochmals auf Rußland zurück und spielte auf gewisse Vorwürfe an, die ihm wegen seiner „vermeintlichen" Abweichungen von dieser Seite der Politik seines großen Vorgängers gemacht würden. Ausführungen über Dinge, nach denen nicht direkt gefragt wurde, schienen mir nicht am Platze zu sein, und da der Kanzler auf seine Stutzuhr sah, empfahl ich mich mit dem Versprechen, nach der Rückkehr aus Rußland über die dort empfangenen Eindrücke zu berichten.

Spät abends trat ich die Fahrt in den fernen Nordosten an.

Nach vierwöchigem Aufenthalt in der Heimat machte ich mich auf die Rückreise. Kurz vorher war das durch den schweren Notstand im inneren Rußland veranlaßte Verbot der Getreideausfuhr in Kraft getreten, und ich hatte Gelegenheit, über die dadurch angerichtete Verwirrung und über die kopflose Art der Ausführung dieser törichten Maßregel lehrreiche Beobachtungen anzustellen. Während die Kornspeicher Liv- und Kurlands zugunsten der notleidenden inneren Provinzen des Reiches in Anspruch genommen wurden, trafen getreidebeladene Güterzüge aus den am schwersten betroffenen Gegenden des inneren Rußlands fortwährend in den baltischen Hafenstädten ein. Reisende, die aus Twer, Rjäsan usw. nach Riga und Mitau kamen, wußten von ungeheuren Kornmassen zu erzählen, die entlang des Schienenweges aufgestapelt lägen und allen Unbilden des hereingebrochenen Frostes preisgegeben seien. Und statt diesen zum Himmel schreienden Mißständen ihre Aufmerksamkeit zuzuwenden, waren Presse und Publikum der russischen Hauptstädte ausschließlich mit den Herrlichkeiten des kurz zuvor gefeierten Kronstädter Flottenfestes und der russisch-französischen Verbrüderung beschäftigt.

Zu Ende der zweiten Oktoberwoche (1891) war ich wieder auf deutschem Boden. Noch vor meinem Eintreffen in der preußischen Hauptstadt hatte eine interessante Nachricht die Berliner Zeitungen durchlaufen: das elsässisch-lothringische Paßreglement war aufgehoben und für alle nicht zur aktiven Armee gehörigen Franzosen der frühere Zustand freier Bewegung wiederhergestellt worden. Diese Maßregel mit dem Gespräch in Verbindung zu bringen, das ich sechs Wochen zuvor mit dem Grafen Caprivi geführt, kam mir selbstverständlich nicht in den Sinn. Ich tat der Sache auch keine Erwähnung, als ich mich bei der Durchreise durch Berlin dem Reichs-

kanzler vorstellte und von dem berichtete, was ich in den russischen
Hafenstädten gesehen hatte. Als ich mich empfahl und bereits auf
der Schwelle der Tür stand, rief der Kanzler mir nach: „Apropos!
Ihr Wunsch wegen der elsässisch=lothringischen Pässe hat
sich inzwischen erfüllt." Damit sollte es indessen noch nicht zu
Ende sein. Als ich auf der Weiterreise München berührte und den
Redakteur der Allgemeinen Zeitung Hugo Jacobi, einen enragierten
Bismarckianer und entschiedenen Gegner des „neuen Kurses" (d. h.
der Caprivischen Verwaltung), aufsuchte, redete dieser mich zu meiner
höchsten Verwunderung auf den „Coup" wegen des reichsländischen
Paßreglements an, den ich nach Verabredung mit dem Statthalter
Fürsten Hohenlohe in Ausführung gebracht haben sollte. Ich hatte
von der Sache mit niemandem geredet, den Fürsten Hohenlohe nie=
mals gesehen, niemals eine Zeile mit ihm gewechselt und weder Paris
noch Straßburg zu den Zeiten aufgesucht. Jacobi ließ sich den von
ihm behaupteten Zusammenhang nur mühsam ausreden, berief sich
meinen verwunderten Fragen gegenüber auf die Allwissenheit der
Presse, vertrat in der Sache selbst übrigens die Meinung, daß ein
Akt „falscher Humanität" vorliege, der über kurz oder lang werde
zurückgenommen werden.

Daß dieser Zwischenfall nicht ganz so gleichgültig gewesen war,
wie ich damals annahm, ist mir erst in der Folge verständlich ge=
worden: In der Umgebung des Grafen Caprivi müssen sich
schon damals Leute befunden haben, die gegen ihren Chef
konspirierten, vertraulich von ihm getane Äußerungen den Gegnern
zutrugen und dazu ausnutzten, in der Presse gegen den „neuen Kurs"
Stimmung zu machen. Dafür lieferten Jacobis Wissenschaft und
ein unter vier Augen geführtes Gespräch und die Art der Auslegung
desselben unwidersprechlichen Beweis. Von der „Allgemeinen Zei=
tung" wußte jedermann, daß sie mit allen Mitteln auf die Wieder=
einsetzung Bismarcks hinarbeite und daß ihre Vertreter aus diesem
Grunde im Auswärtigen Amt nicht mehr empfangen wurden. Die
Version aber, nach welcher eine Hohenlohesche Intrige im Spiele
gewesen sein sollte, stammte unzweifelhaft aus der Wilhelmstraße.

Nach kurzem Aufenthalt in München und Bern, wo ich mit dem Militärattaché v. Bernhardi die Herausgabe der Tagebücher seines Vaters verabredete, ging es in nächtlicher Fahrt über die Alpen nach Frankreich. Noch bevor es voller Tag geworden war, hatte der Reiz südlichen Lebens mich mit all seinem Zauber umfangen. Jenseits der Berge hatten eisige Winde die Blätter von den Bäumen geschlagen, dichter Nebel Berg und Tal in graues Trauergewand gehüllt, die Menschen mißmutige Spätherbstgesichter gezeigt. Auf die bunt= belaubten Abhänge der Baden=Badener Höhen war der erste Schnee gefallen, auf der Rheinebene war die Sonne nur zum Abschied= nehmen sichtbar geworden. In Bern hatte die Kälte die Gassen so gründlich ausgekehrt, daß die Spaziergänger zu zählen gewesen waren. Jenseits der Alpen aber sah die Welt aus, als ob es über= haupt keinen Winter und keine Kälte gäbe. über dem anmutigen Ge= lände, das von der Schweizer Grenze an die Rhonebeugung führt, lag strahlend blauer Himmel; die Sonne schaute so unverwüstlich heiter drein, als sei sie vor den Pfeilen des Novemberschützen ein für allemal gesichert, und das bunte Laub der Linden und Ulmen war von dem Grün der Bäume und Gesträuche so dicht eingefaßt, als ob es lediglich zur Verzierung der Landschaft bestimmt sei. Die frische Morgenluft wehte zum Wagenfenster herein; sie hatte so reichliche Wärme in sich aufgenommen, daß ihre Erquicklichkeit rein genossen werden konnte, und daß man dem Tage mit dem frohen Bewußtsein entgegengehen konnte, Herz und Sinne bis in den Abend hinein laben zu können. Die Weinlese war noch nicht beendet, und den Menschen, welche sich durch die ringserschallenden Glockenrufe in die Dorfkirchen laden ließen, sah man an, daß sie vergnügliche Wochenarbeit getan hatten. Auch jenseits Lyon, auf der weiten, ein= tönigeren Ebene, die an die Stelle des gefälligen Hügellandes tritt, blieb der Eindruck still beglückter Heiterkeit derselbe. Selbst die grauen Kieselfelder der Crau, der baum= und wasserlosen Einöde, in welcher Herkules die Lästrygonen besiegt haben soll, und das sumpfige Gelände der Camargue nahmen sich freundlicher aus, als die Abendsonne auch ihnen einen Teil des Lichtes gönnte. Im letzten

Abendstrahl wurde die steile Höhe erreicht, von der die weißen Kalk=
felsen von Marseille und die schäumenden Wogen sichtbar werden,
mit denen das goldüberglänzte Meer diese gesegnete Küste umspült.
Sollte einmal in der Fremde gelebt und gestorben werden, so ließ
die Last des Lebens sich hier, im Angesicht „der Sonne, der Mutter
der Freuden", leichter ertragen als in der trüben nordischen Welt.
Menschen und menschliche Beziehungen, die das Herz warm machen
und den Tag durch Wechsel der Gestalten beleben, mußten in der
Mitte eines anders gearteten Volkes freilich entbehrt werden, und von
des Lebens holdem Überfluß drang in diese engumgrenzte Welt
nicht mehr, als sich bei Heller und Pfennig mit Geld aufwiegen ließ.
Immer neues Glück aber bot unter diesem milden Himmelsstrich die
Natur, deren Zauber in allen Jahreszeiten der nämliche blieb, deren
liebevolle Hand dem Menschen niemals die Tür vor der Nase zu=
schlug, in deren Schoße sich zu allen Zeiten friedlich schaffen, denken
und träumen ließ. So durfte ich mit Befriedigung zu der abend=
lich vergoldeten Höhe der Notre=Dame de la Garde hinübersehen,
hinter welcher unser bescheidenes Landhaus verborgen lag.

Es war Nacht geworden, bevor ich den Chemin du Fada und das
Pförtchen erreicht hatte, an welchem Frau und Tochter meiner
harrten, um mich durch die Myrten= und Lorbeerbüsche des Gartens
in das rosenumrankte Haus zu führen. Hier aber harrte eine über=
raschung, die den Träumen von friedlichem Verlöschen unter ewig=
blauem Himmel ein jähes Ende androhte. Wie ich bereits in Berlin
gehört hatte, war der Stockholmer Posten durch den Tod des
Generalkonsuls von Redlich erledigt worden. Ein Brief unseres dor=
tigen Gesandten Dr. Busch trug mir die Nachfolgerschaft an. Mit
Busch war ich durch vieljährige Bekanntschaft freundschaftlich ver=
bunden, mit seiner liebenswürdigen und gescheiten Frau genau genug
bekannt, um zu wissen, was ich und die Meinen von dem Verkehr
mit diesen vortrefflichen Menschen erwarten durften. Dabei lautete
der eingegangene Brief so herzlich einfach wie immer möglich. Busch
hatte mich dem Auswärtigen Amt vorgeschlagen, weil er annahm,
Gelegenheit zu reicherer Tätigkeit und zum Zusammenwirken mit

alten Freunden würden mir willkommen sein. Von weiterer Verwendung sollte indessen abgesehen werden, wenn ich in Marseille bleiben wolle.

Die auf eine Rangerhöhung beschränkten Vorteile des Stockholmer Postens mit den Unzuträglichkeiten einer Verpflanzung an den 59° n. Br. zu erkaufen, konnten wir, die wir den Norden sattsam kannten, keine Neigung verspüren. Dem Reize, den das Zusammenleben mit der Familie Busch geboten hätte, stand ja die Erwägung gegenüber, daß der Gesandte am schwedischen Hofe jederzeit versetzt werden konnte, und daß ihm, dem Freunde des Südens, eine Versetzung in den Süden unzweifelhaft willkommen sein würde. So genügte eine kurze Familienberatung, damit ich dankend ablehnte und zugleich einen Berliner Freund ersuchte, in diesem Sinne für mich tätig zu sein. Von beiden Seiten wurde mir geantwortet, daß eine Versetzung wenig wahrscheinlich sei, daß andere Bewerber sich gemeldet hätten und daß mein Verbleib in Marseille für feststehend angesehen werden dürfe. Damit schien die Sache abgemacht zu sein, und ihrer weiter zu gedenken, hatte ich um so weniger Grund, als es an Arbeiten und Aufgaben lokaler Natur nicht fehlte. Zunächst mußte eine amtliche Reise nach Cette unternommen werden, wo es die Errichtung eines Vizekonsulats galt. Die Reise über Montpellier, die Bekanntschaft mit den mittelalterlichen Kirchen- und Universitätsbauten dieser weiland berühmten Hochschule und der Einblick in das Treiben der rings von weinbelaubten Kalkbergen umgebenen kleinen Lagunenstadt Cette boten mannigfaches Interesse, meinen Zweck vermochte ich indessen nicht zu erreichen. Anders wie gegen reichliches Entgelt wollte niemand die „gefährliche" Ehre übernehmen, die verhaßten Prussiens zu vertreten. Da Gehaltszahlungen an Honorarkonsuln durch unser Reglement ausgeschlossen sind, mußte die Sache aufgegeben werden. „Die Leute haben nicht so ganz unrecht", sagte mir der freundliche österreichische Konsul (ein seit dreißig Jahren am Etang de Thau angesessener Weinhändler aus Frankfurt), als ich ihm klagte, die von mir aufgesuchten Personen hätten unter Berufung darauf abgelehnt, daß sie keine Neigung

verspürten, bei nächster Gelegenheit — d. h. im Falle von Kriegs=
gerüchten — in den Kanal geworfen zu werden. In diesem vom
Kriege unberührt gebliebenen Teile Frankreichs war der Chauvinis=
mus erst Mode geworden, als er sich im Osten und Norden des
Landes zu überleben begann. In Cette kamen außerdem die Heiß=
blütigkeit der vielfach mit spanischen Elementen versetzten Arbeiter=
bevölkerung und die Enge der Kleinstadt in Betracht, innerhalb
deren die Einzelnen sichtbare Stellungen einnahmen. Zudem ging
das Weingeschäft schlecht und zeigten die auf die Erträge desselben
angewiesenen Faßbinder und Hafenarbeiter bereits seit Jahr und
Tag unbotmäßige Launen. — Die nämliche Erfahrung machte ich
wenig später in Port le Bone, einem Hafennest, wo eine alte Dame
namens ihres abwesenden Sohnes unsere Geschäfte besorgte, in=
dessen die Männer des Ortes Vorsicht für den besseren Teil der
Tapferkeit ansahen.

Der Winter 1891/92 war von besonderer Schönheit und Milde.
Man hätte meinen sollen, die Natur wolle die Unbilden ausgleichen,
welche sie der gegen Eis und Kälte wehrlosen Hauptstadt des fran=
zösischen Südens während des vorhergegangenen Jahres zugefügt
hatte. Eine volle Woche hindurch war damals die Januartemperatur
auf 6° unter Null, ja vorübergehend auf 10° gesunken, und dadurch
ein Zustand hervorgerufen worden, wie man ihn seit fünfzehn und
mehr Jahren nicht erlebt haben wollte: Omnibusse und Tramways
waren in Stillstand geraten, weil es den Kutschern an warmen
Kleidern, den Pferden an scharfen Hufstollen gebrach und weil die
eis= und schneebedeckten Gleise mangels der gehörigen Werkzeuge
nicht hätten freigehalten werden können. Gas und Wasser hatten
die Dienste versagt, weil die dicht unter dem Erdboden liegenden
Leitungen eingefroren waren, Arm= und Beinbrüche kamen binnen
einer Woche häufiger vor, als sonst im Verlauf eines Vierteljahres,
und die Schlittschuhläufer auf den Teichen des Park Borely waren
die einzigen Marseiller gewesen, die zu dem bösen Spiel dieser neuen
année terrible gute Mienen gemacht hatten. — Dieses Mal wurde
die Freude an dem blauen Himmel, der milden Luft und dem herr=

lichen Sonnenschein nur auf kurze Zeit gestört. Die Mittagsstunden
konnten regelmäßig im Garten verbracht, Rosen und Astern noch
zu Ende des Dezember gepflückt, Frühlingsempfindungen schon alsbald nach Beginn des neuen Jahres gepflegt werden. Am Weihnachtstage habe ich die Ode „Persicos odi puer apparatus" in
einer Rosenlaube gelesen, deren Ranken so reich geschmückt waren,
daß der Dichter nicht nötig gehabt hätte, seinem Tafeldecker das
>„Mitte sectari, rosa quo locorum
>Sera moretur"
zuzurufen.

„Berlin=Wien=Rom."

Wenn ich die Reize dieses letzten mir im Lande der Sonne ge=
gönnten Winters nicht so voll auskostete, wie möglich und
ratsam gewesen wäre, so lag die Schuld lediglich an mir. Die von
bornierter Einseitigkeit und Voreingenommenheit strotzende Feind=
seligkeit, mit welcher der größere Teil der deutschen Presse auf
den Reichskanzler und den sogenannten neuen Kurs losschlug,
wurde von Tag zu Tag unerträglicher. Als ob der Rücktritt Bis=
marcks Schuld seines Nachfolgers gewesen wäre und als ob die Wir=
kungen, welche dieses Ereignis unter allen Umständen hätte üben
müssen, absichtlich herbeigeführt worden wären, fiel man über den
Grafen Caprivi wie über einen Missetäter her und wiederholte nun die
haßatmenden Angriffe der „Hamburger Nachrichten" in tausend=
fachem Widerhall. Loyalismus und Kultus der Dynastie, wie sie
seitdem Mode geworden sind, hatte ich niemals zu produzieren ver=
mocht: gerade darum regte die Frechheit, mit welcher die Nation
in die Wahl zwischen Kaiser und Ex=Kanzler getrieben werden sollte,
mein monarchisches Gefühl bis in die tiefsten Tiefen auf. Ein Volk,
das Anspruch auf politische Mündigkeit erhob, mußte die geschehenen
und einmal unwiderruflich gewordenen Dinge nach anderen Gesichts=
punkten beurteilen können, als der ab irato urteilende alte Herr
im Sachsenwalde tat. Weil der eine, der den Weg vom tarpejischen
Felsen zum Kapitol genommen hatte, nicht mehr regierte, durfte doch
nicht alles Regieren unmöglich gemacht — nicht so getan werden,

als vermöge das Deutsche Reich seinen großen Begründer nur um Stunden und Tage zu überleben. Was war denn geschehen, um das Rabengekrächz zu rechtfertigen, das von der Elbe bis zum Rhein, von der Ostsee bis hinüber an die bayrischen Alpen erscholl? Die letzte von Bismarcks großen Schöpfungen, die Tripel=Allianz, war nicht nur erneuert, sondern auf festere und breitere als die bisherige Grundlage gestellt und durch ein System von Handels= verträgen eingefriedigt worden, dessen Unentbehrlichkeit alle in Be= tracht kommenden Sachkenner anerkannt hatten. Das Sozialisten= gesetz, dessen Unwirksamkeit für Sehende auf der flachen Hand lag, und dessen siechen Tagen Bismarck selber die Frist nur mühsam hatte verlängern können, war von Caprivi aufgegeben worden, wie es von jedem anderen Staatsmanne hätte aufgegeben werden müssen. Und was die auswärtige Politik anlangte, so stand mindestens das eine fest, daß die in Kronstadt besiegelte Annäherung zwischen Ruß= land und Frankreich von keiner menschlichen Hand, auch nicht von der mächtigen Faust des Fürsten Bismarck, hätte abgewendet werden kön= nen. Durch die Annexion Elsaß=Lothringens politisch indiziert, wäh= rend der Tage des Dreikaiserbundes durch Bismarcks unvergleichlichen, nur ihm möglichen Einfluß aufgehalten, war das Zusammenrücken unserer beiden Nachbarn zur einfachen question de date geworden, seit der „ehrliche Makler" von 1878 Rußlands unverhohlene Feindschaft mangels eines anderen Courtage=Lohns hatte einheimsen und zu der Allianz mit Österreich schreiten müssen. Was von dem „Turm" russisch=preußischer Intimität übrigblieb, war seit der Thron= besteigung Alexanders III. so schwer erschüttert worden, daß es über Nacht einstürzen konnte, auf solchen Einsturz aber war von fran= zösischer Seite seit nahezu zehn Jahren unermüdlich hingearbeitet worden. Sieben Jahre lang hatte ich unter Franzosen gelebt, wäh= rend der Hälfte dieser Zeit mit politischen Männern von Einfluß und Gewicht vielfach verkehrt und die Fortschritte des in Frank= reich grassierenden Russenkultus von einer Station zur anderen ver= folgt. Von der seit dem Tode Alexanders II. in den Vordergrund der russischen Szene gedrungenen Moskauer Nationalpartei wußte jeder Zeitungsleser, daß sie seit zwanzig und mehr Jahren nicht höher als bei der französischen Allianz schwor, und daß die letzten Bedenken gegen diese seit der Bekehrung des Franzosenfeindes Katkow in Wegfall gekommen waren. Der gesamte Unterschied gegen früher beschränkte sich darauf, daß das längst Erwartete, längst Unabwendbare allenblich eingetreten und daß von Alexander III. in aller Form anerkannt worden war, daß die republikanische Staats= form kein Hindernis für die Erhörung der französischen Liebes= werbung bilde. Was weiter geschehen war, ließ für verschiedene Auf= fassungen, nicht aber für verschiedene Beurteilungen Raum. Man konnte verschiedener Meinung darüber sein, um wieviel Graf Caprivi von Rußland weiter abgerückt sei als sein Vorgänger: daß er dem Veranstalter des Kronstadter Flottenfestes gehalten und zu= geknöpft begegnet war, durfte ihm mindestens da nicht zum Vor= wurf gemacht werden, wo man Bismarcks Wort „Wir laufen niemand nach" zum Gegenstande eines neuen, auf ungezählten Preß= altären gefeierten Kultus gemacht hatte.

Eine Wendung in unserem Verhalten zu Rußland hatte ich schon vor der Erneuerung des Dreibundes konstatieren zu können ge= glaubt, seit Beschluß der Handelsverträge schien sie unzweifelhaft geworden zu sein. Die Verbesserung unserer Beziehungen zu Eng= land; der handelspolitische Abschluß mit den Mächten, die unsere politischen Verbündeten geworden waren; die Heranziehung einer Anzahl benachbarter kleinerer Staaten zu diesem System; die ver= änderte Stellung zu dem Bulgarien Stambulows; die günstige Auf= nahme, die wir den türkischen Zugeständnissen an die bulgarische Kirche zuteil werden ließen, waren einander in kurzen Intervallen gefolgt. Hatten diese Maßnahmen überhaupt einen Sinn, waren sie in dem Zusammenhang ergriffen worden, dessen politische Aktio= nen nicht entbehren dürfen, wenn sie diesen Namen verdienen sollen, so konnte der Sinn nur dieser sein, daß wir unsere Kräfte zusammen= fassen und eine Solidarität westeuropäischer Interessen gegen den von Osten drohenden Ansturm herstellen wollten.

Von dieser Voraussetzung ausgehend und in dem Gefühl, einer

Sache dienen zu müssen, die meinen intimsten Überzeugungen ent=
sprach, schrieb ich dem Leiter der Reichskanzlei, Herrn Göring,
ich bäte um die Erlaubnis zur Veröffentlichung einer Apologie der
Caprivischen Politik. Der leitende Gedanke meines Vorhabens wurde
kurz skizziert und die Ausführung derselben an eine Bedingung ge=
knüpft: ich wollte allein mit dem Reichskanzler zu tun haben
und etwaigen Auseinandersetzungen mit dem Ministerium
und dessen Räten enthoben sein. Was von diesen Herren zu er=
warten sei, wenn Abweichungen von der Schablone in Frage kämen,
wüßte ich zu genau, um weiterer Beweisstücke für Allmacht und
Allwissenheit gewisser Vertreter „unserer bewährten Traditionen"
entbehren zu können. Rascher als ich erwartet hatte, erfolgte die
Antwort. Sie lautete unbedingt zustimmend, versprach Beseitigung
der von mir erwähnten formalen Schwierigkeiten, enthielt aber kein
Wort, das mir zur Orientierung über die Auffassungen des Kanz=
lers hätte dienen können. Eine solche erfolgte auch im weiteren
Laufe der Korrespondenz nicht, obgleich ich wiederholt angedeutet
hatte, daß mir nicht sowohl an dem Dank des leitenden Staats=
mannes, als an der Zustimmung zu dem von mir skizzierten poli=
tischen Programm gelegen sei. So gewann ich völlig freie Hand,
aber keine Sicherheit dafür, daß ich die Absichten Caprivis richtig
verstanden hatte. Entweder hegte der Kanzler ein Vertrauen zu
meinem Urteil, das zu verdienen ich keine Gelegenheit gehabt hatte,
oder er sah von demjenigen Maß von Vorsicht ab, das durch die
Natur der Sache geboten schien.

In sechs Wochen schrieb ich die 17 Bogen starke, im April 1892
bei Duncker und Humblot erschienene Schrift „Berlin—Wien—
Rom" nieder. Eine Wiedergabe des Inhalts dieser „Betrachtun=
gen über den neuen Kurs und die neue europäische Lage"
würde heute keinen Sinn haben und dem Gedächtnis der längst ver=
gessenen Gelegenheitsarbeit schwerlich zugute kommen. Fürst Bis=
marck wurde in derselben nicht nur mit keinem Worte angegriffen,
sondern mit der vollen, ihm gebührenden Verehrung behandelt, der
Name des Kaisers nur einmal, derjenige des Grafen Caprivi so

selten wie möglich genannt, und von allem abgesehen, was als Ver=
herrlichung des Kanzlers hätte gedeutet werden können. Alles Ge=
wicht wurde auf die sachlich=politischen Ausführungen gelegt und dem
ganzen eine eingehende Betrachtung der ethnographischen Verhältnisse
des südöstlichen Europas und ein Abriß der Geschichte des morgen=
ländischen Kirchentums beigegeben. Leitender Gesichtspunkt war die
Behauptung, daß Erhaltung des Gleichgewichts auf der Balkan=
halbinsel und der orientalischen Stellung Österreichs direkte Inter=
essen Deutschlands bildeten. Um dem Verdachte grundsätzlicher
Russenfeindschaft zu begegnen und dem Buche jede unnütze Schärfe
zu nehmen, ließ ich die naheliegende Gelegenheit zur Erörterung des
meinem baltischen Vaterlande bereiteten Loses unbenutzt. Nur die eine
Bemerkung vermochte ich nicht zu unterdrücken, daß der — tatsäch=
lich unbegründete — Argwohn der Russen, Deutschland könne Ver=
anlassung nehmen, sein gutes Verhältnis zu Rußland davon ab=
hängig zu machen, daß seine Landsleute an der Ostsee erträglich be=
handelt würden, — daß dieser Argwohn bei einem Volke erklär=
lich sei, das sich seiner ausländischen Stammesgenossen allezeit
opferwillig angenommen habe! — Zum Erweise dafür, daß von
allem abgesehen wurde, was nach direkter Feindseligkeit, geschweige
denn nach Herausforderung des östlichen Nachbars geschmeckt hätte,
darf ein Satz des Schlußkapitels wörtlich angeführt werden:

„Zweifel daran, daß unsere Wünsche unentwegt auf Erhaltung des
Friedens gerichtet bleiben, sind in St. Petersburg ebensowenig mög=
lich geblieben, wie Zweifel an der Festigkeit unseres Entschlusses, das
Gleichgewicht auf der Balkanhalbinsel als eminent deutsches Inter=
esse zu behandeln" (a. a. O. S. 208).

Inmitten der Arbeit an meiner Schrift wurde ich von einem
Brief des Baron Holstein überrascht, der mir zu der bevor=
stehenden Versetzung auf den Stockholmer Posten Glück wünschte.
Da es aussah, als ob diese „Beförderung" Holsteins eigenes Werk
gewesen sei, blieb nichts übrig als dankend anzunehmen und das
weitere abzuwarten. Die Wartezeit ging erst im April zu Ende;
tags nachdem ich mein Manuskript der Post übergeben hatte, wurde

mir meine Ernennung telegraphisch und mit dem Hinzufügen be=
kanntgegeben, daß ich auf möglichst beschleunigte Übersiedlung Be=
dacht zu nehmen hätte. Noch vor Ende des April waren wir reise=
fertig: der Abschied konnte kein allzu schwerer sein, wo wir nur einen
befreundeten Menschen, den Kanzler Lehnhardt, zurückließen.
Vielleicht weil sie die letzten Wochen sich selbst und mir durch klein=
liche Zänkereien vergällt hatten, erwies die Kolonie mir die Ehre eines
kleinen Abschiedsfestes, an welchem zu meiner Freude auch der
würdige Pfarrer Gujer teilnahm. Dann ging es in eiliger Fahrt
entlang der in Frühlingspracht prangenden Riviera über Genua nach
Mailand und Verona, und von dort auf der schneebedeckten Brenner=
straße nach München. Meine Familie, die den Sommer in Deutsch=
land verbringen sollte, hatte ich zurückgelassen. Längerer Aufenthalt
wurde allein in Berlin genommen, wo ich gleichzeitig mit den ersten
Exemplaren meines neuen Buches eintraf. Graf Caprivi war ab=
wesend, Herr Göring aber sprach mir bei Überreichung eines aus=
führlichen Dankschreibens seines befreundeten Chefs eine Anerken=
nung aus, die mich überraschte. Auf eine so umfassende, von so
vollständiger Beherrschung des Stoffes zeugende und in großem
Stil gehaltene Arbeit, sollte Graf Caprivi nicht gerechnet haben,
da ich ja nur eine Broschüre und kein Buch versprochen hätte usw.
In gewisser Rücksicht übertrafen auch die Urteile der Presse meine
Erwartung. Volle Zustimmung fand ich allerdings nur bei den
Wiener Zeitungen und bei einzelnen Berliner Freunden, deren Urteil
mir von Wert war. Mit dem Geständnis, daß ein ernsthaftes, die
Tagesliteratur überragendes Werk vorliege, hielten aber auch die
neutralen und die gegnerischen Preßorgane nicht zurück; der buch=
händlerische Erfolg war bereits nach wenigen Tagen entschieden ge=
wesen. An alledem war mir indessen wenig gelegen, solange ich nicht
wußte, wie das Auswärtige Amt sich zur Sache stellen würde. „Aus=
wärtiges Amt" hieß in diesem, wie in zahlreichen anderen Fällen —
Herr von Holstein. Sicherheiten dafür, daß meine Auffassung der=
jenigen der verantwortlichen Leiter unserer Politik entsprach, ver=
mochten mir weder Caprivis Anerkennungsworte, noch Görings

Äußerungen darüber zu gewähren, daß der Kanzler sich über den „Scharfblick" gewundert habe, mit welchem ich — der Unein= geweihte — den verborgensten Wendungen seiner Politik gefolgt sei. Von dem inneren Getriebe unserer diplomatischen Maschine und von der Bedeutung der verschiedenen Maschinisten wußte ich denn doch zuviel, als daß ich hätte beruhigt sein können, solange das Votum des eigentlichen Werkmeisters nicht vorlag.

Holstein empfing mich liebenswürdiger denn je, fragte mich, ob ich nicht Neigung hätte, statt des Stockholmer Postens das in= zwischen vakant gewordene, politisch interessantere Konsulat in Chri= stiania zu übernehmen, und ging sodann zu einem der merkwürdigsten politischen Gespräche über, die ich mit dem merkwürdigen Manne geführt habe. Meine Schrift wollte er eben erst erhalten und nur die Einleitung gelesen haben, die erste seiner an mich gerichteten Fragen bewies mir indessen, daß er über den springenden Punkt unterrichtet sei. „Sagen Sie mir aufrichtig," begann er, „sind Sie nicht von Hause aus der Meinung gewesen, daß unsere Friedens= vermittlung von 1878 kein glücklicher Griff gewesen sei und daß unsere Interessen bei derselben nichts gewinnen konnten?" Meine erste Empfindung war, der Teilnehmer an dem „berühmten", in Wort und Schrift gefeierten Berliner Kongreß wolle mich mit dieser weitgreifenden Frage zum besten haben. Ich ließ mir indessen nichts merken, sondern gab zur Antwort, über Dinge, die allein von Eingeweihten richtig beurteilt werden könnten, könne ein Ex= traneus nicht wohl mit reden. Gedanken stünden dagegen jedermann frei, und was die meinigen anlange, so müsse ich frei heraussagen, daß dieser Kongreß mir vom ersten bis zum letzten Tage unverständ= lich gewesen und geblieben sei. „Welches Interesse konnten wir daran haben, Rußland aus einer Verlegenheit zu helfen, die uns zum Vorteil und niemals zum Nachteil gereichen konnte? Wie konnte ausbleiben, daß die Rußland abgerungenen Zugeständnisse uns — den Vermittlern — auf die Rechnung gesetzt wurden? Welchen Grund konnten wir haben, den Russen über ihren wahren Vorteil einen Wein einzuschenken, von dem nicht zweifelhaft war, daß er schlecht schmecke." Wesentlich um diese drei, niemals beantworteten Fragen drehten sich die Ausführungen, die ich als unmaßliche Meinung vortrug. Mit einem „Sie könnten recht haben, ähnliche Gedanken haben auch mich zuweilen beschäftigt" ging Holstein zu Einzelpunkten der damaligen Orientlage und der Entwicklung kirchenpolitischer Streitfragen über, von denen er annahm, daß sie mir genauer bekannt seien. Dann wurde das Gesprächsthema geändert. In der ihm eigentümlichen prägnanten Weise erörterte mein Interlokutor die Verhältnisse des Landes, in welchem ich künftig leben würde, die zunehmende Bedrohlichkeit des norwegisch=schwedischen Unionsstreites und die hohe kommerzielle Bedeutung, welche die skandinavischen Länder für Handel und Industrie Deutschlands hätten usw. — Wenig später empfahl ich mich, um alsbald die Reise nach Norden fortzusetzen.

Auf die unbeantwortete Frage, die mich nach wie vor lebhaft beschäftigte, erfolgte die Antwort, noch bevor ich meinen Bestimmungsort erreicht hatte. Bei einem Besuch, den ich während eines kurzen Aufenthaltes in Hamburg dem mir seit vielen Jahren befreundeten Direktor der Neuen Börsenhalle und Leiter des Hamburgischen Korrespondenten Franz Rosatzin machte, teilte dieser mir mit, Herr von Holstein habe ihn soeben auf telephonischem Wege um den Abdruck einer Notiz ersucht, welche jede Beziehung des Auswärtigen Amtes zu dem Buche „Berlin—Wien—Rom" in Abrede stellte und den rein privaten Charakter desselben hervorhob. Während der folgenden Tage machte dieses Desaveu die Runde durch die gesamte europäische Presse und ich hatte Zeit zu Betrachtungen darüber, daß es Leute gebe, die die Caprivische Politik genauer kannten und anders beurteilten als Caprivi selbst. Die Unterlassung orientierender Mitteilungen an mich hatte sich gestraft, und zwar an mir gestraft, der solche Orientierung rechtzeitig erbeten hatte. Daß die „Hamburger Nachrichten" nicht unterließen, in einer ganzen Anzahl polemischer Artikel über das „Eckardtsche Buch" herzufallen und den Verfasser als einen „mauvais coucheur" zu bezeichnen, der Deutschland und Rußland „wie zwei Fleischerhunde auf=

einander hetzen wolle", erfuhr ich unmittelbar nach meinem Ein=
treffen in Stockholm. Busch, der sich als langjähriger Vertrauter
des Fürsten Bismarck auf dessen Ausdrucksweise genau verstand, war
keinen Augenblick darüber im Zweifel, daß die gewichtigsten dieser
Angriffe nicht bestellte, sondern selbstgemachte Arbeit seien. Daß die
von mir entwickelten Anschauungen nicht als Phantastereien, sondern
als Grundlinien eines wirklichen Programms behandelt und dem=
gemäß einer ernsthaften Widerlegung unterzogen waren, hätte mir
zur Befriedigung gereichen können, wenn ich einer solchen bedürftig
oder zugänglich gewesen wäre.

Generalkonsul in Stockholm.

Marseille hatte ich in vollem Frühlingsglanze verlassen, Stock=
holm fand ich in hellem Winter vor. Trübe und neblig sah die
Landschaft auf mich herab, als ich am Vormittage des 13. Mai 1892
den berühmten „Scheerengarten" passiert hatte, um im Hafen der
schwedischen Hauptstadt an Land zu gehen. Busch empfing mich im
Winterüberrock, die umliegenden Höhen schauten kalt und verdrossen
drein, kaum daß einzelne Büsche des Kungsträd=garden schüchtern
grüne Blätterspitzen hervorzustecken wagten. Im übrigen stellten
die ersten Eindrücke sich hier freundlicher dar, als an den meisten
früher passierten Stationen der Lebensreise. Die ersten Wochen wur=
den in dem gastlichen Hause des verehrten Freundes verbracht, von
dem ich sieben Jahre zuvor in der Wilhelmstraße Abschied genommen
hatte, und dessen Gesellschaft täglich an Reiz und Ausgiebigkeit ge=
wann. Am Abende meiner Ankunft nahm ich an einem Rout bei
dem Minister des Auswärtigen Grafen Loewenhaupt teil, die folgen=
den Tage vergingen mit Besuchen und Vorstellungen bei Landes=
autoritäten, Kollegen und Mitgliedern des diplomatischen Korps. Daß
aus dem Verkehr mit den letzteren keine Seide zu spinnen sein
würde, begriff ich, auch bevor es mir gesagt wurde; daß die schwe=
dische Gesellschaft Ausländern gegenüber möglichste Zurückhaltung
beobachte, erfuhr ich durch Busch, der seit vier Jahren Land und
Leute studiert hatte.

Anspruch auf Bedeutung erhoben von Busch diplomatischen Kol=
legen nur zwei, der russische Gesandte Sinowjew und der Fran=
zose Millet. Millet war als Journalist heraufgekommen und ver=
band die Qualitäten des Schönredens und Vielschreibens mit den=
jenigen eines Mannes von vollendeter Taktlosigkeit, Eigenschaften,
die dieser Herr nach seiner Ernennung zum Generalresidenten in
Tunis noch reichlicher bewährt haben soll als während seiner Stock=
holmer Jahre. Eine der glänzendsten Leistungen dieser Art fiel in
die ersten Monate meines Aufenthaltes am Mälarsee: als zur Feier
des Besuchs einer französischen Eskader die Marseillaise gespielt
wurde, erinnerte der republikanische Staatsmann den König Oskar
daran, daß Sr. Majestät Großvater die berühmte Hymne seinerzeit
„als Sergeant" mitgesungen habe. Urteil und Landeskenntnis besaß
von den damaligen Mitgliedern der französischen Gesandtschaft allein
der Attaché Marquis de Torcy, dem ich bei unserem Legationssekre=
tär, dem Grafen Edmund Linden, wiederholt begegnete. Für einen
Mann von staatsmännischer Erfahrung und Einsicht konnte Sinow=
jew gelten, der als Gesandter in Persien und als Leiter der wichtigsten
Abteilung des St. Petersburger Auswärtigen Amtes (des sogenann=
ten Asiatischen Departements) seinen Weg gemacht hatte. Rußland,
dessen Diplomatie sich immerdar durch Planmäßigkeit des Vor=
gehens ausgezeichnet hat, ist in Stockholm von alters her angemessen
vertreten gewesen: zur Zeit König Karl Johanns durch den General
Suchtelen, einen in russische Dienste getretenen Holländer, der
die Traditionen der russisch=skandinavischen Politik begründet hat,
später durch Herrn von Giers, den Nachfolger Gortschakows, und
sodann durch dessen vieljährigen Gehülfen Schischkin. Mit meinen
Antezedenzien waren die russischen Herren zu genau bekannt, als
daß ich nicht Grund gehabt hätte, ihnen aus dem Wege zu gehen.
An Höflichkeit ließen sie es nicht fehlen, und wenn man zusammen=
traf, ging der Unterhaltungsstoff niemals aus. Bereits in den ersten
Tagen nach meiner Ankunft lud mich der russische Kollege Kammer=
herr Kudrawzew, ein liebenswürdiger Herr von der alten, aus=
schließlich französisch redenden Schule zu einem Mittagessen ein, an

welchem mehrere Glieder der russischen Gesandtschaft teilnahmen. Wir sprachen russisch, erörterten die Herrlichkeiten „unserer" vaterländischen Literatur und verbrachten einen recht vergnügten Abend. Eines der Mitglieder der Legation war nicht von der Partie, der zweite Sekretär Fürst Murusi, „un homme de cor et de cri", der die schwarze Wäsche der russisch-skandinavischen Politik besorgte, bei dem Handstreich gegen den unglücklichen Battenberger eine ominöse Rolle gespielt hatte, und der Wirtshäuser „mit und ohne Damenbedienung" jeder anderen Gesellschaft vorzog. Murusis bedurfte es um so weniger, als sich der erste Sekretär, Herr Sergejew, kaiserlicher Kammerjunker und Schwiegersohn des Finanzministers Wyschnegradski, auf Repräsentation und Geschäftsführung gleich gut verstand.

Von der schwedischen Hofgesellschaft habe ich damals wie später nicht mehr gesehen, als durch meine amtliche Stellung bedingt war. Der jährliche Hofball und gelegentliche Ladungen zur königlichen Tafel boten zu zahlreichen Bekanntschaften Gelegenheit, die sich unveränderlich in den nämlichen Formen bewegten. Der Mehrzahl schwedischer Damen und Herren war die Unterhaltung in fremden Sprachen geläufig, aber nicht bequem genug, damit sie dieselbe aufsuchten, und des Schwedischen habe ich mich nicht zu bemächtigen gewußt. Dem Könige, der den Sommer auf Reisen zubrachte, wurde ich erst später vorgestellt, der Kronprinz weilte bei seiner oft kranken, zumeist im Auslande lebenden Gemahlin; den jüngeren Prinzen konnte man um so häufiger begegnen, da sie sich mit der Anspruchslosigkeit von Privatleuten bewegten. Die Königin war niemals, auch nicht auf den offiziellen Bällen und bei den Empfängen sichtbar, da sie ihrer Kränklichkeit wegen in völliger Zurückgezogenheit lebte. Auf den offiziellen Diners war das weibliche Element, wenn überhaupt, nicht anders als durch drei Hof- und Staatsdamen vertreten, die schon der schwarzen Hoftracht wegen lebhaft an die drei Begleiterinnen der „Königin der Nacht" erinnerten. — Seinerzeit hatte diesem Kleeblatte auch Fräulein Ebba Munck angehört, die Gemahlin des dritten Sohnes Sr. Majestät,

des Prinzen Oskar, der seit dieser Heirat den Namen Bernadotte
angenommen und den Privilegien seiner Geburt entsagt hatte.
Diesem Fürsten, der für das unbegabteste Glied der Familie galt,
bin ich häufig und ausführlich begegnet. Ich halte ihn für einen der
gescheitesten Leute, die mir jemals vorgekommen sind. Denn was
könnte ein nachgeborener, mäßig begabter Prinz Gescheiteres tun,
als unter Verzicht auf Sukzessionsrechte von bloß imaginärer Bedeutung, in die Stellung eines Privatmannes treten, die Frau
seiner Wahl heiraten und ein glücklicher Ehemann und Vater
werden! Der Prinz bekleidete die Stellung eines Kommandeur-Kapitäns der königlichen Flotte, erfreute sich allgemeiner Achtung und
der besonderen Liebe seiner königlichen Mutter, die mit Frau Ebba
durch eigentümlich gefärbte, aber aufrichtig und tief empfundene religiöse Überzeugungen eng verbunden war. Zum Verdruß des steifleinenen schwedischen Staatskirchentums machten die Königin und
die Bernadotteschen Herrschaften aus ihrer Hinneigung zu den sog.
„Läsare" (pietistischen Sektierern) so wenig Hehl, daß in dem prinzlichen Hause Andachtsversammlungen abgehalten wurden, an denen
Personen der verschiedensten außerkirchlichen Gemeinschaften teilnahmen. Daß die Erstarrung des offiziellen Kirchentums der schwedischen Neigung zu Sektenbildungen weitgehenden Vorschub geleistet
hat, ist bekannt. Männer der höchsten Lebensstellungen zählten zu
den „Läsare", u. a. der Kriegsminister Baron Rappe, der für einen
vorzüglichen Militär galt und den ich als feinen und liebenswürdigen
Herrn kennengelernt hatte. Daß ein Kriegsminister und Generalleutnant in seinem Hause Andachtsstunden hielt, daß er Sonntags
Arme und Gefangene besuchte, und seine Tochter an einen bescheidenen Pfarrer des Norrlandes verheiratete, würde anderswo für „unmöglich" gegolten haben. In Schweden war man vorurteilslos und
unbefangen genug, um dem Berater der Krone die nämliche Freiheit in religiösen Dingen zu gönnen, deren der Privatmann sich
erfreute. Beiläufig bemerkt waren Graf Loewenhaupt und Rappe die
einzigen Minister, die fertig genug französisch konnten, um die diplomatische Gesellschaft zu besuchen und mit Ausländern zu verkehren.

Daß ich diese Verhältnisse erst im Laufe der Zeit und nicht unmittelbar nach meinem Eintreffen kennen lernte, versteht sich von
selbst. Während der ersten Wochen des Stockholmer Aufenthalts
durfte ich als Gast des Buschschen Hauses jede freie Stunde im
Schoße der Familie und im Austausch mit Menschen verbringen,
die mir jeden anderweiten Verkehr entbehrlich erscheinen ließen. Was
es damit auf sich hat, unter gleichgestimmten Volksgenossen zu leben,
weiß freilich nur, wer sich jahrelang unter gleichgültigen Fremden
herumgestoßen und die leidige Gewohnheit angenommen hat, nirgend
warm zu werden und alles mit kritischen Augen anzusehen. An den
offiziellen Charakter des Buschschen Hauses wurde man nur bei
den entsprechenden Gelegenheiten erinnert. Nach erfüllter Amtspflicht lebte Busch vornehmlich seinem Hause. Der frühere Dozent und
vorzügliche Kenner der Alten ließ sich's nicht nehmen, seinen heranwachsenden ältesten Sohn selbst zu unterrichten. Von besonderem
Interesse wurden mir die regelmäßigen größeren Spaziergänge, die
Busch seiner Gesundheit wegen unternahm, und auf welchen ich ihn
begleiten durfte, um Gedanken über Heimat und Fremde, Orient
und Okzident, politische und gesellschaftliche Dinge zwanglos auszutauschen. Der Natur der Sache nach spielten Erörterungen über
Schweden dabei eine wesentliche Rolle. Was Busch über das Land
und dessen Bewohner sagte, habe ich während mehrjähriger eigener
Beobachtung so vollauf bestätigt gefunden, daß die Summe dieser
Wahrnehmungen schon hier gezogen werden darf.

Schweden bietet einen redenden Beleg dafür, daß ein durch
Menschenalter fortgesetzter Friedenszustand schließlich erschlaffend,
um nicht zu sagen, entsittlichend wirkt, und daß der vielgescholtene
und unzweifelhaft von schweren Mißständen begleitete Militarismus
in unseren Tagen ein unentbehrliches Gegengewicht gegen den Industrialismus bildet. Das Volk, dessen Kriegstüchtigkeit einst die
Bewunderung Europas bildete und das noch heute an reckenhaften
Gestalten reicher ist als irgend ein anderes — dieses Volk hat aufgehört eine waffenfrohe und politische Nation zu sein. Was Schweden
an Talent und Leistungsfähigkeit besitzt, wendet sich fast ausschließlich

industriellen, technischen und naturwissenschaftlichen Interessen zu.
Die historisch-politischen und die militärischen Wissenschaften müssen
sich mit der zweiten Stelle begnügen, in welche eine vorherrschend
gewordene banausische Denkungsart sie herabgedrückt hat. Auf die
idealen Mächte des Lebens besinnt das moderne Schwedentum sich in
der Regel nur, wenn sie zu dem Kultus der nationalen Eitelkeit
in Beziehung gebracht werden können. Der Staat als solcher kommt
für den Schweden eigentlich nur so weit in Betracht, wie er dazu
beiträgt, Erwerb und Behagen der Bürger zu erhöhen. Aller Schichten
der Gesellschaft hat sich während der letzten Jahre eine Tendenz
zu anstrengungslosem Erwerb und zu leichtem Genuß bemächtigt,
welche dem Leben der hochbegabten, in ihrem Kern tüchtig gebliebenen
Nation den Charakter der Trivialität aufzuprägen droht. Wo immer
die Gelegenheit zur Teilnahme an gewinnbringenden Unternehmungen
geboten wird, greifen Gelehrte und Künstler, Militärs und Beamte
heißhungrig zu. Materialismus und Begehrlichkeit drängen so unaufhaltsam vor, daß die alten Traditionen des Landes zurückgedrängt werden, und daß ein Zustand demokratischer Verseuchung
nächstens der herrschende geworden sein wird. Gesellschaftlich so
anspruchsvoll wie immer möglich, hat der Adel politisch längst abgedankt. Die sogenannte Freiheitszeit (die durch die Kämpfe der
Mützen und Hüte berüchtigt gewordene Periode des Adelsregiments)
hat diesen Stand wirtschaftlich und politisch ruiniert: wirtschaftlich,
weil der Schacher mit parlamentarischen Einflüssen einträglich genug
war, um die Gewohnheiten unsinniger Verschwendung großzuziehen,
politisch, weil Bürger und Bauern ein für allemal darüber belehrt wurden, daß das „noblesse oblige" in ihrem Lande zur leeren
Phrase geworden sei. Die Einführung der neuen, mit einer großen
Zahl nachahmungswürdiger Institutionen ausgestatteten Verfassung
von 1861 hat Bürger und Bauern zu Herren des Landes gemacht.
Der übriggebliebenen Großgrundbesitzer sind zu wenig, als daß
ihr Stand eine Rolle zu spielen vermöchte. Der Edelmann muß
Offizier oder Beamter werden, wenn er fortkommen will; sieht er
es auf eine parlamentarische oder politische Stellung ab, so bleibt

ihm nur übrig, bei einer der bürgerlichen oder bäuerlichen Parteien Unterkunft zu suchen. Das Weitere versteht sich — sozusagen — von selbst. Wie in der Existenz der einzelnen Schweden die idealen Interessen hinter den handgreiflichen zurücktreten, so prävalieren im parlamentarischen Leben die wirtschaftlichen Dinge vor den staatlichen. Zollschutz für das mächtig emporstrebende Großgewerbe, Förderung des Erwerbslebens und Erleichterung des Verkehrs bilden die Hauptfragen des städtischen Parlamentariers, indessen dem Bauer an Verminderung der Staatsaufgaben, Popularisierung der Bildungsmittel und an Ausschluß fremdländischer Landwirtschaftsprodukte vornehmlich gelegen ist. Stolz auf seine uralte Freiheit und den nahezu ebenso alten Besitz politischer Rechte hat der schwedische Bauernstand Vorzüge aufzuweisen, die beneidenswert genannt werden können. Gewöhnt, seine Angelegenheiten selbst zu besorgen, ist dieses Bauerntum in dem heutigen Parlamente noch einflußreicher, als weiland unter dem Dache der vierfach gegliederten ständischen Verfassung. Die ländlichen Bezirke wählen fast ausnahmslos bäuerliche Reichstagsvertreter, Männer, die an Einsicht, Fleiß und parlamentarischer Gewandtheit ihren städtischen Kollegen durchaus ebenbürtig sind. Daß Ton und Arbeitsmethode der schwedischen Volksvertretung für mustergültig gelten können, ist großenteils Verdienst der bäuerlichen Reichstagsmänner. In keinem anderen europäischen Parlamente wird so verständig und gewissenhaft mit der Zeit hausgehalten, in keinem so ernsthaft und sachlich verhandelt, so wenig provoziert und demonstriert, wie in dem schwedischen. Aus ihrer Haut vermögen die beiden mächtigen „Landmannsparteien" der zweiten Kammer indessen nicht herauszukommen. Für Wohlfahrts=, Bildungs= und Unterrichtszwecke geben sie die Mittel reichlich her, wenn und soweit die bürgerlichen Veranstaltungen dem Bauer und dem Kleinbürger zugute kommen, was darüber hinausgeht, gilt für überflüssig und entbehrlich. Sobald Aufwendungen zur Erhöhung der Wehrkraft oder Förderung künstlerischer und wissenschaftlicher Interessen in Frage kommen, wird die Hand auf den Beutel gelegt; höchstens daß man zugunsten technologischer oder

naturwissenschaftlicher Unternehmungen eine Ausnahme macht. Die
Formeln dafür sind im voraus fertig: „Wir leben im Frieden und
wollen im Frieden bleiben — darum sind zahlreichere Soldaten und
neue Schiffe ebenso überflüssig wie verlängerte Dienstzeit." —
„Künste und Wissenschaften mögen von denjenigen unterstützt werden, die von ihnen Genuß und Nutzen haben", lautet die einfache
Staatsweisheit dieser bäuerlichen Gesetzgeber. Einige, wenn auch
nur bedingte Unterstützung findet die „Landmannspolitik" bei den
Vertretern des großstädtischen Radikalismus. Gelegenheiten zur Beschneidung des Kriegs- und Marineetats lassen diese — bis jetzt
wenig zahlreichen — Politiker allerneuster Schule niemals unbenutzt,
weil sie rücksichtlich dieser Punkte eines gewissen Rückhalts an der
öffentlichen Meinung sicher sein können. Ist das schwedische Bürgertum gleich zu besonnen, um zu Experimenten mit dem allgemeinen
Stimmrecht und sonstigen Velleitäten des Radikalismus die Hand
zu bieten, so läßt es sich doch außerordentlich gern gefallen, daß
Staat und staatliche Machtmittel in möglichst engen Grenzen gehalten werden, und daß alles vermieden wird, was Schweden in die
Versuchung führen könnte, an den großen europäischen Händeln
teilzunehmen. Was mit der landläufigen Phrase „Schweden für
die Schweden" eigentlich gemeint ist, erhellt indessen erst aus der
Betrachtung zweier Erscheinungen neuschwedischer Entwicklung, die
für die Signatura Suetica in hohem Grade charakteristisch sind:
der allgemeinen Abneigung gegen Deutschland und deutsches Wesen
(Tyskeri) und der Marklosigkeit, mit welcher der skandinavische
Unionsstreit behandelt wird.

Von der übrigen Welt durch die See und die undurchdringlichen
Einöden der nordischen Grenzmark geschieden, ist der Schwede von
alters her so ausschließlich mit sich selbst beschäftigt gewesen, daß
ihn fremdes Wesen als solches unsympathisch berührt. In dem
Fremden sieht der Eingeborene, der „Sverige", den Ausbeuter, dem
Deutschen aber ist er aus doppelten Gründen besonders abgeneigt.
Der politisch-militärische Aufschwung des neuen Reiches hat den
Skandinavier aus der bequemen Ruhe der Jahre 1815 bis 1870 auf-

gescheucht und ein Element der Unruhe und Gärung in die Welt
gebracht, dem auch Schweden einen gewissen Tribut entrichten mußte.
Ist die geworbene Armee auch nicht erheblich vermehrt worden, so
haben doch für „Indelta“ und „Beväringe“ (Territorialarmee und
Landsturm) Verlängerungen der Dienstzeit Platz gegriffen. Man
hat die Offizierskorps verstärken, die Ausrüstungen verbessern, die
Festungen armieren und neue Kriegsschiffe bauen müssen — lauter
Dinge, die Geld — und zwar sehr viel Geld — gekostet, Unruhe ver=
ursacht und das altväterische Behagen gestört haben. Just in dem
Augenblick, wo das Erwerbsleben neue Bahnen einzuschlagen begann
und die Industrie ihr Haupt erhob, war auf Opfer und Aufwen=
dungen Bedacht zu nehmen, die nicht dem Nutzen der einzelnen,
sondern dem Staate und der Erhöhung der staatlichen Machtmittel
gebracht werden sollten. Dazu war um so weniger Neigung vor=
handen, als dieser Staat es bisher verstanden hatte, mit relativ
beschränkten Mitteln Sicherheit und Ordnung aufrechtzuerhalten,
ohne daß den Staatsbürgern Selbstverwaltung und freie Be=
wegung verkümmert worden wären, und ohne daß sich die Zeit=
krankheiten des Zuvielregierens, der Gesetzemacherei und der
bureaukratischen Allgegenwart eingenistet hätten. Lassen Präzision
und Regelmäßigkeit des öffentlichen Dienstes auch im einzelnen zu
wünschen übrig, so steht doch fest, daß die Staatsmaschine ihren wich=
tigsten Aufgaben durchaus gerecht wird, daß Post=, Telegraphen= und
Eisenbahnwesen musterhaft, die meisten übrigen Verwaltungszweige
anständig und ehrenhaft ihre Pflicht tun, und daß das Problem der
Versöhnung von Ordnung und Freiheit in Schweden glücklicher ge=
löst worden ist als in der Mehrzahl festländischer Staaten. Weil
die Gewohnheiten der Freiheit und Selbstbestimmung uralt sind,
besteht in der Nation ein Sinn für Gesetzlichkeit und öffentliche
gute Sitte, der die höchste Anerkennung verdient. Man gehorcht
bereitwillig, weil nicht mehr als notwendig befohlen wird.

Das an und für sich berechtigte Bestreben, diesen Zustand erhalten
zu sehen, droht indessen zum Hemmschuh der Weiterentwicklung zu
werden, wenn es sich gegen die Übernahme von Staatsaufgaben

sträubt, die unabweisbare, ja vitale Bedingungen der Staatsexistenz
geworden sind. Weil die Entwicklung Deutschlands an diese Auf=
gaben erinnert hat, tut man in Schweden, als seien sie deutsche
Erfindungen, mit denen wir den übrigen Völkern zur Last fielen!
— Für die Masse der Bevölkerung spielt indessen ein anderes
Moment die vornehmere Rolle. Der Deutsche ist ein unbequemer
Konkurrent, weil er mehr arbeitet, genauer haushält und we=
niger trinkt als der Schwede. Als wichtigster und tätigster aller
Importeure (zwei Dritteile der Einfuhr stammen aus Deutschland)
hat der Deutsche außerdem die Untugend, ziemlich regelmäßig der
Gläubiger seines kaufmännischen Geschäftsfreundes in Stockholm,
Malmö usw. zu sein — soweit er Fabrikant ist, der einheimischen
Industrie durch Wettbewerbungen zur Last zu fallen. Dem gemeinen
Manne ist außerdem unliebsam, daß der ihm vorgesetzte Fabrik=
ingenieur, Werkmeister und Vorarbeiter sehr häufig Nicht=Schwede
und in solchem Falle gewöhnlich Deutscher ist. Grazie und gute
Form haben niemals zu unseren Nationaltugenden gezählt, und ge=
rade auf den Besitz dieser Tugenden legt der Schwede außerordent=
liches Gewicht. Er besitzt das Recht dazu, weil ihm natürlicher
Geschmack, Formensinn und äußerer Anstand in sehr viel höherem
Maße verliehen sind als gewissen anderen Leuten. Weil der Schwede
in vielfacher Beziehung Gentleman ist, verlangt er als solcher, min=
destens als freier Mann behandelt und in anderem Tone angeredet
zu werden als in demjenigen, der sich als deutscher „Unteroffiziers=
ton“ auch außerhalb Schwedens Unbeliebtheit erworben hat. —
Danach liegt die Sache so, daß der fremden Elementen grundsätzlich
abgeneigte Schwede den Deutschen besonders perhorresziert, weil er
mit diesem am meisten zu tun, deutschen Einfluß am stärksten zu
empfinden gehabt hat. In dem Bestreben, ihrem Lande nicht nur
die deutschen, sondern alle fremden Elemente nach Kräften fern=
zuhalten, haben sich alle Parteien und alle Klassen des schwedischen
Volkes (etwa die höheren Militärs ausgenommen) seit langem zu=
sammengefunden. Nirgends im außerrussischen Europa hat die Ge=
setzgebung Niederlassung und Geschäftsbetrieb von Ausländern in

so enge Grenzen gepfercht, wie in Schweden. Als Ausländer Grundbesitz zu erwerben, die verantwortliche Leitung einer Aktiengesellschaft
zu übernehmen oder einen der sogenannten freien Berufe auszuüben ist im regelmäßigen Laufe der Dinge ausgeschlossen, die
Begründung selbständiger Handels- und Industriegeschäfte nur
nach Erfüllung komplizierter Bedingungen möglich, die Naturalisation von Einholung der königlichen Genehmigung abhängig; von
der Unentbehrlichkeit dieser Schranken sind Freihändler und Schutzzöllner, Konservative und Liberale gleich fest überzeugt. Einen der
gebildetsten Männer des Landes habe ich behaupten hören, daß die
Vexationen, denen ausländische Geschäftsreisende ausgesetzt sind,
eine Wohltat für „unser Volk" bildeten, das zu harmlos und „unschuldig" sei, um bei Einkäufen und Bestellungen das richtige Maß
beobachten und die Tragweite übernommener Verpflichtungen verstehen zu können.

Daß an diesem (durch den modischen Nationalismus erheblich gesteigerten) Antagonismus gegen fremde Elemente Tatenscheu und
Schwächlichkeit der Staatsgesinnung ihren Anteil haben, geht aus
der Geschichte des skandinavischen Unionsstreites unwidersprechlich
hervor. Das Geheimnis der Sache liegt in der moralischen überlegenheit des übermütigen und törichten, aber straffen und energischen
Norwegertums über das Schwedentum. Die Norweger sind zu
allem, die Schweden zu nichts entschlossen — und sie wissen das.
Darüber, daß Norwegen den Unionsstreit aus geringfügigen Veranlassungen vom Zaune gebrochen und in provozierendster Weise
weitergeführt* hat, besteht natürlich keine Verschiedenheit der Meinungen: nichtsdestoweniger sieht eine große Zahl gebildeter liberaler
und einflußreicher Schweden dem Gebaren des störrischen und händelsüchtigen „Brudervolks" mit kaum verhohlener Bewunderung, ja
mit einer gewissen Andacht zu. „Es sind doch ganze Leute, diese
Norweger, die den stärkeren Nachbar so rücksichtslos und entschlossen
herauszufordern wagen, und wir sind solche Leute — nicht."
über dieses Wesen der Sache durch eine geistreiche Dame (die Oberhofmeisterin von Akerhjelm) bei Gelegenheit des ersten in Stock-

holm geführten Tischgesprächs belehrt, habe ich den ersten Eindruck
durch zahlreiche eigene Beobachtungen bestätigt gefunden. An Männern, die klar sehen und die voraussagen, daß mit Zugeständnissen
und Transaktionen nichts zu erreichen, wohl aber vieles zu verlieren sei, daß die endlose Verschleppung des Handels den schließlichen Ausgang immer schwieriger und aussichtsloser machen werde,
und daß allein derbes Zuschlagen helfen könne — an solchen Männern fehlt es natürlich nicht. Diese „Alt-" oder „Großschweden"
sind indessen in der Minderheit und werden — aller Voraussicht
nach — in der Minderheit bleiben. Auf der Seite der liberalen
Mehrheit steht nicht nur die dirigierende Klasse (das Bürgertum),
sondern der König selbst. König Oskar ist der geistreichste Fürst
und schlagfertigste fürstliche Redner, den ich kennen gelernt habe, dabei ein Herr von königlicher Haltung, der mit Fähigkeiten der verschiedensten Art ausgestattet ist: die Fähigkeit zu mannhaften Entschließungen ist ihm indessen versagt geblieben. Er ist ein moderner,
skeptischer Mensch, der überdies weiß, daß die Wurzeln seiner Dynastie der Stärke entbehren, die allein das Alter zu verleihen vermag. Die vertrautesten seiner Ratgeber gehören dem Lager der liberalen Mehrheit an, welche Frieden und ungestörte Erwerbstätigkeit
um jeden erschwingbaren Preis erhalten zu sehen wünscht. Von
dieser Seite wird unaufhörlich wiederholt, daß man sich hüten müsse,
den Konflikt tragisch zu nehmen, die Dinge schlimmer zu machen, als
sie in Wirklichkeit seien, und vorzeitig an der Möglichkeit einer Verständigung mit Norwegen zu zweifeln. Diese Verständigung werde
nicht ausbleiben, wenn man die Verhandlung in die Länge ziehe,
den Norwegern Zeit zur Abkühlung lasse, und wenn man das norwegische Selbstgefühl zu schonen wisse usw. Nun, „geschont" hat
man denn auch nach Kräften. Auf Rechnung solcher „Schonung" ist
es zu setzen gewesen, daß Schweden die Neugestaltung seines Kriegswesens maskierte, daß der Schein einer Annäherung an die Dreibundsmächte ängstlich gemieden wurde und daß man die guten Beziehungen zu Deutschland, wo immer tunlich, verleugnete. „Norwegen könnte verstimmt werden", hieß es, als der Gedanke einer

gemeinsamen schwedisch-deutschen Feier des Gustav-Adolf-Festes zu=
erst auftauchte, „wenn nur Norwegen nicht auf den Verdacht poli=
tischer Intimitäten gerät", hieß es, als die gemeinsame Feier nicht
mehr vermieden werden konnte (Dezember 1894), Norwegen und
immer wieder Norwegen wurde an die Wand gemalt, sowohl bei
Gelegenheit des Besuchs, den Kaiser Wilhelm dem schwedischen Hof
abstattete, wie später, als die Stockholmer Presse russische Umtriebe
an der Küste des Weißen Meeres und russische Absichten auf den
Waranger Fjord fürchten zu müssen glaubte. Nur wo materielle
Interessen ins Spiel kamen, zeigte Schweden den Mut der Mei=
nung, an welchem es sonst fehlt. In Sachen der Aufkündigung
des sogenannten Zwischenreichsgesetzes und des diesem eingefügten
schwedisch-norwegischen Zolltarifs behielt die protektionistisch-agra=
rische Begehrlichkeit über die Erwägungen der liberalen Schonungs=
politik die Oberhand. Seit Aufkündigung des Zwischenreichsgesetzes
und der Zollkonvention ist man politisch noch zahmer geworden, als
man zuvor gewesen war. Radikalistische Zustimmungen zu den nichts
weniger als unschuldigen Torheiten der Norweger sind allerdings
nur vereinzelt aufgetaucht, Wünsche dafür, „daß wir die Norweger
mit guter Manier los würden", dagegen häufig, wenn auch immer
nur in der Stille geäußert worden. Die Durchschnittsmeinung ge=
tröstet sich nach wie vor der Hoffnung, daß die norwegischen Mode=
raten mit der Zeit wieder die Oberhand gewinnen würden und daß
es einer liberalen schwedischen Regierung möglich sein werde, zu
einem befriedigenden oder (wie die hergebrachte Phrase lautet) „für
beide Teile ehrenvollen" Abschluß zu gelangen. „Kann sein — kann
sein auch nicht." Als feststehend ist anzusehen, daß schwedische Zu=
geständnisse die Segel des norwegischen Radikalismus schwellten
und daß zwischen den „Gemäßigten" der beiden Länder ein kapitaler
Unterschied besteht: kommt es zum Bruch, so werden die norwegischen
Moderaten bis zum letzten Manne auf der Seite ihres Landes stehen.
Was die schwedischen Liberalen in solchem Falle tun werden, weiß
dagegen niemand anzugeben. Die Formel „Lassen wir die Norweger
laufen" braucht nur noch eine Zeitlang wiederholt zu werden, da=

mit sie zur allgemeinen Devise und zum Deckmantel eines Quietis=
mus gemacht wird, der die politische Abdankung Schwedens unter=
schreibt und sich dabei mit der Aussicht tröstet, daß „Fortschritt"
und Industrie ihr Wesen noch ungenierter als früher werden treiben
können.

Die Unaufhaltsamkeit, mit welcher sich der übergang Schwedens
zum Industrialismus vollzieht, wird durch Tatsachen von un=
widersprechlicher Deutlichkeit bescheinigt. Was die Statistik des letzten
Lustrums über Wachstum großindustrieller Anlagen, Zunahme der
Zahl fabrikmäßig beschäftigter Arbeiter und Vermehrung der Groß=
produktion Schwedens angibt, kann jedem Handbuch über politische
Geographie entnommen werden. Mindestens ebenso zahlreich und
beweiskräftig sind die Zeugnisse dafür, daß solcher übergang zum In=
dustrialismus in diesem, erst am Eingang der modernen Entwicklung
stehenden Lande Mißstände hervorzurufen beginnt, wie sie anderswo
erst während späterer Phasen bemerkbar geworden sind: Rückgang
des Kleingewerbes, Entvölkerung des flachen Landes zugunsten der
rapid anwachsenden großen Städte, Verlangsamung des natürlichen
Bevölkerungszuwachses, Abnahme der Ehefrequenz bei gleichzeitiger
Zunahme der Zahl unehelicher Geburten und Zudrang des weiblichen
Geschlechts zu Beschäftigungen, die bisher dem männlichen Geschlechte
vorbehalten gewesen waren. Bestrebungen zur Erweiterung der weib=
lichen Berufssphäre und für „Emanzipation der Frauen" spielen
seit Jahr und Tag in Schweden eine unvergleichlich größere Rolle
als in Deutschland oder Frankreich. Daß die Zahl der an gewerb=
lichen, industriellen und kommerziellen Unternehmungen beschäftigten
Mädchen aus den höheren Gesellschaftsschichten eine sehr erhebliche
ist; daß Töchter hoher und höchster Staatsbeamten und altberühmter
Adelsgeschlechter keinen Anstand nehmen, sich durch übernahme von
Buchhalter=, Kassierer= und Beamtenstellungen Beruf und selb=
ständigen Erwerb zu schaffen; daß die öffentliche Meinung das
Wachstum der weiblichen Studentenschaft der hochliberalen Stock=
holmer Hochschule mit warmem Anteil verfolgt — das alles mag
unter die erfreulichen Zeichen der Zeit gerechnet und als „Fortschritt"

begrüßt werden. Unzweifelhaft haben diese in den Zeitverhältnissen begründeten Erscheinungen sich aber mit Tendenzen der bedenklichsten Art verquickt. In dem Vaterlande der Strindberg und Mittag=Leffler hat nicht ausbleiben können, daß die jungen — und nicht selten auch die alten — Frauenköpfe mit Ideen über Religion, Ehe und Familienleben angefüllt sind, deren Radikalismus allein von ihrer Torheit und Hohlheit noch übertroffen wird. Es ist nicht immer die Not des Lebens, sondern in sehr zahlreichen Fällen der Freiheitstrieb, das Verlangen nach Emanzipation von der elterlichen Autorität und von den Schranken der Familientradition, was die weibliche Jugend zum Streben nach wissenschaftlicher und beruflicher Selbständigkeit bestimmt. Mit dem Bekenntnis, „auf modernem Boden zu stehen" und der altväterischen Überlieferungen und Vor=urteile ledig geworden zu sein, rücken die gebildeten Frauen und Töchter dieses Landes sehr viel rascher und unerschrockener heraus, als ihre deutschen und französischen Schwestern. An der Meinung, daß das umgekehrte Verhältnis bestehe, und daß die „destruktiven" Ideen aus Deutschland nach Schweden eingeführt worden seien, wird nichtsdestoweniger in gewissen Kreisen des borniertesten schwedischen Staatskirchentums festgehalten. Ihre Nahrung beziehen die „Femi=nisten" Schwedens aus ganz anderen als deutschen Quellen. Die ausgiebigste dieser Quellen ist die krankhafte Genußsucht, die sich weiter Kreise des schwedischen Volkes, um nicht zu sagen, des gesamten Volkes bemächtigt hat. Unter ernsthaften Beobachtern von Land und Leuten — inländischen wie ausländischen — besteht nahezu ungeteilte Übereinstimmung darüber, daß wirtschaftlicher Leichtsinn, Neigung zur Großtuerei und krankhafte Gier nach materiellem Ge=nuß in diesem sonst so tüchtigen und liebenswürdigen Volke zu Nationalkrankheiten zu werden drohen. Der Schwede glaubt als geborener großer Herr in die Welt zu treten. Ansprüche, die anders=wo allein von Wohlhabenden erhoben werden, gelten in diesem von der Natur so wenig begünstigten Lande für so selbstverständlich, als ob nach den Mitteln zu ihrer Befriedigung nicht erst gefragt zu werden brauchte. Wer sich halbwegs zu den „anständigen Leuten"

zählt, glaubt hinter dem landesüblichen Lebenszuschnitt nicht zurück=
bleiben zu dürfen, dieser Zuschnitt aber ist in dem kapitalarmen
Schweden unvergleichlich höher als in Deutschland, Frankreich und
in dem — seiner Sparsamkeit wegen verspotteten — Dänemark.
Über seine Verhältnisse zu leben ist zur schwedischen Landesgewohn=
heit geworden, mag es hinter den Kulissen auch noch so betrübt
aussehen, Inventarbestand und intime Gewohnheit des Hauses die
Unsicherheit der Existenzbasis deutlich verraten — der Schein muß
gewahrt, die Gentilität affichiert werden. Man hat nur nötig, die
kulturgeschichtlichen Schilderungen neuerer schwedischer Novellisten
aufzuschlagen, um sich davon zu überzeugen, daß es für normal gilt,
wenn der „wohlsituierte" Schwede bei seinem Ableben nichts weiter
als Schulden und unversorgte Angehörige hinterläßt. Man muß als
Gentleman gelebt haben, ob man als solcher stirbt, kommt erst hinter=
her in Betracht. Indessen Staats= und Kommunalfinanzen und
öffentliche Banken mit Verstand und Gewissenhaftigkeit geleitet wer=
den, herrscht in der finanziellen Gebarung der Privaten trostlosester
Leichtsinn. Mir, der ich aus dem kleinlich=genauen Frankreich kam,
machte die Unsolidität des kaufmännischen Geschäfts in Schweden
einen geradezu erschreckenden Eindruck. „Wunderbarer Gegensatz",
mußte ich mir sagen, „in dem reichen Frankreich, dem Musterlande
gewissenhafter Privatwirtschaft, ein öffentliches Finanzwesen, in
welchem Verschwendung, Untreue und Schwindel täglich zunehmen,
in dem armen, leichtsinnigen Schweden eine Staatswirtschaft, die
alle Achtung verdient!" Freilich waren in die ersten Wochen meiner
Stockholmer Niederlassung drei vielbesprochene Vorgänge gefallen,
wie sie schlimmer kaum gedacht werden konnten. Rasch hinterein=
ander hatten ein Professor der Theologie und ein höherer Geistlicher
Bankrotte angekündigt, bei denen es sich nicht um Hunderte und
Tausende, sondern um Summen handelte, die den Betrag von
hunderttausend Kronen übertrafen, und um dieselbe Zeit war die
Messe eines der Garderegimenter „zufolge von Unglücksfällen" in
Verlegenheiten geraten, denen durch eine halböffentliche, schließlich
auf Hinz und Kunz ausgedehnte Kollekte abgeholfen werden sollte.

„Es ist doch skandalös," hörte ich bei dieser Gelegenheit äußern, „daß Hasselbakken (ein elegantes Vergnügungslokal im Tiergarten), dem wir Hunderttausende zu verdienen gegeben haben, nicht mehr als tausend Kronen gezeichnet hat." Schulden zu machen und mit guten Freunden leichtsinnige Bürgschaftsleistungen auszutauschen, hatten die geistlichen Herren auf der Universität gelernt, die Militärs nicht erst zu lernen brauchen. „Bankrottspielen" galt weder dem einen noch dem anderen für eine Schande, weil in dieser Beziehung eine Assekuranz auf gegenseitige Duldsamkeit herkömmlich geworden war. „In diesem sonst verständigen Lande", so hatte Busch mir in einem unserer ersten Gespräche gesagt, „grassiert die Genußsucht in so hohem Maße, daß die besten Leute sich an Vergnügungen der trivialsten Art genügen lassen. Wohlleben und Unterhaltung sind Alten wie Jungen zu täglichen Bedürfnissen geworden. Wenn Sie einen Schweden mit Gefahr des eigenen Lebens aus dem Wasser ziehen, so wird er, wenn Sie ihn nicht obendrein zum Mittagessen einladen, über ungentile Behandlung klagen." Noch schärfer hatte sich einige Tage später der ebenso leichtfertige wie scharfsichtige Franzose de Torcy ausgesprochen. Seiner Erfahrung nach war die von BayardTaylor in den Northern Travels (1857) aufgestellte Behauptung, daß Stockholm die demoralisierteste Hauptstadt Europas sei, durchaus begründet. Die Liste skandalöser Vorgänge aus der „guten Gesellschaft", welche der muntere Marquis aufrollte, gab rücksichtlich ihres Umfangs dem Register weiland Leporellos allerdings nur wenig nach.

Mit der Mehrzahl der vorstehenden Ausführungen bin ich über die zeitliche Grenze meines Zusammenlebens mit der Familie Busch so weit hinausgegangen, daß ich zum Ausgangspunkt zurückkehren muß. Anfang Juni siedelten meine gütigen Gastfreunde in ihre am Mälarsee belegene Sommerwohnung über. Seit diesem Zeitpunkt mir selbst überlassen, begann ich mich in die Aufgaben des neuen Amtes zu versenken, bis ein Zwischenfall mich unterbrach.

Der Höhepunkt
des Kampfes Bismarck-Caprivi.
Der Rückversicherungsvertrag.

Etwa sechs Wochen nachdem ich in Schweden eingetroffen war, erhielt Busch eine telegraphische Depesche des Reichskanzlers, in welcher angefragt wurde, ob ich bereit sei, Antworten auf die letzten Angriffe zu schreiben, welche die „Hamburger Nachrichten" gegen die Regierung gerichtet hatten. Ich lehnte ab, indem ich auf die Erfahrungen hinwies, die ich gemacht hatte und die sich wiederholen würden, wenn ich die Verteidigung einer Politik übernehmen wollte, deren letzte Absichten mir unbekannt geblieben seien. Vierzehn Tage später trat der Legationssekretär Graf Linden bei mir ein, um ein chiffriertes Telegramm zu überbringen, in welchem der Reichskanzler mich aufforderte, behufs einer Besprechung nach Berlin zu kommen. Hinzugefügt war, daß ich gut daran tun würde, mich auf eine längere Abwesenheit von Stockholm einzurichten. Sechsunddreißig Stunden später meldete ich mich im Reichskanzlerpalais, wo ich (wie der wohlbekannte Portier schmunzelnd berichtete) bereits erwartet wurde.

Graf Caprivi eröffnete das Gespräch mit Wiederholung des Dankes, den er mir schriftlich bereits ausgesprochen hatte, indem er hervorhob, daß meine Kenntnis der Verhältnisse im östlichen Europa ihm überraschend gewesen sei, daß mein Buch außerordent=

lich wertvolle Belehrungen über wenig bekannte Dinge enthalte, und
daß er darin die Richtigkeit meiner Auffassung seiner Politik
in allen wesentlichen Punkten bestätigt gefunden habe. Die Ein=
wendung, daß ich nichtsdestoweniger desavouiert worden, schob er
mit Hinweis auf seine zeitweilige Abwesenheit und auf eingetretene
Zwischenfälle beiseite, um sodann zu dem Zwecke der an mich ge=
richteten Ladung einzugehen. Seit der Wiener Reise des Für=
sten Bismarck hätten die gegen die Regierung gerichteten Angriffe
der von Friedrichsruh aus inspirierten Presse eine Form angenom=
men, die nicht nur eine entschiedene Abwehr, sondern eine Klar=
stellung der wirklichen Sachlage und ihrer Vorgeschichte notwendig
mache. Mit der Widerlegung einzelner Beschuldigungen sei nicht
weiter auszukommen, es scheine vielmehr geboten, mit einer Kund=
gebung in größerem Stile hervorzutreten. Er ersuche mich um die
Abfassung einer Verteidigungsschrift, die vornehmlich drei Punkte
zu erörtern haben werde: sein, des Kanzlers, persönliches Verhalten
gegen den Fürsten Bismarck, den Mythus, der über die Personen=
veränderung vom März 1890 ausgesponnen worden, und das Ver=
hältnis der gegenwärtig befolgten Politik zu derjenigen des so=
genannten „alten Kurses". Es sei ein Fehler gewesen, daß mir über
die die gegenwärtige Lage betreffenden Tatsachen nicht schon früher
genauerer Aufschluß gegeben worden; dieser Fehler werde jetzt ver=
bessert und mir volle Einsicht in die bezüglichen Akten gewährt
werden. „Ich weiß," fuhr Caprivi fort, „daß Sie durch die Er=
füllung meines Wunsches eine schwierige und undankbare Aufgabe
übernehmen werden. Ich weiß auch, daß Ihnen im Auswärtigen
Amte selbst verdacht wird, daß die Verteidigung meiner Politik in
keine anderen als Ihre Hände gelegt worden ist. Um Ihnen Un=
freundlichkeiten und peinliche Berührungen nach Möglichkeit zu er=
sparen, schlage ich vor, daß Sie nicht drüben im Amte, sondern hier
in meinem Hause arbeiten." Diesen Vorschlag glaubte ich ab=
lehnen zu müssen. „Daß die publizistische Tätigkeit meiner Karriere
nicht zugute kommen wird," lautete meine Antwort, „ist mir wohl=
bekannt. Ich bin indessen kein Karrieremacher, sondern ein Mensch,

der starken politischen, aber wenig bureaukratischen Ehrgeiz besitzt. Gegen etwaige Schikanen werden Ew. Exzellenz mich zu schützen wissen. Im übrigen hege ich keine Furcht und ich bitte demgemäß um die Erlaubnis, in den Räumen des Auswärtigen Amtes arbeiten und mich zunächst bei den Vorgesetzten melden zu dürfen." — Der Kanzler ließ das gelten und ging sodann auf das einzelne der politischen Frage ein, welche in den Mittelpunkt der mir übertragenen Arbeit gestellt werden sollte. „Sie sollen", fuhr er fort, „zunächst die Akten über den Rücktritt des Fürsten Bismarck und über das in der Folge von ihm beobachtete Verhalten, sowie die auf den sogenannten Rückversicherungsvertrag bezüglichen Dokumente lesen, dann wollen wir weiter reden. Neu ist mir gewesen, was Sie in Ihrem Buche über den latenten Gegensatz französisch-katholischer und russisch-orthodoxer, kirchlicher Interessen in den slawisch-griechischen Provinzen der Türkei ausgeführt haben. Wissen Sie darüber noch Näheres anzugeben?" Ich erwiderte, daß meine Wissenschaft über diese wenig bekannte Materie auf Studien über den griechisch-bulgarischen Kirchenstreit beruhe, daß ich indessen auf gedruckte Quellen und eine bescheidene Zahl handschriftlich bekannt gewordener Dokumente beschränkt gewesen sei und daß genauere Kunde allein aus den Akten, d. h. aus den Berichten der Botschaft in Konstantinopel geschöpft werden könne. Mit dem Bemerken, daß Herr v. Kiderlen-Wächter darüber Auskunft zu geben wissen werde, und daß das Weitere einem auf den folgenden Tag angesetzten Gespräch vorbehalten bleiben solle, wurde ich entlassen.

Illusionen darüber, daß ich einen unsicheren Boden betreten hätte und daß meine Anwesenheit in Berlin innerhalb des Auswärtigen Amtes verschiedene und nicht eben freundliche Beurteilungen erfahren habe, waren nicht wohl möglich. Die Höflichkeit, mit welcher ich bei meinen Meldungen aufgenommen wurde, die Geflissentlichkeit, mit welcher die meisten der aufgesuchten höheren Beamten jedes nähere Eingehen auf den Zweck meiner Anwesenheit vermieden und die Aufmerksamkeit, welche die Dienerschaft mir bewies, ließen deutlich durchsehen, daß meine Einberufung eine vielbesprochene, aber rücksichtlich ihrer Absicht unaufgeklärt gebliebene Angelegenheit sei. Zum Überfluß erging die Presse sich in phantastischen Konjekturen über die dem Stockholmer Generalkonsul zugedachte Mission und glaubte eine Anzahl strebsamer Reporter, den angeblichen Mann der Zukunft rechtzeitig begrüßen zu müssen. Für den Scharfsinn dieser Herren war bezeichnend, daß einer von ihnen mich aufsuchte, um meine Ansicht über die Aussichten einer Berliner Weltausstellung kennen zu lernen, und daß er höchst verwundert tat, als ich ihm sagte, jeder andere müsse diese „Frage" besser beurteilen können als ein Mann, der seit Jahr und Tag weder in Berlin, noch auch nur in Deutschland gelebt hätte. — Beiläufig darf bemerkt werden, daß Fr. Dernburg damals meine Vermittlung benutzte, um dem Kanzler eine Denkschrift überreichen zu lassen, welche der Regierung anriet, sich entweder durch Herbeiführung der Weltausstellung oder durch Herabsetzung der militärischen Dienstzeit eine Diversion zu schaffen, und daß Caprivi mir bereits damals sagte, die letztere sei im Prinzip entschieden. Ich ließ mir angelegen sein, so bescheiden und geräuschlos wie immer möglich aufzutreten und zu tun, als sei ich einer der „Sommerknechte", die alljährlich zur Vertretung beurlaubter Beamteter einberufen werden. Daß ich von früh bis spät über Akten saß, die der Geheimabteilung der Registratur entnommen waren, daß der Kanzler mich mehrere Male täglich rufen ließ und daß ich bei ihm vorgelassen bzw. zurückgehalten wurde, während ältere und höhergestellte Beamtete warteten, vermochte ich zu meinem Bedauern nicht zu ändern. Was sonst geschehen konnte, um Mißdeutungen und Empfindlichkeiten aus dem Wege zu gehen, glaubte ich dadurch getan zu haben, daß ich mich mit den direkt interessierten Personen offen aussprach.

Zunächst suchte ich den vortragenden Rat in Preßsachen, meinen alten Freund Roeßler, auf, um ihm zu sagen, daß mir nichts ferner liege, als mich in seine Stellung drängen zu wollen. Roeßlers reine und edle Natur hatte solchen Verdacht überhaupt nicht aufkommen lassen; im übrigen war der vortreffliche Mann mit mir und meinen Verhältnissen genau genug bekannt, um zu wissen, daß ich eine

Stellung im Auswärtigen Amte niemals angestrebt hatte und daß meine Wünsche sich in ganz anderer Richtung bewegten. Mein zweiter Besuch galt Herrn von Holstein, der über die mir gewordene Aufgabe genau unterrichtet war, und mit dem ich rückhaltlos reden durfte. Gleich der erste Empfang belehrte mich darüber, daß er „mit mir rechne" und die Augen offenhalte, an und für sich indessen nicht abgeneigt sei, mir innerhalb gewisser Grenzen Förderung angedeihen zu lassen. Mein Buch und seine Stellung zu demselben bat er mich als hinter uns liegende Dinge zu behandeln, indem er sich zugleich in freundlicher Weise bereit erklärte, mir durch Erteilung von Rat und Auskunft behilflich zu sein. „Wie Sie es anfangen wollen, über Dinge, welche der Hauptsache nach geheim bleiben sollen, so viel zu sagen, wie zur Aufklärung und Beruhigung des Publikums notwendig ist," sagte er u. a. „weiß ich freilich nicht. Ich habe viel, aber niemals für die Öffentlichkeit geschrieben, vermag darüber also nicht zu urteilen." Herr von Kiderlen-Wächter, den ich sodann aufsuchte, behauptete von der katholischen Propaganda unter den Bulgaren Mazedoniens nichts zu wissen. Er versprach indessen in der Registratur Nachforschungen anstellen zu lassen: daß sie ohne Resultat für mich bleiben würden, hörte ich aus dem Ton dieser Zusage so deutlich heraus, daß ich diesen Punkt für erledigt ansah: der Referent über den Orient und ehemalige Legationssekretär in Konstantinopel sah es für einen Eingriff in seine Rechte an, wenn ein dritter in diese Dinge hineinredete und nahm danach seine Maßregeln.

> „Fürs erste schaff ab die Schneidermamsellen,
>   sie kürzen das Brot uns Schneidergesellen"

ist auch außerhalb der löblichen Schneiderzunft von jeher Maxime derjenigen gewesen, die sich für die Zünftigen ansehen. Der Referent über Rußland, Graf Pourtalés, war auf einer Urlaubsreise begriffen. Meines Erinnerns habe ich ihn während der Dauer meines Berliner Sommerdienstes niemals gesehen. Ob ich den vierten der Räte von „Ia" (der politischen Abteilung), den seit einigen Jahren an die Stelle des Grafen Rantzau getretenen Geheimrat Raschdau (alias

Müller; früheren Konsul in der Levante, späteren Gesandten in
Weimar), bereits bei meinem Eintreffen oder einige Tage später
kennen lernte, weiß ich nicht mehr. Genug daß das einfache, offene
Verhalten dieses ehemaligen Kollegen mir ein Gefühl der Sicherheit gab, das ich gegenüber Raschdaus gegenwärtigem Kollegen nicht
aufzubringen vermochte. Er war Referent über interne deutsche und
über finanzielle Angelegenheiten und wurde als tüchtiger Arbeiter
und unabhängiger und zuverlässiger Charakter allenthalben geschätzt.
Zu den Vertrauten Holsteins gehörte er nicht, und mit Kiderlen-
Wächter stand er auf Kriegsfuß. Ob Raschdaus freundliches Verhältnis zu Göring, seine Unzugänglichkeit gegen unerbetene Ratschläge oder seine Abneigung gegen Machenschaften die Hauptursache
dieses Mißverhältnisses war, weiß ich nicht. Im Amte, wo es
wegen der sonstigen Geschlossenheit von „Ia" viel besprochen wurde,
glaubte man die Erklärung in der Verschiedenheit der beiden Männer
und in dem Umstand suchen zu müssen, daß dem ehemaligen Konsul
seitens des ehemaligen Legationssekretärs die Zunftmäßigkeit abgesprochen wurde. Als Symptom der seitdem in starker Zunahme begriffenen Zersetzung der Elemente des Auswärtigen Amtes durften
diese Differenz und die Eifersucht zwischen dem Ministerium und
der Reichskanzlei unter die Zeichen der Zeit gerechnet werden. Darüber herrschte freilich nur eine Stimme, daß in der Manier, welche
während der letzten Jahre Bismarckschen Regiments eingerissen war,
nicht hätte weiter gewirtschaftet werden können. Der Fürst war für
Personen, die nicht zu seiner und seiner Söhne Umgebung gehörten,
so gut wie unzugänglich geworden. Wurde irgend etwas ohne seine
Zustimmung entschieden, so hieß es: „Es scheint, daß ich nichts
mehr zu sagen habe und daß man mich nicht mehr fragt" —
wurde an ihn von anderer als gewohnter Seite rekurriert, so erfolgte
die Klage: „Um alles soll ich mich selbst kümmern." Kiderlen
und Raschdau waren übrigens noch zu Bismarckscher Zeit angestellt
worden.

An das Studium der mir vorgelegten Akten hatte ich mich bereits
tags nach meiner Installation in den Räumen der Wilhelmstr. 75 ge-

v. Eckardt, Caprivi.   4

macht. Was dem Protokoll über die Sitzung des Staatsministeriums vom 17. März 1890 und den übrigen auf die große Krisis bezüglichen Aktenstücken zu entnehmen war, entsprach wesentlich den Darstellungen, welche die offiziöse Presse gebracht, zum Teil übrigens erst nach dem Juli 1892 (dem Zeitpunkt meines Berliner Aufenthalts) publiziert hat. Rücksichtlich eines Punktes war indessen strenges Schweigen beobachtet worden, und dieser Punkt schien mir besonders charakteristisch zu sein. Während der ersten Monate des Jahres 1890 hatte der damalige Konsul in Kiew, spätere Geheime Legationsrat Raffauf, sich in den Besitz wichtiger und detaillierter Geheimnachrichten über die russische Truppenaufstellung an der Westgrenze zu setzen gewußt und über diese berichtet. Die Berichte waren von dem allezeit um die Erhaltung freundlicher Beziehungen zu Rußland besorgten Fürsten Bismarck dem Kaiser nicht zur Kenntnis gebracht worden, herrschender Ansicht nach, weil der Fürst die berichteten Tatsachen anders beurteilte, als die Militärs taten, und weil alles vermieden werden sollte, was an Allerhöchster Stelle böses Blut machen konnte. Als der Monarch von der Sache dennoch Kenntnis erhielt, machte dies das Gefäß kaiserlicher Verstimmungen überfließen und erging eine Mitteilung an den Reichskanzler, die von unverantwortlicher Willkür, Verheimlichung wichtiger Tatsachen usw. sprach. Durch gute Freunde gewarnt, hatte der Fürst indessen Gegenmaßregeln ergriffen, die den Kaiser formell ins Unrecht setzten; die Raffaufschen Berichte waren dem Militärkabinett nachträglich, aber doch rechtzeitig, d. h. vor Ausgang des an den Kanzler gerichteten vorwurfsvollen Erlasses mitgeteilt worden. Bismarck konnte zur Antwort geben, daß die wider ihn erhobenen Anklagen gegenstandslos seien und daß die in denselben erwähnten Berichte seinerzeit den regelmäßigen Geschäftsgang genommen hätten. Entscheidende Bedeutung hatte dieser Zwischenfall erst dadurch erhalten, daß er mit einem anderen, ungleich wichtigeren, streng „sekretierten", und von der sogenannten Krisis unabhängigen Gegenstande in wenigstens mittelbarem Zusammenhang stand. Der sogenannte traité à double fond, ein im Sommer 1887 für drei Jahre

abgeschlossener deutsch-russischer Geheimvertrag, der in
Gemäßheit einer im Februar 1890 zwischen dem Botschafter
Schweinitz und Herrn von Giers geführten Unterredung auf weitere
zwei Jahre erneuert werden sollte, ging seiner Endschaft entgegen.
Dieser Vertrag, auf welchen der Fürst entscheidendes Gewicht legte,
und der den Faden des (von der Bismarckpresse als verlorengegangen
bezeichneten) „Drahtes nach Rußland" (bzw. des „zweiten
Gleises") gebildet hatte, dieser Vertrag sollte erneuert, bzw. der
Kaiser für seine Erneuerung gewonnen werden. Sinn und Inhalt
dieses (damals nur sehr wenigen Personen bekannt gegebenen) Doku=
ments gingen dahin, daß Deutschland unbeschadet des mit Öster=
reich und Italien abgeschlossenen Defensivbündnisses, Rußland be=
hilflich sein sollte, auf der Balkanhalbinsel eine „position
prépondérante et décisive" zu behaupten, Bulgarien
(nötigenfalls mit Gewalt) in seiner Einflußsphäre zu be=
halten, das Recht freier Einfahrt in die Dardanellen zu
erwerben und seine Orientinteressen in jeder ihm gut=
dünkenden Weise wahrzunehmen. Implizite war damit gesagt,
daß Österreich, wenn es sich durch solche Geltendmachung russischer
Orientansprüche herausgefordert fühlen sollte, darum den casus
foederis noch nicht geltend machen dürfe, sondern es dazu eines
direkten russischen Angriffs auf den Kaiserstaat bedürfe. Das Äqui=
valent dafür sollte die Neutralität Rußlands im Falle eines fran=
zösischen Angriffs bilden.

Sollte dieser Vertrag erneuert oder durch ein ähnliches Abkommen
ersetzt werden, so verstand sich von selbst, daß dem Kaiser alles fern=
gehalten werden mußte, was sein Mißtrauen gegen Rußland steigern
konnte. Russischerseits war auf die Sache entscheidendes Gewicht
gelegt, die eventuelle Bereitschaft zu anders formulierten Verein=
barungen im voraus ausgesprochen und zugleich der Wunsch ange=
deutet worden, daß irgend ein direktes Abkommen zwischen den
beiden Höfen erhalten bleiben möge.

So hatte die Sache gelegen, als Fürst Bismarck zurücktrat. Un=
mittelbar nach der Niederlegung seines Amtes war Graf Herbert

4*

in den Diensträumen des Amtes erschienen, um von dem
mit Aufbewahrung der Geheimdokumente betrauten Bureauvorsteher die Ausantwortung des Geheimvertrages zu
verlangen. Der Beamte gab zur Antwort, Herr v. Holstein
habe den Vertrag bereits an sich genommen: beiden Herren
war offenbar daran gelegen gewesen, den neu ernannten Kanzler mit
diesem wichtigen Aktenstück bekannt zu machen, und dadurch auf die
Beantwortung der Frage nach der Erneuerung des Vertrages Einfluß zu üben. Mit der ihm eigentümlichen, höheren wie niederen Beamten unseres Ressorts nur allzu bekannten Brutalität fiel er über
den unglücklichen Bureauvorsteher her, der ohne seine, des Staatssekretärs Genehmigung eine Geheimakte aus den Händen gegeben
habe. Der Beamte gab in aller Bescheidenheit zur Antwort, Se. Exzellenz seien ja nicht mehr Staatssekretär! Darüber kam es zu einem
Auftritt rohester Art, in welchen auch Holstein hineingezogen wurde,
und der damit endete, daß die vieljährigen Beziehungen des letzteren
zum Bismarckschen Hause ein plötzliches und gewaltsames Ende
nahmen: wie herkömmlich, stellte der Fürst sich auch in diesem
Falle bedingungslos auf die Seite seines Sohnes. Daß es zu einem
solchen Bruch unter allen Verhältnissen hätte kommen müssen, war
für Kenner der Personen und der Verhältnisse freilich keinen Augenblick zweifelhaft gewesen. Holstein, der in der Folge wiederholt die
glänzendsten Stellungen ausgeschlagen hat, klebte gewohnheitsmäßig
an der amtlichen Tätigkeit, die ihm den einzigen Inhalt eines im
übrigen reizlosen Daseins bedeutete, und der er jede andere Rücksicht
so vollständig unterordnete, daß er sie unter vier Reichskanzlern
beibehielt, nach Bismarckscher Auffassung aber bedeutete es eine Felonie, daß ein Freund des Hauses unter dem Regime Caprivi im
Amte blieb.

Inzwischen war die Frage der Erneuerung des famosen traité
Gegenstand einer mündlichen Erörterung zwischen dem Fürsten und
seinem Nachfolger geworden. Caprivi hat mir diesen Vorgang wiederholt und ausführlich geschildert. „Während wir im Garten des
damals noch von der fürstlichen Familie bewohnten Palais auf und

nieder gingen, fragte Bismarck mich, ob ich von dem Geheimvertrage des Jahres 1887 wisse, und ob ich ihn zu erneuern beabsichtige. Ich gab ihm zur Antwort: ‚Ein Mann wie Sie kann mit fünf Bällen gleichzeitig spielen, während andere Leute gut tun, sich auf einen oder zwei Bälle zu beschränken. übrigens muß ich die An-gelegenheit noch prüfen.'" Dabei war es geblieben, ohne daß die Sache zwischen dem Kanzler und seinem großen Vorgänger weiter erörtert worden war. Caprivi beauftragte die Herren v. Holstein, Raschdau und v. Kiderlen-Wächter mit gutachtlichen Äußerungen und ent-schied sich, da diese Voten negativ ausgefallen waren, für Nicht-erneuerung des Vertrages.

Erst sehr viel später habe ich erfahren, daß außer den erwähnten drei Gutachten noch ein viertes erstattet, aber nicht zu den Akten gebracht worden war. Dieses Votum rührte aus der Feder des Unterstaatssekretärs Grafen Berchem und ist (meiner Meinung nach) das bedeutendste und kühnste aller über diese Angelegenheit ab-gegebenen Voten gewesen. Daß es für die Entschließungen Ca-privis den Ausschlag gegeben hat, weiß ich aus Berchems eigenem Munde*). Diese Denkschrift ging davon aus, daß Rußland es auf alsbaldige Entzündung eines Krieges abgesehen habe, daß dieser aber vermieden werden könne, wenn wir den Vertrag von 1887 nicht erneuerten. Dann hieß es weiter:

„Zunächst verweigern wir den Österreichern die Bundeshilfe in der ersten entscheidenden Zeit der Entwicklung der bulgarischen Sache, sobald dieselbe aber einen weiteren Umfang genommen, müssen wir — auch nach der Meinung des Reichskanzlers (sc. Bismarcks) doch für die Österreicher fechten, wodurch wir den Russen untreu werden ... der Vertrag liefert uns schon in Friedenszeiten in die Hand der Russen. Sie erhalten einen Schein, durch welchen sie uns

---

*) Der äußere Hergang war dabei der folgende gewesen: dem Gra-fen Berchem war gelungen, den damaligen Botschafter in St. Petersburg, General Schweiniß, für seinen Standpunkt zu gewinnen und mit diesem im Verein eine entsprechende Entscheidung Caprivis und des Kaisers herbeizu-führen.

jeden Augenblick mit Österreich, England und Italien brouillieren
können. Wir haben in letzter Zeit diese Mächte immer wieder darauf
hingewiesen, in Konstantinopel den Sultan zu unterstützen: die gegen=
teilige Sprache führen wir in dem Vertrage, wenn wir Bulgarien
— das Tor von Konstantinopel — und die Meerengen vertrags=
mäßig an Rußland ausliefern.

„Sobald die Lage für Rußland kritisch wird, wird Österreich,
von St. Petersburg aus über den Vertrag unterrichtet, mit letzterem
Staate einen Separatfrieden auf unsere Unkosten schließen, der wegen
unserer Untreue in Österreich=Ungarn nicht unpopulär sein würde. Der
Vertrag enthält keine Gegenseitigkeit, alle Vorteile daraus kommen
Rußland zugute. Frankreich wird uns nie angreifen, ohne über Ruß=
lands Mitwirkung sicher zu sein. Eröffnet aber Rußland den orien=
talischen Krieg, und schlägt Frankreich, wie voraussichtlich, gegen uns
los, so ist die Neutralität Rußlands gegen uns ohnedies gegeben, sie
liegt auch ohne Vertrag in diesem Falle im russischen Interesse. Der
Vertrag sichert uns demnach nicht gegen einen französischen An=
griff, gewährt Rußland das Recht der Offensive gegen Österreich
und verhindert uns an der Offensive gegen Frankreich.

„Die Bestimmung des Zeitpunktes des europäischen Krieges der
Zukunft wird demnach durch den Vertrag in die Hände Rußlands
gelegt. Es erscheint nicht unwahrscheinlich, daß Rußland, gedeckt
durch Deutschland, sogar ein Interesse hat, bald loszuschlagen. Es
deuten darauf hin die von Rußland unterhaltene Spannung zwischen
Serbien und Bulgarien, die Reise Schuwalows und die Vorbereitungen
betreffend die russische Flotte im Schwarzen Meere. Es mag dahin=
gestellt bleiben, ob, wenn der Krieg unvermeidlich sein sollte, wir
ein militärisches Interesse haben, ihn gerade jetzt zu führen, ob
wir nicht noch weiter zu versuchen haben, ihn zu vermeiden und,
wenn er doch nicht zu vermeiden sein sollte, ihn erst dann zu führen,
wenn wir militärisch mit unseren Vorbereitungen fertig geworden
sind, und wenn England und Italien stärker gerüstet haben als
bisher.“

Im weiteren Verlauf dieses Aktenstückes wird ausgeführt, daß

der Vertrag aller Wahrscheinlichkeit nach praktisch unvollziehbar sein
würde. Trotz Kalnokys, dem unsrigen entgegenkommenden Standpunkte sei anzunehmen, daß Kaiser Franz Joseph ein weiteres Vorgehen Rußlands mit einer militärischen Aufstellung an der rumänischen oder serbischen Grenze beantworten und dadurch den casus
foederis für uns herbeiführen würde. „Erfolgt eine österreichische
Aufstellung an der rumänischen Grenze zum Schutze Siebenbürgens
oder der Rumänen, so tritt für uns auch noch der rumänische casus
foederis und danach eine doppelte Verpflichtung Deutschlands zur
Bundeshilfe in Kraft und können wir Rußland unsere Zusage nicht
halten.“ — Dann heißt es zum Schluß:

„Wenn demnach gewichtige Bedenken der Erneuerung der Abrede im Wege stehen, so haben wir nichtsdestoweniger an dem bisherigen Standpunkte diplomatisch festzuhalten, daß Rußland ein
wohlbegründetes Recht habe, seinen Einfluß in Bulgarien geltend
zu machen. Wir werden den Kaiser Alexander ebenso schonend wie
früher, und wenn möglich, noch besser zu behandeln haben, um Vertrauen in unsere Friedensliebe zu erwecken. Wir werden in Wien
unserem bulgarischen Standpunkt nach wie vor Ausdruck verleihen können. Denn es ist ein dringendes Interesse unserer Politik,
Rußlands Hoffnungen auf Bulgarien nicht zu entmutigen (da seine
Entmutigung sich gegen uns wenden würde) und zugleich den
Widerstand anderer Mächte gegen Rußland wachzuhalten. Wir
können auch ferner an dem Standpunkte festhalten, daß es in
unserem Interesse liegt, das Augenmerk Rußlands auf die Meerengenfrage zu lenken, wo der Gegensatz zu England und vielleicht
auch zu Frankreich sich entwickeln wird — aber wir werden besser
tun, hierfür keinen Schein auszustellen.“

Warum Graf Caprivi trotz der Ausführlichkeit seiner sonstigen
Mitteilungen (er beschloß sie mit den Worten: „Unser Kaiser
hat den Kaiser Franz Joseph von dem gesamten Sachverhalt persönlich unterrichtet“) der Berchemschen Denkschrift niemals Erwähnung getan hat, weiß ich nicht: sowenig es seiner schlichten Art
entsprach, sich mit fremden Federn zu schmücken, so mag er vor-

liegendenfalls doch Bedenken getragen haben, einen untergeordneten
Beamten über die Abhängigkeit seiner Politik von den Ratschlägen
anderer allzu eingehend zu belehren. Beiläufig mag der Umstand
mitgewirkt haben, daß Berchem sein Votum nicht den Akten hatte einverleiben lassen und daß er den ihm gemachten Vorschlag, dem Kaiser
über die Sache Vortrag zu halten, abgelehnt hatte. Für mich genügte, was der berufene Vertrag mir selbst gesagt hatte — die
Stunden, die ich über dem Studium desselben verbracht, zählte ich
schon damals zu den merkwürdigsten meines Lebens. Für die mir
übertragene Arbeit war diese Bekanntschaft mit den Geheimnissen
der letzten Jahre Bismarckscher Politik von nur mittelbarer Bedeutung, da ihrer keine direkte Erwähnung geschehen durfte. In
der abzufassenden Schrift mußte es sein Bewenden bei Hinweisungen darauf behalten, daß der „angebliche Verzicht auf den
zweiten Draht" an unseren Beziehungen zu Rußland nichts geändert
habe, daß dem Grafen Caprivi wiederholt Zeichen des Vertrauens
der St. Petersburger Regierung gegeben worden und daß die russische
Presse in den Streitigkeiten über „den neuen und den alten Kurs"
nicht auf der Seite ihres angeblichen Vertrauensmannes Bismarck,
sondern auf derjenigen seines angeblich russenfeindlichen Nachfolgers
zu finden gewesen sei. Desto wichtiger waren die Folgerungen, welche
aus der Geschichte der Verhandlungen von 1887 und 1890 auf
den Gang unserer Politik — der gegenwärtigen wie der künftigen —
gezogen werden mußten. Aktenmäßig war bewiesen, was mir seit
Jahr und Tag als Vermutung vorgeschwebt hatte: daß Fürst Bismarck trotz aller während des Dezenniums 1878 bis 1887 gemachten
Erfahrungen an dem Glauben festhielt, Rußland mit den Ergebnissen
des Berliner Kongresses versöhnen zu können. Seine Sympathien
hatten nach wie vor auf der Seite der Russen gestanden, die Allianz
mit Österreich war nur um der leidigen Notwendigkeit willen und
gegen die eigentliche Neigung ihres Urhebers abgeschlossen worden.
Der Fürst hatte die Hypothese von der Indifferenz orientalischer Dinge
für das deutsche Interesse zu einem Dogma seiner Politik gemacht.
Die historischen Scherzworte von dem „bißchen Herzegowina" und

von den „Knochen des pommerschen Grenadiers" waren nicht nur
zur Unterhaltung des Berliner Philistertums, sondern zur Bezeich=
nung der Richtung bestimmt gewesen, in welcher die Gedanken des
leitenden deutschen Staatsmannes sich in Wahrheit bewegten. Ge=
wöhnt an die Lösung der jedesmal vorliegenden Aufgabe die volle
Kraft seines Geistes zu setzen, greifbaren Interessen den Vortritt
vor allen übrigen anzuweisen und sich den Text nicht durch curae
posteriores verwirren zu lassen, war der große Realist in seinem
Alter dabei angelangt, die Zukunft des Orients unter die bloßen
„Doktorfragen" zu rechnen. Von bloß theoretischem Interesse sollte
es sein, ob Rußland dem dominium maris Baltici auch noch die
Herrschaft über das Mittelländische Meer hinzufüge und ob der
germanische Leib von einer oder von zwei Seiten durch den slawischen
Ring eingeschlossen würde. Weil mit dem absolutistisch=geschlossenen
Rußland leichter und bequemer zu rechnen war, als mit dem zwie=
spältigen österreichisch=ungarischen Kaiserstaate, sollte der russischen
Allianz soweit immer möglich vor der österreichischen der Vorzug
gegeben werden. Die Gefahr, unser Verhältnis zum übrigen Europa
durch die Begünstigung russischer Begehrlichkeiten kompromittiert
zu sehen sollte eine bloß eingebildete und die beständig zunehmende
russisch=französische Intimität eine bloße Spiegelfechterei bedeuten,
die mit dem Hauch des deutschen Mundes weggeblasen werden
konnte. Daß die St. Petersburger Regierung einem Bündnis mit
dem benachbarten Deutschland vor der Allianz mit der weit abliegen=
den französischen Republik an und für sich den Vorzug geben würde,
konnte freilich nicht bezweifelt werden. Noch unzweifelhafter war
aber, daß Rußland auf die Dauer nur einen Verbündeten brauchen
konnte, der sich zum „Kettenhunde des Panslawismus" hergab und
daß dieser Verbündete allein in Paris gefunden werden konnte.
Um den Preis mittelbarer oder unmittelbarer Begünstigung seiner
Revanchegelüste war Frankreich für jedes russische Unternehmen
zu haben: was aber konnte Rußland uns bieten, damit uns die Aus=
lieferung halb Europas an den Zaren bezahlt würde? Und dabei
kam nicht einmal in Betracht, daß die in den Jahren 1875 und 1876

gemachten Erfahrungen sich wiederholen, daß der russische Volkswille
sich für Frankreich entscheiden und die St. Petersburger Regierung
mit sich fortreißen konnte.

Ob und inwieweit Bismarcks Nachfolger diesen Erwägungen
Raum gegeben hatte, ließ sich nicht übersehen. Mir lagen sogar
Zweifel daran nahe, ob in dieser Beziehung überhaupt ein klares
und bestimmtes System verfolgt wurde. Darin aber hatte ich recht
gehabt, daß Graf Caprivi den Dreibund zur alleinigen
Grundlage seiner Politik nehmen wollte und daß unser Verhältnis zu Bulgarien und zu den Selbständigkeitsbestrebungen Stambulows ein anderes geworden war. Aussichten darauf, Deutschlands
öffentliche Meinung von der Heilsamkeit dieses Umschwungs zu
überzeugen waren freilich in nur bescheidenem Maße vorhanden.
Handelte es sich doch um Dinge, die dem Verständnis der Massen
entzogen waren, die die jugendlichen Weisen unserer „Realpolitik"
in den Topf phantastischer Zukunftsmusik geworfen hatten, und rücksichtlich deren man es mit der Gegnerschaft eines Mannes zu tun
hatte, dessen politische Unfehlbarkeit nationales Axiom geworden war.
An der Notwendigkeit, von der Stelle zu kommen und festen Boden
zu gewinnen wurde durch diese Erwägung indessen nichts geändert.
Da es sich um Entscheidungen des Augenblicks nicht handelte, war
die Möglichkeit geboten, der Bismarckschen Theorie von der Unentbehrlichkeit des „zweiten Drahtes" langsam und allmählich den
Boden abzugewinnen. Rußland selbst sorgte überdies dafür, daß die
preußisch-deutschen Sympathien für den „alten und erprobten"
Freund im Osten ihre frühere Stärke nicht wiedergewannen und daß
Besorgnisse vor dem russisch-französischen Einverständnis selbst bei
denjenigen guten Leuten und schlechten Musikanten Platz griffen,
die den „Hamburger Nachrichten" nachsprachen, daß die Tage
von Kronstadt dem Grafen Caprivi und der zweiten englischen
Reise unseres Kaisers auf die Rechnung zu setzen seien. Die alte
Erfahrung, nach welcher Wiederholung die wirksamste aller rhetorischen Formeln bildet, mußte aber auch im vorliegenden Falle festgehalten und der Hinweis darauf erneuert werden, daß seit dem

Jahre 1890 nicht planlos weitergewirtschaftet, sondern nach einem bestimmten System verfahren worden sei. Der Dreibund war die Grundlage unserer Politik geblieben, und für die Popularisierung dieses Bundes hatte Fürst Bismarck selber gesorgt. Mit der Klage, daß die Erneuerung der Tripelallianz „verfrüht", „allzu geräusch= voll" und ohne Rücksicht auf russische Empfindlichkeiten ins Werk gerichtet worden sei, mit dieser Klage waren die „Hamburger Nach= richten" schließlich bei den enragiertesten Bismarckianern abgefallen.

Was zur Verstärkung einer in diesem Sinne zu führenden Apo= logie sonst beigebracht werden konnte, beschränkte sich auf unter= geordnete Momente. Die viel wiederholte Verdächtigung, daß Ca= privi seinem großen Vorgänger von Hause aus unfreund= lich begegnet sei, daß er dessen Einladungen unberücksichtigt gelassen und den Grafen Herbert aus seiner Wohnung verdrängt habe, konnte rund abgewiesen werden. über diese, für den Berliner Philister immerhin in Betracht kommenden Punkte hatte der Reichs= kanzler mir das Folgende mitgeteilt. „Bismarck hatte mich ein= geladen, während der Tage bis zur Abreise nach Friedrichsruh sein Frühstücksgast zu sein. Ich bin dieser Aufforderung ein= oder zwei= mal gefolgt, dann aber weggeblieben, weil ich Zeuge von Äußerungen über den Kaiser — und zwar solcher aus weiblichem Munde — geworden war, die ich anständigerweise nicht zum zweiten Male anhören durfte. Anlangend den vom Grafen Herbert bewohnten Flügel des Palais sind einfach Lügen verbreitet worden. Mein Leben lang habe ich mich auf drei Zimmer beschränkt und demgemäß den Herbertschen Flügel überhaupt nicht in Gebrauch genommen. Meinet= wegen hätte der junge Herr dort hausen können, solange ihm be= liebte. Die Bismarckschen Weine sind zum Teil noch heute in dem Keller des Hauses gelagert, ohne daß jemals ein Wort darüber verloren worden wäre. Wir haben in freundlichster Weise von einander Abschied genommen. Zu eingehenderen politischen Erörte= rungen hat der Fürst seit dem Ihnen bekannten Gespräch über den traité à double fond freilich nicht mehr Veranlassung genommen."

Den denkbar peinlichsten Eindruck machte die Lektüre der Akte

„Fürst Bismarck nach seinem Rücktritt". In einer schier un=
absehbaren Reihe dickleibiger Bände waren die Angriffe der „Ham=
burger Nachrichten" und ihrer Trabanten, die Antworten und
Auseinandersetzungen der amtlichen und halbamtlichen Blätter und
die auf diese Polemik bezüglichen Auslassungen der deutschen, öster=
reichischen, englischen, russischen, französischen und italienischen
Presse gesammelt worden. Ein erheblicher Teil dieser unerquicklichen
Elaborate hatte nicht nur dem Kanzler und den verschiedenen, diesem
unterstellten Ressortchefs, sondern dem Kaiser vorgelegen. Mar=
ginalbemerkungen von kaiserlicher Hand wie „ist gelogen" — „un=
wahr" — „hängt anders zusammen" usw., lagen in so großer Zahl
vor, daß sie Freunden der politischen Psychologie das Material zu
lehrreichen Spezialstudien hätten bieten können. Zweiundzwanzig
Bände dieser Sammlung habe ich durchgearbeitet und exzerpiert:
von Band zu Band stieg der Ekel an diesen Unwürdigkeiten, die
Geschichtsforschern künftiger Jahrhunderte mehr wie einmal das
Wort Friedrichs des Großen ins Gedächtnis rufen werden: „Vous ne
savez pas mon cher Sulzer quelle maudite race nous sommes."
Einen Teil dieser Literatur und der in ihrem Gefolge erschienenen
Broschüren hatte ich bereits bei Vorbereitung meines Buches über
den „neuen Kurs und die neue europäische Lage" kennengelernt,
durch diese Lektüre aber nur einen Vorgeschmack der Speise erhalten,
die ich jetzt durchkosten sollte. Ein viertelhundert Bände mit Zei=
tungsabschnitten aus der Geschichte von ebensoviel Monaten und
darunter nicht ein Blatt, daß andere als widrige Empfindungen
hätte erwecken können! Fast unmittelbar nach des Fürsten Eintreffen
in Friedrichsruh, am 29. März 1890, hatte diese Preßkampagne
ihren Anfang genommen, um, von einzelnen kurzen Unterbrechungen
abgesehen, unter den verschiedensten Formen fortgesetzt zu werden.
Zunächst wird eine Reihe sogenannter Interviews abgehalten, die
zu offener und verdeckter Verurteilung derselben Regierung benutzt
werden, welcher noch am 5. Mai (1890) das Zeugnis ausgestellt
worden war, daß sie den „früheren Kurs" wesentlich unverändert
weiter verfolgt und zur Opposition keine direkte Veranlassung ge=

geben habe. Nacheinander werden Herr Ljwow von der Zeitung „Nowoje Wremja", Herr Kotschikow vom slawophilen „Strannik", ein Berichterstatter des Pariser „Matin", Herr Judet vom „Petit Journal", ein übelberüchtigter „internationaler" Journalist Hour alias Durand Morinbore, ein ungenannter Vertreter des „New York Herald", der Wiener Korrespondent der „Times", Herr Kingston vom „Daily Telegraph", ein Herr Memninger von der „Neuen Bayrischen Landeszeitung", einer der Redakteure des „Frankfurter Journals", ein Vertreter des „Corriere de Napoli" usw. usw. in Friedrichsruh empfangen und mit Eröffnungen bedacht, die sich in dem Munde des großen Verächters der Leute, „die ihren Beruf verfehlt haben", doppelt verwunderlich ausnehmen. Dann folgten deutsche Männer der Feder, deren Namen eine mehr oder minder eigentümliche Berühmtheit erlangt hatten: Herr Bewer, ruhmwürdig bekannt als Autor der Broschüre „Bismarck und Rothschild" und als Urheber des geflügelten Wortes von der „Musik in der körperlichen Erscheinung Bismarcks", sowie der tiefsinnigen Formel: „Jean Paul : Moltke = Bismarck", Herr Langbehn, Verfasser des seiner Konfusion wegen hundert Male aufgelegten Buches „Rembrandt als Erzieher", der Bimetallist Dr. Arendt und andere mehr. Abgelöst werden diese Einzelbesuche durch Audienzen im großen Stil, deren die Deputierten des „Zentralverbandes deutscher Industrieller" und eines amerikanischen Schützenbundes, verschiedene Berliner und Kasseler Vereine, eine Abordnung elsässischer Verehrer, der Vorstand des Aachener Zeitungsmuseums, die Delegierten des 19. hannoverschen Wahlkreises und die Vorsteher des Weimarer Lehrerseminars usw. gewürdigt werden, und bei denen es ohne direkte oder indirekte Ausfälle auf die Regierung niemals abgeht. Im Kielwasser der unter Friedrichsruher Flagge segelnden Preßflottille schwimmt die in dergleichen Fällen unvermeidliche „freiwillige" Flotte von publizistischen Personen, die die Kampagne für eigene Rechnung mitmachen. Aus dem in Friedrichsruh aufgehäuften Arsenal werden Waffen geholt, welche die regierungsfeindliche Presse des In- und Auslandes gegen alles braucht, was mit dem Grafen Caprivi irgend in Verbindung

gebracht werden kann. Die Schlagworte von der „allmählichen Ab=
bröckelung des festen Reichsbaues", von der „Verwaisung des jetzigen
Deutschland", von der „ungewissen Zukunft, welcher wir unter neuen
Männern entgegengehen", von dem „doppelten Schach, in welches
wir durch den Bruch mit dem System gleichzeitiger Anlehnung an
Rußland geraten sind", von der „Verschlechterung unserer Position
seit Erneuerung des Dreibundes", von dem „falschen Gleise, auf
welches die deutsche Politik geraten sei", von dem Sumpfe, vor
welchem „das Vaterland mit seiner Politik stehe", die Insinuation,
daß der neue Kanzler den Richterschen Fortschritt zu seinem Ver=
bündeten zu machen suche, das „Bedauern" darüber, daß Caprivi
„sich überhaupt mit Politik beschäftige", sie alle wurden in tausend=
fachem Echo von einer Presse wiederholt, in deren Gedränge Bis=
marckfreunde und Reichsfeinde gleich zahlreich zu finden waren. An
der dadurch angerichteten Verwirrung der Gemüter aber wurde dann
im weiteren Verlauf zu dem Vorwurf Veranlassung genommen,
daß der Regierung das Zeug fehle, die Nation zusammenzuhalten
und sich bei dem Auslande in Respekt zu setzen, bei demselben Aus=
lande, das von dem einflußreichsten Manne in Europa alltäglich über
die Mängel des neuen Regiments belehrt worden war.

„Je finirai peut-être par quelque grosse sottise" soll Fürst
Bismarck in einem der Augenblicke gesagt haben, wo ihm Besorg=
nisse „vor sich selbst" und dem eigenen Temperament aufgestiegen
waren (Soleil vom 9. Juni 1890). Eine Empfindung davon, daß die
Besorgnis vor dieser großen Sottise keine Besorgnis mehr bleiben
werde, hatte sich in den Tagen der Wiener Reise und des Thüringer
Triumphzuges der Mehrzahl derjenigen bemächtigt, denen die Zu=
kunft des Reiches und der gute Name seines großen Begründers
wahrhaft am Herzen lag. Nahezu sämtliche Organe der anständi=
geren außerdeutschen Presse zuckten zu dem unerhörten Skandalum
bereits die Achseln. Sagen ließ sich das nicht, solange der bloße Ver=
dacht kritischer Beurteilung des über alle Kritik gestellten Staats=
mannes zur Diskreditierung des Urteilenden ausreichte. Auch daran
durfte nicht wohl erinnert werden, daß ein erheblicher Teil der

Bismarckschen Verdikte auf Umschreibung des Gellertschen „Ja,
Bauer, das ist ganz was anderes" hinausliefen und daß das
Selbstlob

> „Dann freilich, da wir alles galten
> da war die rechte goldne Zeit"

auf dem Blocksberge unvergleichlich besser angebracht erschien, als
im Walde von Friedrichsruh. Passender ließ sich ein anderes Goethesches Wort Nemo contra deum nisi deus ipse zum Ausgangspunkte der Betrachtung über Bismarck „sonst und jetzt" nehmen.
Ich wollte nachzuweisen versuchen (und dieser Nachweis konnte unschwer geführt werden), daß Monate vergangen seien, bevor In-
und Ausland glauben gewollt, daß der Bismarck der „Hamburger Nachrichten" und der Staatsmann des Jahrhunderts identisch seien und daß die im Schloßhofe von Friedrichsruh
gehaltenen Reden wirklich von demselben Munde gesprochen worden,
der Europa zwanzig Jahre lang die Gesetze diktiert hatte. Es sollte
darauf hingewiesen werden, daß die Formen, unter denen der Rücktritt sich vollzogen, ehrenvoll genug gewesen seien, um einem großen
Manne die Möglichkeit zu bieten, der Berater seines Fürsten und
seiner Nation zu bleiben und in Wahrheit das Idealbild zu werden,
zu welchem das liebende Gemüt eines dankbaren Volkes ihn gemacht
hatte. An die Frage, ob und wieweit Fürst Bismarck selber diese
unvergleichliche Stellung gewonnen zu haben glaubte, sollte eine
Untersuchung der Weltlage geknüpft und aus dieser die Folgerung
gezogen werden, daß Bismarcks Schöpfung fest genug begründet
gewesen sei, um jeder anderen Erschütterung als derjenigen durch ihren
eigenen Schöpfer trotzen zu können. An die Ziele, die er der
deutschen Politik gesteckt, habe keine Hand zu rühren gewagt, die
Mittel zur Erreichung dieser Ziele aber hätten die seinigen nicht sein
können, weil sie nach der Beschaffenheit der Kräfte zugeschnitten
werden mußten, welche die schwierigste aller Erbschaften übernommen
hätten. Er selber aber habe der Wirksamkeit dieser Mittel einen
Eintrag getan, der die in jedem Falle unvermeidliche Schwierigkeit
einer Fortsetzung seines Werkes ins Unendliche gesteigert habe. Der

Nachweis dafür sollte durch Erörterung der einzelnen Momente des gegebenen Zustandes geführt und das entscheidende Gewicht darauf gelegt werden, daß durch die längst unvermeidlich gewesene An= näherung Rußlands an Frankreich eine neue Lage geschaffen worden sei. Wenn den dadurch bedingten Aufgaben entsprochen werden solle, so werde vor allem notwendig sein, der Nation den inneren Frieden wiederzugeben und die Fiktion zu beseitigen, daß Treue gegen den großen Reichsbegründer und Treue gegen das Reichsoberhaupt unvereinbar geworden seien.

Die Grundzüge einer in diesem Sinne gehaltenen Schrift trug ich dem Grafen Caprivi vor, der sich einverstanden erklärte, soweit das vor Prüfung des Wortlautes überhaupt möglich war. Da die Sache Eile erheischte und die Publikation noch im Laufe des August erfolgen sollte, reiste ich nach Leipzig, um die Modalitäten von Satz und Drucklegung der Broschüre zu besprechen. Unmittelbar nach er= folgter Zustimmung des Verlegers zu dem Plane kehrte ich nach Berlin zurück, um an die Ausarbeitung zu gehen. Bei der Rückkehr in die Wilhelmstraße fand ich eine Mittagseinladung des Kanzlers vor. Wie zu Bismarckscher Zeit war Überrock vorgeschrieben. Die Unterhaltung bewegte sich um Tagesangelegenheiten von untergeord= neter Bedeutung. Von Interesse war die Unbefangenheit, mit welcher Graf Caprivi von der Bescheidenheit seiner Antezedenzien und der durch diese bedingten Einfachheit seiner Gewohnheiten sprach. Nächst dem Geheimrat Göring schien der nach Berlin hinübergenommene persönliche Adjutant Major Ebmeyer des Kanzlers nächster Ver= trauter zu sein.

Anderen Tags machte ich mich an die Arbeit. Zunächst mußten die gemachten Aktenauszüge und die persönlichen Mitteilungen Caprivis kollationiert und geordnet werden, dann wollte ich an die Nieder= schrift gehen, die in etwa 14 Tagen fertiggestellt werden konnte. Noch bevor es dazu gekommen war, wurde mir berichtet, daß Baron Holstein nach mir gefragt habe und daß ich ihn eben jetzt in seinem Arbeitszimmer antreffen würde. Schon ehe er zu reden begann, merkte ich, daß es sich um Mitteilungen von Belang handeln werde.

„Es sind mir", so begann er nach einigen einleitenden Worten, „in diesen letzten Tagen einige Zweifel daran aufgestiegen, ob es zweckmäßig sein wird, gerade jetzt mit einer öffentlichen Apologie unserer Politik hervorzutreten. Ich habe den Eindruck, daß das von den Bismarckverehrern entzündete Feuer im Niederbrennen begriffen ist und daß es erlöschen wird, wenn man ihm nicht neues Material zuführt. Das aber würde geschehen, wenn wir mit einer Schrift hervortreten wollten, die notwendigerweise allgemeine Aufmerksamkeit erregen würde, und deren Ursprung nicht zweifelhaft sein könnte. Ihre Arbeit würde darum keine vergebliche gewesen sein; wir würden das Manuskript in Reserve behalten und mit der Veröffentlichung vorgehen, sobald die Umstände es notwendig machten. Es versteht sich von selbst, daß man Sie für Ihre Mühe ‚königlich' belohnen wird. Ziehen Sie meine Bedenken in Betracht, ich glaube nicht, daß Sie ihr Gewicht verkennen werden. Wir können über die Sache noch einmal reden. Wenn Sie sich einverstanden erklären sollten, bin ich bereit, mit dem Grafen Caprivi in diesem Sinne zu sprechen."

Die Sachlage war einfach genug, um in einem Augenblick übersehen werden zu können: Holstein war dem Projekt des Reichskanzlers, wenn überhaupt, nur bedingungsweise zustimmig gewesen. An der publizistischen Waffenruhe der letzten Tage hatte er Veranlassung genommen, mit seiner wahren Meinung herauszurücken. Er hatte sie — wie ich durchsehen zu können glaubte — dem Reichskanzler bereits gesagt, und von diesem den Auftrag erhalten, mir die Sache mit guter Manier beizubringen. Danach konnte die zu erteilende Antwort nicht zweifelhaft sein.

„Ich habe mich", lautete meine Erwiderung, „zu dem mir erteilten Auftrage nicht gedrängt, sondern lediglich dem Wunsche des Kanzlers nachgegeben und über die Unsicherheit des Erfolges niemals Illusionen gehegt. Ich bin nicht ehrgeizig genug, um an ein Unternehmen zu gehen, dessen Ausgang niemand verbürgen kann, und dessen Mißerfolg auf mich zurückfiele, wenn ich gegen den Rat der Beteiligten vorginge. Von irgend welcher Belohnung kann und darf unter keiner Bedingung die Rede sein. Ich bin ein einfacher

Mensch, für den es der Finasserie nicht bedarf. Lassen Sie mich dem Kanzler selbst sagen, daß ich sofort zurücktreten und die geplante Arbeit aufgeben wolle, noch bevor sie begonnen worden. Auf ‚Vorrat' zu schreiben wäre völlig zwecklos, wo Umstände und Bedürfnisse sich stündlich ändern können."

Herrn von Holstein war diese Lösung offenbar ebenso willkommen wie unerwartet. Er sagte, daß er mein Verhalten in dieser Angelegenheit nicht vergessen werde, und (fügte er mit einer gewissen Wärme hinzu) „wir werden ja noch weiter im Leben miteinander zu tun haben". So weit war alles beendet. Graf Caprivi, den ich sofort aufsuchte, versicherte, daß es ihm leid tue, die Ausführung seiner Absicht vorderhand vertagt zu sehen, daß die Umstände aber in der Tat verändert schienen, daß man abwarten und weiter sehen müsse usw. Unter allen Umständen würde er übrigens wünschen, daß ich weiter arbeitete und meine Schrift in Reserve behielte. Die Gründe, mit denen ich das ablehnte, mußte er indessen gelten lassen. Im übrigen wurde ausgemacht, daß ich noch einige Tage in Berlin bleiben und die begonnenen Aktenauszüge zum Abschluß bringen solle. Ich nahm das an, um nicht weiter Aufhebens zu machen, und ging meiner Wege.

So hatte ich denn drei heiße Juliwochen im Staube der Wilhelmstraße über zumeist unerquicklichen und (wie ich deutlich sah) völlig zwecklosen Arbeiten gebrütet. War das Glück gut, so wurde mir nicht nachgetragen, daß ich Mitwisser von sogenannten Staatsgeheimnissen geworden war, von denen die meisten meiner direkten Vorgesetzten keine Kunde erhalten hatten. Die Gelegenheit, die Gedanken, die den Inhalt meines Lebens gebildet hatten, an der entscheidenden Stelle zum Ausdruck zu bringen war zum zweiten Male und damit für immer verpaßt.

Halbamtliche
Informationsreise nach Rußland.

Zu meiner Überraschung ließ Graf Caprivi anderen Tags mich nochmals zu sich bescheiden. Er fragte mich, ob ich der Meinung sei, daß Rußland während des bevorstehenden Winters politisch freie Hand behalten werde, oder ob anzunehmen sei, daß die durch den vorjährigen Notstand erzeugten inneren Schwierigkeiten sich verschärfen und die Aktion der St. Petersburger Regierung für einige Zeit lähmen würden. „Schweinitz ist auf Urlaub, Rex (der interimistische Geschäftsträger) hat seit längerer Zeit nicht berichtet und Bartels (vieljähriger Konsul in Moskau und mein Nachfolger in Marseille) berichtet überhaupt nicht. Und doch müssen wir wissen, wie wir uns auf den nächsten Winter einzurichten haben." Ich gab zur Antwort, daß ein Urteil darüber nur an Ort und Stelle gewonnen werden könne und daß ich im vorigen Jahre lediglich meine in Livland lebenden Verwandten besucht, St. Petersburg aber seit zwanzig Jahren nicht wiedergesehen hätte.

„Gedenken Sie nicht auch in diesem Herbst Ihre in Dorpat lebende Frau Mutter aufzusuchen?"

„Ja. Aber auch dieses Mal werde ich mich auf die Ostseeprovinzen beschränken müssen."

„Nun so gehen Sie für mich weiter nach Petersburg und

5*

nötigenfalls nach Moskau. Auf Zeit und Geld soll es dabei nicht ankommen, da mir an Ihrer Meinung gelegen ist."

Der Verdacht, daß dieser Vorschlag nichts weiter als eine fiche de consolation bedeute, lag zu nahe, als daß ich ihn hätte von mir weisen können. Nein sagen durfte und wollte ich indessen nicht. Der mir gemachte Antrag war zu ehrenvoll, um abgelehnt zu werden, und zu verlockend, als daß er mich hätte unberührt lassen können. Jede Gelegenheit, meine Kenntnis russischer Zustände erweitern und betätigen zu können mußte mir willkommen sein, um so willkommener, als mir die Einseitigkeit der offiziellen Berichterstattung aus St. Petersburg wohlbekannt war. Ich war mir bewußt, unbefangener urteilen und sachlicher berichten zu können als andere, und sah in doppelter Rücksicht als Pflicht an, von diesem Können Gebrauch zu machen. Nützte es nichts, so schadete es doch auch nichts, wenn die Wahrheit gesagt wurde. Der Kanzler sprach den Wunsch aus, daß ich den Weg nach Petersburg nicht direkt von Berlin, sondern der größeren Geräuschlosigkeit wegen über Stockholm nehmen möge. Er fügte hinzu, daß ich dem Grafen Rex avisiert werden würde und entließ mich damit.

Wie sich von selbst verstand, mußte der übernahme des neuen Caprivischen Auftrages eine Rücksprache mit Holstein folgen. Das Interesse, das dieser an der Sache zeigte, beseitigte die letzten Zweifel daran, daß die Idee von ihm ausgegangen sei. Eine anständigere und wohlfeilere Art, mich zu „belohnen" und gleichzeitig nach Hause zu schicken, war ja kaum denkbar. Holstein selbst mag gleichgültig gewesen sein, ob ich mich in Berlin oder sonstwo aufhielt; die russische Reise mag er sogar für sachlich wünschenswert und für nützlich gehalten haben, soweit sie andere als die gewohnten Informationen versprach: daß Herr von Kiderlen mich nicht gern in der Wilhelmstraße sehe, hatte ich längst erfahren. Aus seinen Mitteilungen darüber, daß den von mir angeregten Nachforschungen nach dem Stande des bulgarischen Kirchenstreites nunmehr keine weitere Folge zu geben sein werde, war die Befriedigung über meine Beseitigung deutlich herauszuhören.

Von dem sommerlich verödeten Berlin war der Abschied bald
genommen; handelte es sich doch um nicht mehr als um die her=
kömmlichen „Abmeldungen" in der Wilhelmstraße. Holstein machte
mir, als ich mich empfahl, den Vorschlag, meiner Reise möglichste
Ausdehnung zu geben und von Moskau nach Nishnij Nowgorod zu
gehen, Ratschläge, die mir wenig zweckmäßig erschienen, wo die
zu gewinnende Information doch nur in St. Petersburg geholt
werden konnte, und wo sogenannte Reiseeindrücke für meinen Auf=
traggeber wertlos sein mußten. Von den Herren von Marschall
und von Rotenhan schied ich, ohne daß der Dinge, die mich nach
Berlin geführt hatten, auch nur mit einer Silbe Erwähnung ge=
schehen wäre: während der Wochen, die ich in der Wilhelmstraße
zugebracht, waren die Namen dieser beiden Ressortchefs immer nur
beiläufig genannt worden. Das gab um so mehr zu denken, als die
Erfahrung gelehrt hatte, daß des Kanzlers Herrschaft über das eigene
Haus eine nur beschränkte sei. Hatte er doch für notwendig gehalten,
den von ihm persönlich einberufenen Beamten schon bei dessen Ein=
treffen vor „Unfreundlichkeiten" im Auswärtigen Amte zu warnen.
Meine nächsten Vorgesetzten, die Herren von der handelspolitischen
Abteilung, waren gleichfalls aus dem Spiele gelassen und — wie
es schien — mit dem Zweck meiner Einberufung überhaupt nicht
bekannt gemacht worden. Bei wem lag denn das eigentliche Regi=
ment? Direkte Antwort darauf habe ich auch in der Folge nicht er=
halten. „Ich habe es nicht möglich machen können, obgleich ich es
wünschte," sagte Caprivi mir bei einer späteren Gelegenheit, als
von der Besetzung eines Postens im östlichen Europa die Rede war,
der mir, wie ich glaubte, zu ersprießlicheren als den bisher geleisteten
Diensten Gelegenheit geboten hätte.

Den Weg nach St. Petersburg über Stockholm zu nehmen,
war mir doppelt willkommen, weil ich dadurch Gelegenheit erhielt,
Busch noch einmal zu sehen, ihm und den Seinigen für die mir reich
bewiesene Freundschaft zu danken: fast unmittelbar nachdem ich die
Ladung nach Berlin erhalten hatte, war seine Versetzung von Stock=
holm nach Bern erfolgt. Die auf unser Zusammenleben gegründeten

Pläne waren über Nacht auseinandergeflossen, und mir blieb nur
übrig, von dem bewährten Freunde Abschied zu nehmen. Daß es
ein Abschied fürs Leben sei, ahnten wir beide nicht — auch Busch
nicht, der die Schmerzen in Brust und Armmuskeln, an denen er
seit Jahren litt und die ihm den Schlaf raubten, für Erscheinungen
nervöser Natur hielt, die er sich durch geistige Überanstrengung zu=
gezogen haben wollte. In Wahrheit war es ein inneres Geschwür,
das dem Leben des vortrefflichen, anscheinend so rüstigen Mannes
im November 1895 ein Ende machte. Vorüber! vorüber!

Bereits am 29. Juli mußte die Weiterreise angetreten werden.
Sie begann unter günstigen Zeichen. An Bord des Dampfers, der
mich über Abo, Hangö, Helsingfors und Wiborg nach St. Peters=
burg führte, machte ich die Bekanntschaft unseres Marineattachés
„für die nordischen Reiche", des Kapitäns z. S. Kalau vom Hofe,
eines gescheiten und liebenswürdigen Mannes von unermüdlicher
Tätigkeit und kühnem Wagemut. Binnen weniger Monate hatte
Herr von Kalau eine Kenntnis des russischen Seewesens, der balti=
schen Küsten= und Schiffahrtsverhältnisse erworben, die um so er=
staunlicher erschien, als sie durch ein allgemeines Aperçu russischer
Zustände und Menschen ergänzt wurde, wie ich sie von einem Zeit
seines Lebens mit den speziellen Aufgaben seines Berufs befaßten
jugendlichen Flottenoffizier nimmermehr erwartet hätte. Vergleiche
zwischen diesem Gelegenheitsdiplomaten und den Herren von der
Zunft drängten sich von selbst auf. Mit der Aufgabe, den rechten
Mann an die rechte Stelle zu setzen wußte man es in unserer Armee=
und Marineverwaltung offenbar sorgfältiger und genauer zu nehmen
als im Auswärtigen Amte, wo planloses Hin= und Herschieben der
den verschiedenen Missionen zugeteilten Legationssekretäre die Regel
bildete, und wo von Aus= und Vorbildung zu bestimmten Aufgaben
nur ausnahmsweise die Rede war. Und wieviel ernster und ge=
wissenhafter nahmen diese militärischen Herren ihren Beruf, als
ihre diplomatischen Durchschnittskollegen, denen Teilnahme an
Hoffestlichkeiten, Jagden und gesellschaftlichen Veranstaltungen die
Hauptsachen zu sein pflegen! Geschäftlichen Eifer betätigen an=

gehende Diplomaten gewöhnlich nur, wenn sie in Abwesenheit der Titulare als Geschäftsträger fungieren oder „en pied" die Gerenz führen. Ernsthaftes Studium von Land und Leuten und Versuche, einen Teil der Geschäfte zu regelmäßiger Besorgung in die Hände zu bekommen ließen sich höchstens einzelne, besonders strebsame junge Männer angelegen sein, indessen das Gros aus Vergnügungsjägern „tout court" oder aus solchen Vergnügungsjägern besteht, die nebenbei sogenannte Streber sind. Das Bedauern über diesen herkömmlich gewordenen Zustand müßte um so lebhafter sein, als die in den diplomatischen Dienst gebrachte Vorbildung unserer Legationssekretäre diejenige ihrer Kollegen gewöhnlich übertrifft. Vollständig lassen sich die Gewöhnungen von jungen Männern, welche die Zucht deutscher Gymnasien und die Schule deutschen Verwaltungsdienstes durchgemacht haben, eben nicht totmachen. Das Übel liegt in der traditionellen Vorstellung, als ob diplomatische Tätigkeit von aller übrigen Beamtenarbeit fundamental verschieden sei und als ob wir noch in den „glücklichen" Tagen des ancien régime lebten, zu denen die Völkergeschichte von der exklusiven Gesellschaft und deren Teilnehmern bestimmt wurden. Und dabei sollten und müßten unsere Diplomaten genauer als andere Sterbliche darüber unterrichtet sein, daß in der Mehrzahl europäischer Staaten die Tummelplätze des Hofadels und der Hofgesellschaft von den Mittelpunkten großer Geschäfte so weit abliegen, daß auf ihnen weniger zu holen ist, als in der Welt, in welcher man sich nicht oder doch nicht immer belustigt. Daß der Besitz reichlicher Geldmittel für diplomatisches Fortkommen unentbehrlich ist, versteht sich von selbst: daß er weder das einzige noch das wesentlichste Erfordernis für diese Karriere bildet, scheint man noch lernen zu müssen. Fürst Bismarck (dessen Traditionen angeblich in unser eisernes Inventar übergegangen sind) hat das gewußt und danach gehandelt, in dieser Beziehung aber nicht Schule zu machen vermocht.

Die Seereise von Stockholm nach St. Petersburg nahm volle zwei Tage in Anspruch, weil sie durch Aufenthalte auf den Zwischenstationen wiederholt unterbrochen wurde. Gute Gesellschaft und

freundliches Wetter machten diese Fahrt zu einer Lustpartie, die sie
an und für sich nicht ist. Von zwei kurzen Stunden offener See ab=
gesehen, geht der Weg unaufhörlich durch Schären, die von den=
jenigen des Mälarsees und des Stockholmer „Schärgartens" in
nichts verschieden sind und auf die Länge den Eindruck der Ein=
tönigkeit machen. „Sie haben ganz Schweden gesehen", hatte Busch
mir gesagt, als ich ihm in seinem am Mälar belegenen Landsitze
Södertelje den ersten Besuch machte. Er hätte hinzufügen können
„und die gesamte finnländische Küste" — eigentliche See bekommt
man weder im Bottnischen noch im Finnischen Meerbusen zu sehen,
und der Charakter der Felsen und der Insellandschaft bleibt auf der
gesamten Strecke von Abo bis Kronstadt der nämliche.

Ich hatte St. Petersburg seit länger als zwei Jahrzehnten nicht
gesehen, fand diese Stadt indessen wesentlich unverändert vor. Trotz
der Großartigkeit der Anlage kann die russische Residenzstadt nicht
verleugnen, daß sie eine künstliche Schöpfung ist, der die Wurzeln
gesunden und organischen Wachstums fehlen. Die Bevölkerung hat
seit einer Reihe von Jahren nicht mehr zugenommen, zu Neubauten
liegt in der neuesten der europäischen Residenzen nur ausnahmsweise
Veranlassung vor, und wenn binnen Jahresfrist fünfzehn neue
Häuser aufgerichtet werden, so gilt das Maximum für erreicht. Die
bei Ausgang der sechziger Jahre errichtete, dem Kaufhofe benach=
barte Kapelle zur Erinnerung an das Karasowsche Attentat und die
unweit der Stätte der Ermordung Alexanders II. gebaute Sühne=
kirche haben die Physiognomie des Ganzen nicht zu verändern ver=
mocht. An den demokratisierenden Einfluß des letzten Vierteljahr=
hunderts gemahnten allein die neuen Verkehrseinrichtungen (Pferde=
bahnen und kleine Dampfer) und die Einrichtung von Gartenanlagen,
welche den ungeheuren Einöden des Admiralitäts= und des Isaaks=
platzes ein freundlich verändertes Aussehen gegeben haben. Am Elias=
tage (1. Aug. n. St.) eingetroffen, fand ich die immerdar nur mäßig
belebte Stadt veröderter denn je. Das an diesem Tage traditionelle
Gewitter (seine Fahrt in den Himmel soll der Prophet „Ilja" bei
Donner und Blitz genommen haben), die von Kosaken geleitete große

Prozession über den Newskij-Prospekt und Unbequemlichkeiten der Holzpflasterarbeiten auf den Hauptstraßen nahmen sich genau so langweilig aus wie vor fünfundzwanzig und vor fünfunddreißig Jahren. Bei der Fahrt durch die große Morskai fiel mir der geistreiche Tunichtgut Graf Sollohub ein, den ich hier vor vielen Jahren zuweilen besucht hatte. Sein bitteres Wort von der Stadt, „in welcher die Gassen immer naß und die Herzen immer trocken bleiben", hatte trotz des Wechsels der Zeiten und Menschen unveränderte Geltung behalten. Was sich verändert hatte, war die Stellung des deutschen Elements in der Stadt, „hinter welcher der große, gewöhnlich Rußland genannte Raum liegt." übereinstimmend berichteten die alten, zumeist dem ärztlichen Stande angehörigen Freunde, die ich aufsuchte, daß namens des Nationalitätsprinzips auf die Verdrängung der Nichtrussen, insbesondere aber der baltischen Deutschen aus allen irgend ansehnlichen Stellungen systematisch hingearbeitet werde. Staat und Kommune kämen diesem Ziele täglich näher, während die außerhalb des Beamtentums und der Gelehrtenwelt stehenden Klassen der deutschen Kaufleute und Industriellen ihre Stellungen zu behaupten wüßten, „weil sie mehr arbeiteten, besser wirtschafteten und reichlichere Mittel besäßen" als ihre nationalen Mitbewerber. Neu war ferner die früher unbekannt gewesene Scheidung zwischen Reichsdeutschen und „russischen" Deutschen. Seit es ein Deutsches Reich gab, bildeten Botschaft und Konsulat Mittelpunkte, auf welche das politische Rückgrat der Kolonie sich stützen konnte, eine Empfindung davon, daß der Deutsche ein Vaterland besitze, und daß dieses Vaterland einen mächtigen Staat bilde, hatte sich wenigstens den jüngeren Elementen der „reichsdeutschen" Gesellschaft mitzuteilen begonnen. Ganz so erheblich wie früher war die Zahl derjenigen nicht mehr, die sich von der „Großartigkeit" der russischen Verhältnisse blindlings imponieren ließen, und die über dem „neuen Vaterlande, wo sie ihr Glück gemacht", das alte Vaterland vergaßen. Biedermänner, die trotz angeblicher deutsch-patriotischer Gesinnungstüchtigkeit den alten bedientenhaften Standpunkt einnahmen, fehlten darum auch jetzt

nicht. Auch das bekannte Lied „von der Freiheit in Rußland" und
von der „vollen Unabhängigkeit", deren man sich erfreue, sowie man
weder auf den Kaiser, noch auf den Staat, noch auf die Kirche
schimpfe, konnte bei Gelegenheit noch vernommen werden. Was über
Entstehung und relative Berechtigung desselben seinerzeit von Viktor
Hehn gesagt worden, gilt, mit gewissen Einschränkungen, eben noch
heute: „Mit dem Leben in Deutschland verglichen, hat das Leben
in Rußland den Reiz des Jugendlichen, weiterer Verhältnisse, leich=
terer Bewegung. Es schleppt sich mit keinem Ballast der Vergangen=
heit, es wird nicht von Skrupeln und Philistereien eingeengt, auch
nicht vom Gemüte verschwemmt und getrübt. Da ist zwar auch Ge=
waltsamkeit und Herrschaft im Leben, aber sie hat nicht als ein
System sentimentaler Trauer in der Brust des Bedrückten selbst
ihren Sitz. Da gibt es zwar Rangklassen aber keinen Hochmut des
Edelmannes, wer sich zu benehmen weiß und französisch spricht, hat
überall Zutritt. Dieselbe wenig komplizierte Sitte geht über das
ganze weite Reich; die Leichtigkeit, sie sich anzueignen, und der welt=
männische Takt, der hier als erstes Zeichen der Bildung gilt, machen
hier das Leben bequemer. Dabei ist das Fortkommen verhältnis=
mäßig so leicht, und wer nur halb Hand anlegt, dem gelingt es."
Daß dieser letzte Punkt der entscheidende ist, geht schon daraus her=
vor, daß die fremdländischen laudatores Russiae vornehmlich in den
kommerziellen und industriellen Kreisen gefunden werden, denen
Verkehrsmittel und Bedürfnisse unserer Tage weiten Spielraum er=
öffnet haben. Daß nicht der Tummelplatz des Lebens, sondern sein
Gehalt ihm den Wert gibt, ist zu allen Zeiten allein von einer Min=
derheit von Menschen begriffen worden.

Auf eine Minderheit war ich auch rücksichtlich der Informationen
angewiesen, die von mir eingezogen werden sollten. über die Kreuz=
und Querfahrten, die zu diesem Behufe innerhalb wie außerhalb
Petersburgs unternommen werden mußten, wird besser geschwiegen.
Neuer Bekanntschaften an der Newa bedurfte es dazu kaum. Erst
nachdem ich an die alten und bewährten Quellen gegangen war,
suchte ich unsere Botschaft auf, die während der toten Jahreszeit

ausschließlich durch den Geschäftsträger Grafen Rex und den
Bureauvorsteher Kelchner vertreten war; den letzteren hatte ich
bereits bei Beginn seiner St. Petersburger Tätigkeit im Jahre 1855
gelegentlich gesehen. In dem Geschäftsträger lernte ich einen leb=
haften und gescheiten jungen Mann von guten Formen kennen, der
bei dem Hofe des Großfürsten Wladimir und bei dessen mecklen=
burgischer Gemahlin besonders gut angeschrieben war und über die
Hauptsachen einigen Bescheid wußte. Er lud mich zum Essen ein
und war so liebenswürdig, einen Mann zum Partner unserer kleinen
Gesellschaft zu nehmen, dessen Kenntnis russischer Zustände ich viel=
fach hatte rühmen hören, und der sie in der Tat bewährte, den
österreichisch=ungarischen Legationssekretär (späteren Gesandten in
Bukarest) Baron Ahrenthal (den nachmaligen Minister des Aus=
wärtigen); den österreichischen Militärattaché, Obersten Klepsch,
kennenzulernen blieb mir zu meinem Bedauern versagt, weil dieser
bestunterrichtete aller in St. Petersburg akkreditierten Diplomaten
verreist war. Das vom Grafen Rex veranstaltete Mittagessen dauerte
von 6½ Uhr abends bis 2 Uhr morgens und war so belebt, daß
ich das Ende lebhaft bedauerte. Im Mittelpunkte der Unter=
haltung standen die Beziehungen Deutschlands, Österreichs und Ruß=
lands zu den Balkanländern und die Frage nach dem Verhältnis des
Orients zu den deutschen Interessen. „Da es zwischen uns (Deutsch=
land und Österreich) keine bezüglichen Geheimnisse gibt", sprachen
beide Herren sich so rückhaltlos aus wie unter den gegebenen Um=
ständen möglich erschien. Nichtsdestoweniger blieb mir der Eindruck
zurück, daß das gegenseitige Vertrauen (nicht der anwesenden Per=
sonen, sondern der von ihnen vertretenen Mächte) seine sehr be=
stimmten Grenzen habe. Wiederholt wurde ich an ein Wort erinnert,
das Busch mir bei Gelegenheit einer Erörterung der nämlichen Ma=
terie gesagt hatte: „Sobald die Österreicher wüßten oder durch=
fühlten, daß wir die okzidentalen Interessen auf der Balkanhalb=
insel zu unseren eigenen machten, würden sie sich zurückziehen, uns
die Last aufbürden und gern sehen, daß das Mißtrauen Rußlands
von ihnen ab= und auf uns zugelenkt würde." Der Verdacht, daß

die guten Freunde im innersten Herzen die Verbindung mit Rußland
jeder anderen vorziehen würden, wäre danach in Berlin ebenso be=
rechtigt wie in Wien. Berührungen dieses heiklen Punktes gingen
meine beiden Tischgenossen nicht gerade aus dem Wege, dabei
zu verweilen hielten sie indessen nicht für zweckmäßig. Erzherzog
Albrecht war damals noch am Leben; die Annahme, daß mit
diesem Prinzen die altösterreichische Tradition zu Grabe getragen
werden würde, mag Herr von Ahrenthal nicht geteilt haben. Er
galt für einen der nächsten Freunde Kalnokys und übernahm den
Bukarester Posten erst nach dem Rücktritt dieses Staatsmannes, der
ihn während der letzten Jahre seiner Verwaltung in das Wiener
Ministerium gezogen hatte.

Die Reisen, die ich von St. Petersburg aus unternahm, be=
schränkten sich auf den westlichen Teil des russischen Reichs. Das
im Hochsommer ausgestorbene Moskau aufzusuchen hätte keinen
Sinn gehabt, wo der Ausbruch der Cholera die Zahl der Städte=
flüchtigen noch über das gewöhnliche Maß hinaus vermehrt hatte.
Über die Hauptsache war ich binnen verhältnismäßig kurzer Zeit
gründlich genug unterrichtet worden, um apodiktisch sagen zu können,
daß die Aktionsfreiheit der St. Petersburger Regierung während des
Winters 1892/93 keinen Augenblick gestört sein werde. Obgleich
die Ernten auch dieses Mal ungünstig ausgefallen waren und die
ländlichen Zustände trostloser denn je aussahen, waren Notstände und
Verlegenheiten von dem Umfang der vorjährigen nicht abzusehen,
Störungen der öffentlichen Ruhe völlig ausgeschlossen. Der an Not
und Elend gewöhnten ländlichen Massen war die Regierung sicherer
denn je, die vielfach von Unzufriedenheit angefressenen höheren
Klassen hatten das Vertrauen zu sich selbst und zu der Heilkraft der
liberalen Ideen völlig verloren. Der in Frankreich, Deutschland,
Österreich usw. beobachtete Niedergang des Parlamentarismus war
mittelbar zur Stütze des Glaubens an die Unentbehrlichkeit des
russisch=nationalen Absolutismus, der sogenannten „Selbstherr=
schaft“, und des von diesem bedingten Systems geworden. Be=
merkenswerter als alles übrige aber schien der ungeheure Zuwachs,

den die äußeren Machtmittel der Regierung während des letzten
Jahrzehnts erfahren hatten. Die von einem Punkte aus geleitete
Staatsmaschine arbeitete überall da, wo es äußeren, greifbaren
Zwecken galt, mit einer Präzision, die in früherer Zeit unerhört ge=
wesen wäre, und die demgemäß meine Verwunderung erregte.
Von Hebung der materiellen Wohlfahrt und des sittlich=intellektuellen
Niveaus der Nation war weniger denn je, und noch sehr viel weniger
als zu Zeiten Alexanders II. die Rede. Das Gouvernement Alexan=
ders III. hatte in dieser Beziehung vollständig resigniert. Mit den
„idealen" Aufgaben des Staatslebens glaubte der „nationale" Zar
durch Forderung der Pobedonoszewschen Rechtgläubigkeit genug getan
zu haben. „Die Selbstherrschaft war wieder ihr eigener Zweck, ihre
Erhaltung die eigentliche Aufgabe der Regierung geworden", rück=
sichtlich der zu diesem Zweck in Bewegung gesetzten Mittel aber war
man so weit „modern" geworden, daß man sich der technischen und
administrativen Errungenschaften der Zeit nach Möglichkeit zu be=
mächtigen suchte. Wo es sich darum handelte, Schlagfertigkeit,
finanzielle Ausgiebigkeit und Beweglichkeit der ungeheuren Ma=
schine zu erhöhen, wurden weder Mittel noch Anstrengungen gespart.
Auf den dafür gezahlten Preis und auf die gebrachten Opfer sollte
es nicht ankommen, wenn nur der augenblicklich angestrebte Zweck
erreicht wurde. Daß in dieser Beziehung Bedeutendes geleistet wer=
den konnte, hatte ich während meiner Reise mit eigenen Augen ge=
sehen. Auf das erste Gerücht vom Ausbruch der Cholera waren zehn
Millionen Rubel (ungefähr zwanzig Millionen Mark) zur Bekämp=
fung der Seuche hergegeben worden. Daß ein großer Teil dieses
Betrages gestohlen und vergeudet wurde, verstand sich von selbst,
mit dem Rest aber gelang es, in den zunächst bedrohten Gegenden
umfassende Präventivmaßregeln ins Werk zu richten. Ich war Zeuge
davon, wie in entlegenen Flecken und Kleinstädten mit der Aus=
führung von Reinigungs= und Sanierungsanstalten vorgegangen, auf
zweckmäßige Verteilung von Ärzten und Heilmitteln und auf die
Erteilung von Instruktionen Bedacht genommen wurde, welche eine
wenigstens annähernd zuverlässige Berichterstattung über den öffent=

lichen Gesundheitszustand in Aussicht stellten. Den Bezirksärzten
war ausdrücklich zur Pflicht gemacht worden, dieses Mal die Wahrheit zu sagen. Auf großen und kleinen Eisenbahnen waren Einrichtungen für Gewährung der ersten Hilfe getroffen, Ratschläge an
das Publikum angeheftet und Desinfektionsmittel verteilt worden,
deren Benutzung unter strenger Kontrolle stand. Daß all diese Dinge
nur einige Zeit in Wirksamkeit bleiben, und daß die früheren chaotischen Zustände nach Abwendung der nächsten Gefahr in ihr Recht
treten würden, wurde von niemand bezweifelt. Immerhin aber
wurde diese Gefahr abgewendet und damit der Beweis geführt, daß
die Regierung, wo es galt und wo es sich um die Erreichung zeitlich begrenzter äußerer Zwecke handelte, ihren Willen durchsetzen
konnte. Die Fortschritte, welche der Verwaltungsapparat nach der
Seite seiner momentanen Leistungsfähigkeit gemacht hatte, waren
handgreiflich und überraschend. Was dieses Mal hatte erreicht
werden können, mußte auch bei größeren und wichtigeren Gelegenheiten fertiggebracht werden können. Auf Verbesserung des Heerwesens, der Bewaffnung und des Verkehrswesens, sowie der Einrichtungen für Aushebung und Mobilmachung war in der Tat ernsthafter
Bedacht genommen worden. Allmacht und Rücksichtslosigkeit der Regierung hatten außerdem erreicht, daß der Rückgang des nationalen
Wohlstandes auf den Zustand der Staatsfinanzen diejenigen Wirkungen nicht übte, die in jedem anderen, rationell verwalteten Staate
unvermeidlich geworden waren.

Auf meine Anschauungen über das gegenwärtige und das künftige
Verhältnis zwischen deutschen und russischen Machtmitteln übten
diese an der Hand zahlreicher Einzelbeobachtungen gemachten, von
Sachkennern der verschiedenen Parteien bestätigten Wahrnehmungen
nachhaltigen Eindruck. Von meiner Reise hatte ich Bestätigungen
der weitverbreiteten Meinung erwartet, nach welcher jedes neue
Friedensjahr unsere Position stärken, diejenige Rußlands schwächen
sollte. Hier allmählicher, wenn auch mannigfach gehemmter materieller und moralischer Aufschwung, dort zunehmende Verarmung
(„Verlumpung," wie ein bekannter russischer Schriftsteller gesagt

hat) bei gleichzeitiger Zersetzung der Volkskräfte, wie hätte das schließliche Resultat da zweifelhaft sein können? Die Prämissen waren richtig, die Schlußfolgerung falsch. In Rußland sind die staatlichen Aktions= und Machtmittel in noch rascherem Wachstum begriffen, als die Rückgänge der Volkskraft. Die ungeheure Aus= dehnung des Staates, der niedrige Stand der Volksbildung und die nationale Gewöhnung an Unfreiheit und Misere sorgen dafür, daß der gegenwärtige Zustand noch zwanzig Jahre lang erhalten werden kann, ohne daß er zum brechen kommt. Jede neue Erwerbung, mag sie territorialer oder technischer Natur sein, kommt zunächst und vor allem der Regierung zugute, die dadurch an Schlagfertigkeit ge= winnt, ohne an Widerstandsfähigkeit zu verlieren. Je länger der Friede dauert, desto größer werden Zahl und Umfang der Mittel, welche diese Regierung in die Hände bekommt, desto höher steigen ihre Aussichten auf den Erfolg im Falle des Zusammenstoßes. Bleibt der von den Russen erwartete Erfolg aus, so würde die Sache frei= lich umgekehrt liegen, und der Umfang der eintretenden Verwirrung ungleich größer sein, als bei kürzerer Dauer der stattgehabten Miß= wirtschaft und bei früherer Bloßlegung der eingetretenen Fäulnis. Fraglich bliebe aber auch in solchem Falle, ob das die Russen nicht näher anginge als uns, denen die längere Dauer des Erwartungs= zustandes fortwährend erhöhte Opfer auferlegt hätte.

Den Rückweg nach Deutschland nahm ich durch die Ostsee= provinzen, in denen ich die früheren trostlosen Zustände nahezu unverändert wiederfand. Wie sich hatte erwarten lassen, war aber= mals eine Anzahl deutscher Professoren der Dorpater Hochschule entlassen und durch zufällig aufgegriffene Russen und Russen= genossen ersetzt worden. Unter den Vertriebenen befand sich mein Freund, der Physiker Arthur von Oettingen, den man schon seines guten Namens wegen nicht länger hatte dulden wollen, und der sich zusamt seiner zahlreichen Familie zur Auswanderung hatte ent= schließen müssen; er war dreißig Jahre lang akademischer Lehrer von anerkannter Tüchtigkeit und ungewöhnlichem Lehrtalent ge= wesen und stand als sechsundfünfzigjähriger Mann auf der Höhe

seiner Leistungsfähigkeit. Sein Nachfolger war ein vierundzwanzig=
jähriger Fürst Galizin, der als frischgebackener Straßburger Doktor
nach Dorpat kam, übrigens zu sehr Gentleman war, um sich in
der ihm oktroyierten unliebsamen Stellung zu gefallen, und der
diese nach Jahresfrist mit einem Platz in der St. Petersburger
Akademie der Wissenschaften vertauschte. Zu den schwersten der
damals auf die unglückliche Universität gefallenen Schlägen gehörte
die Berufung eines aus Budapest berufenen tschechischen Strebers
auf den Lehrstuhl der Kirchengeschichte. Mit der Naivität des Igno=
ranten hatte dieser „Gelehrte" sich erboten, alsbald nach seinem Ein=
tritt in das neue Amt Vorlesungen über baltische Kirchengeschichte
zu halten, und acht Tage vor Beginn der Vorlesungen einen seiner
Kollegen gebeten, „ihm die erforderlichen Bücher zu leihen". Das
wichtige Katheder für Landwirtschaft war seit Jahr und Tag un=
besetzt geblieben, weil kein zu dessen Ausfüllung geeigneter Russe
hatte ausfindig gemacht werden können: in dem großen Reiche be=
stand während der Jahre der großen landwirtschaftlichen Krisis keine
einzige Lehranstalt, ja kein einziger Lehrstuhl, der Kenntnisse über
das wichtigste aller Gebiete des russischen Wirtschaftslebens hätte
verbreiten können!

Justiz und Verwaltung der Ostseeprovinzen waren wäh=
rend der letzten Jahre so weit russisch geworden, wie das in einem sieben
Jahrhunderte lang deutsch gewesenen Lande überhaupt möglich war.
Als überbleibsel der Vergangenheit waren in den Städten die alten,
jetzt auf untergeordnete Funktionen beschränkten Gildenverbände,
auf dem flachen Lande gewisse ständische („ritterschaftliche") In=
stitutionen stehen geblieben. Mit der Erhaltung dieser letzteren hatte
es eine eigentümliche, für die Tendenzen der Regierung höchst be=
zeichnende Bewandtnis. Eine aus Vertretern der verschiedenen Mini=
sterien und aus Repräsentanten der baltischen Stände zusammen=
gesetzte Kommission war mit der Ausarbeitung eines „Projekts zur
Reorganisation des Landschaftswesens in den Ostseegouvernements"
beauftragt und zunächst damit beschäftigt gewesen, die bestehenden
Einrichtungen zu prüfen. Nach Beendigung dieser Arbeit hatte der

Vertreter des Kriegsministeriums das Wort ergriffen und zu all=
gemeiner Überraschung die Erklärung abgegeben, daß er seinesteils
und im Interesse seines Ressorts die unveränderte Aufrechterhaltung
des status quo beantragen müsse. Mit den Zuständen der „inneren
Gouvernements" durch vieljährige Erfahrungen genau bekannt ge=
worden, habe er die Überzeugung gewonnen, daß die baltischen In=
stitutionen von denjenigen der übrigen Teile des Reichs so vorteilhaft
verschieden seien, daß ihre Aufhebung, bzw. die Einführung russisch=
bureaukratischer Ordnungen eine Schädigung des Staatsinteresses
und insbesondere der Interessen seines Ressorts bedingen würde.
In den ihrer geographischen Lage nach strategisch besonders wichtigen
Ostseeprovinzen sei es im Hinblick auf die gegenwärtige politische
Lage von höchster Wichtigkeit, das Ersatzgeschäft, die Kontrolle über
Verbleib der Reservisten, den Mobilmachungsapparat und das Ver=
pflegungswesen in zuverlässigen Händen zu wissen. Rücksichten auf
die nationale Bedeutung der ständischen Einrichtungen Liv=, Est= und
Kurlands kämen für ihn nicht in Betracht. Die Tatsache, daß die
baltischen Organe ihre auf das Militärwesen bezüglichen Funktionen
so vortrefflich versähen, daß ihre Ersetzung durch neue Einrichtungen
eine Torheit bedeuten würde, sei für ihn genügend. In solchem
Sinne werde er seinem Chef, dem Kriegsminister Wannowski, be=
richten und ihn ersuchen, bei Sr. Majestät auf unveränderte Er=
haltung des bestehenden Zustandes hinzuwirken.

Dieses Votum hatte den Ausschlag gegeben und den livländi=
schen Gouverneur Sinowjew, einen gewissenlosen, aber gescheiten
Streber, zu einem Bericht im Sinne des Kriegsministeriums be=
stimmt. Bürgschaften für dauernde Aufrechterhaltung des gefaßten
Beschlusses fehlten natürlich, für den Augenblick aber war von der
„Reform" des baltischen „Landschaftswesens" nicht mehr die Rede.
Die Rücksichten auf die militärische Sicherheit des „strategisch wich=
tigen Grenzlandes" hatten dieses Mal schwerer gewogen als alle Er=
wägungen „nationaler" Politik. Mit der Friedfertigkeit und dem
souveränen Sicherheitsgefühl des nordischen Kolosses war es offen=
bar nicht so weit her wie man uns glauben machen wollte! Die Ver=

v. Eckardt, Caprivi. 6

handlungen der in Rede stehenden Kommission waren allerdings
während des vorigen (Notstands= und Hunger=) Jahres geführt wor=
den, wo Besorgnisse vor einem deutschen Angriff auf Rußland weit
verbreitet waren und in Regierungskreisen vielfach erörtert wurden.
„Et pour cause“, wie der Berichterstatter über die oben erwähnte
Verhandlung eingestand. Ein Zusammentreffen ungünstiger Um=
stände, wie es so leicht nicht wieder vorkommen wird, hatte Ruß=
land in einen Zustand momentaner Entkräftung versetzt, der unschwer
in denjenigen halber Wehrlosigkeit hätte verwandelt werden können.
Dem Einbruch des Notstandes war der berühmte „Tag von Kron=
stadt“ so direkt vorhergegangen, daß die Gegner dieser Verbrüde=
rungsfeier mit Fug und Recht behaupten konnten, der für die Affi=
chierung der neuen Allianz gewählte Zeitpunkt sei der denkbar un=
passendste gewesen. Bis in das Frühjahr (1892) hinein hatte man
sich in St. Petersburg darauf einrichten zu müssen gemeint, daß das
mit studierter Unfreundlichkeit behandelte Deutsche Reich diesen für
eine Abrechnung unvergleichlich günstigen Zeitpunkt wahrnehmen und
losschlagen werde. Denn darüber, daß es einmal zur kriegerischen
Abrechnung mit dem westlichen Nachbarn kommen müsse und werde,
stimmten die Männer der Vernunft und des Friedens mit den Narren
zusammen, die die albernen Phrasen von der „Zudeckung Europas
mit Kosakenmützen“ und von der bevorstehenden Verwandlung
Berlins in ein „Gerstenfeld“ gedankenlos nachsprachen. Über diese
mit echt russischem „abandon“ kundgegebenen Stimmungen und
Befürchtungen schien man in den Ostseeprovinzen offenbar noch ge=
nauer unterrichtet gewesen zu sein als auf unserer Botschaft, der
die Besorgnisse der St. Petersburger Machthaber übrigens nicht ent=
gangen waren und die wiederholt Veranlassung gehabt hatte, die
unveränderte Friedlichkeit unserer Absichten zu betonen. Immerhin
durfte auch von diesen Wahrnehmungen Akt genommen werden.
Graf Rex hatte mir gesagt, daß es botschaftliche Tradition sei, über
Zustände und Vorgänge in den baltischen Provinzen nicht zu be=
richten. Für mich war das Grund genug, den Ausführungen über
den Hauptgegenstand meiner Mission eine ausführliche Darstellung

der Wirtschaft folgen zu lassen, welche namens der „zeitgenössischen" Prinzipien der „Staatseinheit" und des „Nationalismus" in der preisgegebenen alten Kolonie des Römischen Reiches Deutscher Nation getrieben wurde. Einen während der ersten Hälfte meiner Reise genommenen Aufenthalt an der polnisch-litauischen Grenze hatte ich dazu benutzt, die Verhältnisse des Njemen- und Weichselgebietes in den Bereich meiner Beobachtungen zu ziehen.

Früher als notwendig gewesen wäre, brach ich von Dorpat auf. Aus Berlin waren so beunruhigende Gerüchte über neue Angriffe gegen den Grafen Caprivi nach Livland gedrungen, daß ich für Pflicht hielt auf dem Platze zu sein. Um etwaigen Schwierigkeiten an der von Cholerabefürchtungen bewegten Landgrenze zu entgehen, schiffte ich mich in Reval nach Lübeck ein. Den alt-hanseatischen Typus zeigte die romantische Hauptstadt des ehemaligen Herzogtums Estland in unveränderter Reinheit, nächst Lübeck erschien sie mir als altertümlichste aller Hansastädte. Als Residenz des niedrigsten und bösartigsten aller in die baltischen Länder entsendeten Satrapen, des Fürsten Schachowskoi, war die schöne alte Stadt indessen schwerer heimgesucht worden als irgend eine ihrer Schwestern. Die Straßen, auf welche stilvolle Patrizierhäuser, stolze Dome und prächtige Gildenhäuser herabschauten, waren mit russischen Namen und russischen Schildern behaftet; nirgend wurde eine deutsche Inschrift, ein deutsches Wort geduldet. Auf den Tag meiner Durchreise durch Reval war das Namensfest eines in der Kulturwelt niemals genannten byzantinischen Wundertäters gefallen. In Gemäßheit strenger Vorschriften Schachowskois mußten dem russischen Heiligen zu Ehren die Läden und Geschäfte der altprotestantischen Stadt ängstlich geschlossen gehalten werden; nur mühsam gelang es mir, einen von Spionenfurcht geängstigten Uhrmacher zum Verkauf eines Uhrglases zu bestimmen. „Wenn der Herr Gouverneur oder der Polizeimeister das erfährt, kann ich große Unannehmlichkeiten erfahren," äußerte der geängstigte Mann im Tone der Besorgnis. Am schlimmsten sah es auf dem „Dom", einer die Stadt dominierenden Anhöhe aus, die als Sitz des Adels in früherer Zeit eine

Ausnahmestellung eingenommen und bis zur Einführung der russi=
schen Städteordnung eine eigenrechtliche Verwaltung besessen hatte.
Inmitten der alten „Burgsitze" war ein Platz freigelegt worden,
auf welchem eine russische Kathedrale erbaut wurde, deren Türme
weit über die See hinaus den Sieg des Byzantinismus über die
deutsch=protestantische Gesittung des Landes verkündigen und dem
Fürsten Schachowskoi unvergänglichen Anspruch auf die Dankbarkeit
des rechtgläubigen Rußland sichern sollten.

Nach mehrtägiger stürmischer Fahrt in Lübeck angelangt, wurde
ich daselbst von der Trauerkunde überrascht, daß in Hamburg eine
Choleraepidemie ausgebrochen sei, wie sie seit Menschen=
gedenken in Deutschland nicht mehr erlebt worden. Die Verant=
wortung dafür sollte der Senat tragen, der unterlassen hatte, die
Wasserleitung der zweiten Stadt Deutschlands mit den gehörigen
Filtrierapparaten versehen und dadurch der Weiterverbreitung des
„Bazillus" eine Grenze stecken zu lassen. Vor mir stieg das Bild einer
Senatssitzung auf, an der ich vor fünfzehn Jahren teilgenommen
hatte. In ausführlicher Rede hatte der Referent für Bausachen ein
von der Baudeputation ausgearbeitetes Projekt vorgetragen, nach
welchem das aus der Elbe gewonnene Wasser vor Einlassung in die
Wasserleitung durch einen Zentralfilter getrieben werden sollte,
dessen Kosten auf 4 bis 5 Millionen Mark veranschlagt worden
waren. Nachdem eine Anzahl für und wider den Entwurf vor=
gebrachter Gründe erörtert worden war, ergriff der erste Bürger=
meister das Wort. Der alte Herr hatte seinen humoristischen Tag
und schlug den Ton einer Leutseligkeit an, die in diesem Kreise nie=
mals ihren Eindruck verfehlte. „Wenn ich mir eine rechte Delice
machen will," hub Se. Magnifizenz an, „lasse ich mir ein Glas
unseres guten alten hamburgischen Leitungswassers geben, und ich
kann versichern, daß dasselbe mir stets vortrefflich geschmeckt und
niemals den geringsten Schaden zugefügt hat." Auf diese mit
schuldigem Beifall aufgenommene Appellation an die vaterstädtische
Gesinnung der Zuhörer folgte eine Reihe witziger Ausführungen
über die Superweisheit moderner Naturforscher und Techniker im

allgemeinen und über die fortschrittliche Schnellfertigkeit hamburgi=
scher Ingenieure im besonderen; das Resultat war die Überweisung
des Antrages an irgend eine Deputation oder Kommission gewesen,
in der das bereits damals als dringlich bezeichnete Projekt, wenn
nicht begraben, so doch für Jahr und Tag zurückgehalten wurde.
Mir, der ich von der Sache nichts verstand, war die Wirkung des
Vortrages nicht nur als Beitrag zur Signatura Hammoniensis
lehrreich, sondern wegen eines lokalen Umstandes merkwürdig er=
schienen: mehr als einmal war es vorgekommen, daß der lange
Rathausschließer Wulf die Verabfolgung eines Glases frischen
Wassers mit dem Hinweise darauf hatte ablehnen müssen, daß die
in das Rathaus führende Röhre wieder einmal von Aalen (sprich:
„Ohlen") verstopft sei! Daß das Leitungswasser zur Zeit der Früh=
jahrsschmelze und nach heftigen oberländischen Regengüssen eine
dunkelbraune Färbung anzunehmen pflegte, beruhte auf zu altem
Herkommen, als daß diese Inkonvenienz den Herren in et de
senatu besonderen Anstoß zu geben vermocht hätte. Jetzt war der
Schaden in Gestalt eines großen Unglücks, der Spott in Gestalt eines
allgemeinen und vielfach übertriebenen Weherufs über „Senat und
Bürgerschaft" da.

Von Lübeck ging ich auf einige Tage nach Berlin, um meine
Reiseberichte abzuschließen und, falls erforderlich, zu ergänzen.
Solcher Ergänzung bedurfte es nicht. Cholera und Cholerabefürch=
tungen bildeten die Angelegenheiten des Tages, und da ich über das
Hauptergebnis meiner Beobachtungen bereits von St. Petersburg
berichtet hatte, kamen die Einzelheiten, die ich nachzutragen hatte,
nur beiläufig in Betracht. Zudem war der Kanzler durch die mo=
mentane Anwesenheit des Kaisers so nachhaltig in Anspruch ge=
nommen, daß ich auf möglichst beschleunigten Aufbruch Bedacht
nahm. Caprivi entließ mich mit der nochmaligen Versicherung
seines Dankes; außer ihm hatte sich allein Baron Marschall von
den russischen Reiseeindrücken berichten lassen. Meine schriftlichen
Berichte waren in die herkömmliche Zirkulation gegeben worden.

Da Holstein von Berlin abwesend war, beschränkten sich meine

Besuche im Auswärtigen Amte auf unvermeidliche Abmeldungen. Geheimrat Raschdau war der einzige, der auf die Erlebnisse des scheidenden Sommers zurückkam und die Frage aufwarf, ob ich die Leitung der „verfahrenen Preßangelegenheiten" nicht provisorisch übernehmen könnte; mit meiner Rückkehr auf den Stockholmer Posten werde es ja wohl keine Eile haben, da ich ihn kaum angetreten hätte, und daß die hiesigen Dinge am Ende wichtiger seien als die schwedischen. Ich gab zur Antwort, daß mir von keiner Seite irgend welche Vorschläge gemacht worden seien und daß schlechterdings kein Grund für die Annahme vorliege, daß man mich auch nur zeitweilig hierzubehalten wünsche; die definitive Übernahme eines Postens im Amte sei für mich überhaupt ausgeschlossen. Ich hätte einen vierwöchigen Erholungsurlaub erbeten und würde nach seinem Ablauf in die schwedische Hauptstadt zurückkehren.

Dabei blieb es. In der zweiten Hälfte des Oktober unternahm ich die dritte Fahrt in den inzwischen kalt und winterlich gewordenen skandinavischen Norden, dieses Mal nach vorgängiger Absolvierung einer dreitägigen Choleraquarantäne in Dänemark. Die Verhältnisse, in die ich zurücktreten sollte, sahen nicht eben verlockend aus: der einzige Anziehungspunkt, den Stockholm für mich besessen hatte, war durch Buschs Versetzung nach Bern in Wegfall gekommen, die vier Monate lang unterbrochen gewesene Amtstätigkeit neuer förmlicher Einarbeitung bedürftig geworden, die Zukunft ungewisser, als sie es zuvor gewesen. Unter Bedingungen, die sich zu unseren Ungunsten verändert hatten, sollten Übersiedelung und Installation der Familie ins Werk gerichtet werden. Die letzte Lebensstation schien erreicht, ein stiller Winkel gewonnen zu sein, in welchem nichts als lautloses Verlöschen übrig blieb.

Regierungsführung Deutsches Reich

Deutsches Kaiserreich

Name	Amt	Amtszeit
Fürst Otto von Bismarck (1815 - 1898)	Reichskanzler	16.04.1871 - 20.03.1890
Graf Leo von Caprivi (1831-1899)	Reichskanzler	20.03.1890 - 26.10.1894
Fürst Chlodwig zu Hohenlohe-Schillingsfürst (1819 - 1901)	Reichskanzler	29.10.1894 - 17.10.1900
Fürst Bernhard von Bülow (1849 - 1929)	Reichskanzler	17.10.1900 - 14.07.1909
Theobald von Bethmann-Hollweg (1865 - 1921)	Reichskanzler	14.07.1909 - 13.07.1917
Georg Michaelis (1857 - 1936)	Reichskanzler	14.07.1917 - 01.11.1917
Graf Georg von Hertling (1843 - 1919)	Reichskanzler	01.11.1917 - 30.09.1918
Prinz Max von Baden (1867-1929)	Reichskanzler	03.10.1918 - 09.11.1918

Weimarer Republik

Name	Amt	Partei	Amtszeit
Friedrich Ebert (1871 - 1925)	Reichskanzler	SPD	09.11.1918 - 10.11.1918
	Vorsitzender des Rates der Volksbeauftragten		10.11.1918 - 11.02.1919
Hugo Haase (1863 - 1919)	Vorsitzender des Rates der Volksbeauftragten	USPD	10.11.1918 - 29.12.1918
Philipp Scheidemann (1865-1939)	Vorsitzender des Rates der Volksbeauftragten	SPD	29.12.1918 - 07.02.1919
	Reichsministerpräsident		13.02.1919 - 20.06.1919
Gustav Bauer (1870-1944)	Reichsministerpräsident	SPD	21.06.1919 - 14.08.1919

Name	Amt	Partei	Amtszeit
Konstantin Fehrenbach (1852 - 1926)	Reichskanzler	Zentrum	25.06.1920 - 04.05.1921
Joseph Wirth (1879 - 1956)	Reichskanzler	Zentrum	10.05.1921 - 22.10.1921 und 26.10.1921 - 14.11.1922
Wilhelm Cuno (1876 - 1933)	Reichskanzler	parteilos	22.11.1922 - 12.08.1923
Gustav Stresemann (1878 – 1929)	Reichskanzler	DVP	13.08.1923 - 03.10.1923
Wilhelm Marx (1963 - 1946)	Reichskanzler	Zentrum	06.10.1923 - 30.11.1923
Hans Luther (1879 - 1962)	Reichskanzler	parteilos	15.01.1925 - 5.12.1925 und 20.01.1926 - 12.05.1926
Otto Geßler (1875 - 1955)	Reichskanzler	DDP	12.05.1926 - 17.05.1926
Wilhelm Marx (1863 - 1946)	Reichskanzler	Zentrum	17.05.1926 - 17.12.1926 und 19.01.1927 - 12.06.1928
Hermann Müller (1876 - 1931)	Reichskanzler	SPD	28.06.1928 - 27.03.1930
Heinrich Brüning (1885-1970)	Reichskanzler	Zentrum	30.03.1930 - 07.10.1931
Franz von Papen (1879 - 1969)	Reichskanzler	Zentrum	01.06.1932 - 17.11.1932
Kurt von Schleicher (1882 - 1934)	Reichskanzler	parteilos	04.12.1932 - 28.01.1933

Nationalsozialismus

Name	Amt	Partei	Amtszeit
Adolf Hitler (1889 - 1945)	Reichskanzler	NSDAP	30.01.1933 - 31.07.1934
	Führer und Reichskanzler		01.08.1934 - 30.04.1945
Joseph Goebbels (1897 - 1945)	Reichskanzler	NSDAP	30.04.1945 - 01.05.1945
Johann Ludwig Graf Schwerin von Krosigk (1887 - 1977)	Leiter der Geschäftsführenden Reichsregierung	parteilos	02.05.1945 - 05.06.1945

In der Reihe *Deutsches Reich – Schriften und Diskurse: Reichskanzler ist*
bereits erschienen:

Bd. IV/I
Bernhard von Bülow - Deutsche Politik
Autor: Bernhard von Bülow
ISBN (HC): 978-3-86347-096-8
    (PB): 978-3-86347-095-1

Bd. VII/I
Georg von Hertling - Recht, Staat und Gesellschaft
Autor: Georg von Hertling
ISBN (HC): 978-3-86347-094-4
    (PB): 978-3-86347-093-7

Bd. V/I
Georg Michaelis - Für Staat und Volk. Eine Lebensgeschichte
Autor: Georg Michaelis
ISBN (HC): 978-3-86347-092-2
    (PB): 978-3-86347-091-3

Bd. III/I
Chlodwig Fürst zu Hohenlohe-Schillingsfürst. Zu seinem hundertsten Geburtstag
Autor: Friedrich Curtius
ISBN (HC): 978-3-86347-090-6
    (PB): 978-3-86347-089-0

Bd. V/I
Theobald von Bethmann Hollweg - der fünfte Reichskanzler
Autor: Gottlob Egelhaaf
ISBN (HC): 978-3-86347-088-3
    (PB): 978-3-86347-087-6

Bd. VIII/I
Prinz Max von Baden - Erinnerungen und Dokumente
Autor: Prinz Max von Baden
ISBN (HC): 978-3-86347-086-9
    (PB): 978-3-86347-085-2

Bd. VIII/II
Prinz Max von Baden - Die moralische Offensive. Deutschlands Kampf um
sein Recht
Autor: Prinz Max von Baden
ISBN (HC): 978-3-86347-084-5
    (PB): 978-3-86347-083-8

Bd. I/I
Otto Fürst von Bismarck, der erste Reichskanzler Deutschlands. Ein Lebensbild
Autor: Bernhard Rogge
ISBN (HC): 978-3-86347-036-4
    (PB): 978-3-86347-035-7

Bd. II/I
Die Reden des Grafen von Caprivi
Herausgeber: Rudolf Arndt
ISBN (HC): 978-3-86347-146-0
    (PB): 978-3-86347-147-7

Jeder Titel der Reihe erscheint im SEVERUS Verlag in zwei Ausgaben:

Hardcover (HC)   Paperback (PB)

Bei offenen Fragen, Anregungen oder Wünschen kontaktieren Sie uns gern:

SEVERUS Verlag
Hermannstal 119 k • D-22119 Hamburg
Fon: +49 - (0)40 - 655 99 2-0 • Fax: +49 - (0)40 - 655 99 2-22
kontakt@severus-verlag.de

Bisher im SEVERUS Verlag erschienen:

Achelis. Th. Die Entwicklung der Ehe * Die Religionen der Naturvölker im Umriß, Reihe ReligioSus Band V * **Andreas-Salomé, Lou** Rainer Maria Rilke * **Arenz, Karl** Die Entdeckungsreisen in Nord- und Mittelafrika von Richardson, Overweg, Barth und Vogel * **Aretz, Gertrude (Hrsg)** Napoleon I - Briefe an Frauen * **Ashburn, P.M** The ranks of death. A Medical History of the Conquest of America * **Avenarius, Richard** Kritik der reinen Erfahrung * Kritik der reinen Erfahrung, Zweiter Teil * **Beneke, Otto** Von unehrlichen Leuten: Kulturhistorische Studien und Geschichten aus vergangenen Tagen deutscher Gewerbe und Dienste * **Berneker, Erich** Graf Leo Tolstoi * **Bernstorff, Graf Johann Heinrich** Erinnerungen und Briefe * **Bie, Oscar** Franz Schubert - Sein Leben und sein Werk * **Binder, Julius** Grundlegung zur Rechtsphilosophie. Mit einem Extratext zur Rechtsphilosophie Hegels * **Bliedner, Arno** Schiller. Eine pädagogische Studie * **Birt, Theodor** Frauen der Antike * **Blümner, Hugo** Fahrendes Volk im Altertum * **Boos, Heinrich** Geschichte der Freimaurerei. Ein Beitrag zur Kultur- und Literatur-Geschichte des 18. Jahrhunderts * **Brahm, Otto** Das deutsche Ritterdrama des achtzehnten Jahrhunderts: Studien über Joseph August von Törring, seine Vorgänger und Nachfolger * **Brandes, Georg** Moderne Geister: Literarische Bildnisse aus dem 19. Jahrhundert. * **Braun, Lily** Lebenssucher * **Braun, Ferdinand** Drahtlose Telegraphie durch Wasser und Luft * **Brunnemann, Karl** Maximilian Robespierre - Ein Lebensbild nach zum Teil noch unbenutzten Quellen * **Büdinger, Max** Don Carlos Haft und Tod insbesondere nach den Auffassungen seiner Familie * **Burkamp, Wilhelm** Wirklichkeit und Sinn. Die objektive Gewordenheit des Sinns in der sinnfreien Wirklichkeit * **Caemmerer, Rudolf Karl Fritz Die** Entwicklung der strategischen Wissenschaft im 19. Jahrhundert * **Casper, Johann Ludwig** Handbuch der gerichtlich-medizinischen Leichen-Diagnostik: Thanatologischer Teil, Bd. 1 * Bd. 2 * **Cronau, Rudolf** Drei Jahrhunderte deutschen Lebens in Amerika. Eine Geschichte der Deutschen in den Vereinigten Staaten * **Cunow, Heinrich** Geschichte und Kultur des Inkareiches * **Cushing, Harvey** The life of Sir William Osler, Volume 1 * The life of Sir William Osler, Volume 2 * **Dahlke, Paul** Buddhismus als Religion und Moral, Reihe ReligioSus Band IV * **Dühren, Eugen** Der Marquis de Sade und seine Zeit. in Beitrag zur Kultur- und Sittengeschichte des 18. Jahrhunderts. Mit besonderer Beziehung auf die Lehre von der Psychopathia Sexualis * **Eckstein, Friedrich** Alte, unnennbare Tage. Erinnerungen aus siebzig Lehr- und Wanderjahren * Erinnerungen an Anton Bruckner * **Eiselsberg, Anton Freiherr von** Lebensweg eines Chirurgen * **Eloesser, Arthur** Thomas Mann - sein Leben und Werk * **Elsenhans, Theodor** Fries und Kant. Ein Beitrag zur Geschichte und zur systematischen Grundlegung der Erkenntnistheorie. * **Engel, Eduard** Shakespeare * Lord Byron. Eine Autobiographie nach Tagebüchern und Briefen. * **Ewald, Oscar** Nietzsches Lehre in ihren Grundbegriffen * Die französische Aufklärungsphilosophie * **Ferenczi, Sandor** Hysterie und Pathoneurosen * **Fichte, Immanuel Hermann** Die Idee der Persönlichkeit und der individuellen Fortdauer * **Fourier, Jean Baptiste Joseph Baron** Die Auflösung der bestimmten Gleichungen * **Frazer, James George** Totemism and Exogamy. A Treatise on Certain Early Forms of Superstition and Society * **Frey, Adolf** Albrecht von Haller und seine Bedeutung für die deutsche Literatur * **Frimmel, Theodor von** Beethoven Studien I. Beethovens äußere Erscheinung * Beethoven Studien II. Bausteine zu einer Lebensgeschichte des Meisters * **Fülleborn, Friedrich** Über eine medizinische Studienreise nach Panama, Westindien und den Vereinigten Staaten * **Gmelin, Johann Georg** Quousque? Beiträge zur soziologischen Rechtfindung * **Goette, Alexander** Holbeins Totentanz und seine Vorbilder * **Goldstein, Eugen** Canalstrahlen * **Graebner, Fritz** Das Weltbild der Primitiven: Eine Untersuchung der Urformen weltanschaulichen Denkens bei Naturvölkern * **Griesinger, Wilhelm** Handbuch der speciellen Pathologie und Therapie: Infectionskrankheiten * **Griesser, Luitpold** Nietzsche und Wagner - neue Beiträge zur Geschichte und Psychologie ihrer Freundschaft * **Hanstein, Adalbert von** Die Frauen in der Geschichte des Deutschen Geisteslebens des 18. und 19. Jahrhunderts * **Hartmann, Franz** Die Medizin des Theophrastus Paracelsus von Hohenheim * **Heller, August** Geschichte der Physik von Aristoteles bis auf die neueste Zeit. Bd. 1: Von Aristoteles bis Galilei * **Helmholtz, Hermann von** Reden und Vorträge, Bd. 1 * Reden und Vorträge, Bd. 2 * **Henker, Otto** Einführung in die Brillenlehre * **Henne am Rhyn, Otto** Aus Loge und Welt: Freimaurerische und kulturgeschichtliche Aufsätze * **Jahn, Ulrich** Die deutschen Opfergebräuche bei Ackerbau und Viehzucht. Ein Beitrag zur Deutschen Mythologie und Altertumskunde * **Kalkoff, Paul** Ulrich von Hutten und die Reformation. Eine kritische Geschichte seiner wichtigsten Lebenszeit und der Ent-

scheidungsjahre der Reformation (1517 - 1523), Reihe ReligioSus Band I * **Kaufmann, Max** Heines Liebesleben * **Kautsky, Karl** Terrorismus und Kommunismus: Ein Beitrag zur Naturgeschichte der Revolution * **Kerschensteiner, Georg** Theorie der Bildung * **Kotelmann, Ludwig** Gesundheitspflege im Mittelalter. Kulturgeschichtliche Studien nach Predigten des 13., 14. und 15. Jahrhunderts * **Klein, Wilhelm** Geschichte der Griechischen Kunst - Erster Band: Die Griechische Kunst bis Myron * **Krömeke, Franz** Friedrich Wilhelm Sertürner - Entdecker des Morphiums * **Külz, Ludwig** Tropenarzt im afrikanischen Busch * **Leimbach, Karl Alexander** Untersuchungen über die verschiedenen Moralsysteme * **Liliencron, Rochus von / Müllenhoff, Karl** Zur Runenlehre. Zwei Abhandlungen * **Mach, Ernst** Die Principien der Wärmelehre * **Mackenzie, William Leslie** Health and Disease * **Maurer, Konrad** Island von seiner ersten Entdeckung bis zum Untergange des Freistaats * **Mausbach, Joseph** Die Ethik des heiligen Augustinus. Erster Band: Die sittliche Ordnung und ihre Grundlagen * **Mauthner, Fritz** Die drei Bilder der Welt - ein sprachkritischer Versuch * **Meissner, Franz Hermann** Arnold Böcklin * Meyer, Elard Hugo Indogermanische Mythen, Bd. 1: Gandharven-Kentauren * **Müller, Adam** Versuche einer neuen Theorie des Geldes * **Müller, Conrad** Alexander von Humboldt und das Preußische Königshaus. Briefe aus den Jahren 1835-1857 * **Naumann, Friedrich** Freiheitskämpfe * **Oettingen, Arthur von** Die Schule der Physik * **Ossipow, Nikolai** Tolstois Kindheitserinnerungen. Ein Beitrag zu Freuds Libidotheorie * **Ostwald, Wilhelm** Erfinder und Entdecker * **Peters, Carl** Die deutsche Emin-Pascha-Expedition * **Poetter, Friedrich Christoph** Logik * **Popken, Minna** Im Kampf um die Welt des Lichts. Lebenserinnerungen und Bekenntnisse einer Ärztin * **Prutz, Hans** Neue Studien zur Geschichte der Jungfrau von Orléans * **Rank, Otto** Psychoanalytische Beiträge zur Mythenforschung. Gesammelte Studien aus den Jahren 1912 bis 1914. * **Ree, Paul Johannes** Peter Candid * **Rohr, Moritz von** Joseph Fraunhofers Leben, Leistungen und Wirksamkeit * **Rubinstein, Susanna** Ein individualistischer Pessimist: Beitrag zur Würdigung Philipp Mainländers * Eine Trias von Willensmetaphysikern: Populär-philosophische Essays * **Sachs, Eva** Die fünf platonischen Körper: Zur Geschichte der Mathematik und der Elementenlehre Platons und der Pythagoreer * **Scheidemann, Philipp** Memoiren eines Sozialdemokraten, Erster Band * Memoiren eines Sozialdemokraten, Zweiter Band * **Schleich, Carl Ludwig** Erinnerungen an Strindberg nebst Nachrufen für Ehrlich und von Bergmann * Das Ich und die Dämonen * **Schlösser, Rudolf** Rameaus Neffe - Studien und Untersuchungen zur Einführung in Goethes Übersetzung des Diderotschen Dialogs * **Schweitzer, Christoph** Reise nach Java und Ceylon (1675-1682). Reisebeschreibungen von deutschen Beamten und Kriegsleuten im Dienst der niederländischen West- und Ostindischen Kompagnien 1602 - 1797. * **Schweitzer, Philipp** Island - Land und Leute * **Sommerlad, Theo** Die soziale Wirksamkeit der Hohenzollern * **Stein, Heinrich von** Giordano Bruno. Gedanken über seine Lehre und sein Leben * **Strache, Hans** Der Eklektizismus des Antiochus von Askalon * **Sulger-Gebing, Emil** Goethe und Dante * **Thiersch, Hermann** Ludwig I von Bayern und die Georgia Augusta * Pro Samothrake * **Tyndall, John** Die Wärme betrachtet als eine Art der Bewegung, Bd. 1 * Die Wärme betrachtet als eine Art der Bewegung, Bd. 2 * **Virchow, Rudolf** Vier Reden über Leben und Kranksein * **Vollmann, Franz** Über das Verhältnis der späteren Stoa zur Sklaverei im römischen Reiche * **Volkmer, Franz** Das Verhältnis von Geist und Körper im Menschen (Seele und Leib) nach Cartesius * **Wachsmuth, Curt** Das alte Griechenland im neuen * **Weber, Paul** Beiträge zu Dürers Weltanschauung * **Wecklein, Nikolaus** Textkritische Studien zu den griechischen Tragikern * **Weinhold, Karl** Die heidnische Totenbestattung in Deutschland * **Wellhausen, Julius** Israelitische und Jüdische Geschichte, Reihe ReligioSus Band VI **Wellmann, Max** Die pneumatische Schule bis auf Archigenes - in ihrer Entwickelung dargestellt * **Wernher, Adolf** Die Bestattung der Toten in Bezug auf Hygiene, geschichtliche Entwicklung und gesetzliche Bestimmungen * **Weygandt, Wilhelm** Abnorme Charaktere in der dramatischen Literatur. Shakespeare - Goethe - Ibsen - Gerhart Hauptmann * **Wlassak, Moriz** Zum römischen Provinzialprozeß * **Wulffen, Erich** Kriminalpädagogik: Ein Erziehungsbuch * **Wundt, Wilhelm** Reden und Aufsätze * **Zallinger, Otto** Die Ringgaben bei der Heirat und das Zusammengeben im mittelalterlich-deutschem Recht * **Zoozmann, Richard** Hans Sachs und die Reformation - In Gedichten und Prosastücken, Reihe ReligioSus Band III